高职高专经济管理基础课系列教材

管理心理学
(第 2 版)

陈岳林　陈非儿　主　编

清华大学出版社
北京

内 容 简 介

本书理论与实践相结合，创新与继承相统一，系统地论述了管理心理学的理论与方法，构架了以人力因素和非人力因素组成的新的内容体系，并将学校这一特殊组织的主要管理内容融入其中，更好地帮助读者，特别是学校解决管理工作中的心理学问题。

全书共分12章，包括绪论、个体行为、群体心理、组织心理、领导心理、非人力因素管理心理及案例分析等内容，主要介绍了管理心理学的研究对象、学科特点、意义、方法及发展；论述了个体、群体、组织、领导及非人力因素管理心理的特点；心理学与管理的关系；在管理中如何有效进行心理调节等。

本书体例新颖、内容翔实、可读性强，可作为高等院校本科、高职高专院校、成人高校及社会相关专业培训的基础教材，也可供各层次管理人员参考学习。

本书封面贴有清华大学出版社防伪标签，无标签者不得销售。
版权所有，侵权必究。举报：010-62782989，beiqinquan@tup.tsinghua.edu.cn。

图书在版编目(CIP)数据

管理心理学/陈岳林，陈非儿主编. —2版. —北京：清华大学出版社，2019.10 (2025.4重印)
高职高专经济管理基础课系列教材
ISBN 978-7-302-54010-6

Ⅰ.①管… Ⅱ.①陈… ②陈… Ⅲ.①管理心理学—高等职业教育—教材 Ⅳ.①C93-051

中国版本图书馆CIP数据核字(2019)第230284号

责任编辑：	梁媛媛
封面设计：	杨玉兰
责任校对：	王明明
责任印制：	丛怀宇
出版发行：	清华大学出版社
网　　址：	https://www.tup.com.cn，https://www.wqxuetang.com
地　　址：	北京清华大学学研大厦A座　　邮　编：100084
社 总 机：	010-83470000　　邮　购：010-62786544
投稿与读者服务：	010-62776969, c-service@tup.tsinghua.edu.cn
质量反馈：	010-62772015, zhiliang@tup.tsinghua.edu.cn
课件下载：	https://www.tup.com.cn, 010-62791865
印 装 者：	北京鑫海金澳胶印有限公司
经　　销：	全国新华书店
开　　本：	185mm×260mm　　印　张：14.75　　字　数：360千字
版　　次：	2006年9月第1版　2019年11月第2版　印　次：2025年4月第9次印刷
定　　价：	42.00元

产品编号：073696-01

前 言

管理心理学是一门衔接人和管理的基础性学科。它融合了管理学、心理学、社会学和行为科学的相关知识，研究管理实践中，人、群体以及组织的心理和行为的规律性，从而认识、解释、预测和管理人的行为。它以重视人的作用为出发点，强调现代管理是以人为中心的管理，以调动人的积极性为核心，以提高效率为目的。该课程对于开阔学生视野，深刻理解管理的本质，具有独特的作用。同时，作为应用心理学的一个分支，通过对管理领域中人的心理行为运行规律的揭示，解决管理过程中所遇到的心理与行为问题，最大限度地调动人的积极性。本书具有以下特点。

1. 科学性与实用性相结合

在当今以人为本的时代，管理突出地表现为对人的管理。基于这样的现实背景，本书在编写过程中，注意吸收国内外管理心理学对于相邻学科的理论，并联系我国的实际情况，除了保持固有的科学性和理论性外，更加突出了实用性与时代性，将前沿理论与实践相结合。通过案例分析，使学生在了解经济管理基础知识之后，掌握人在管理活动中的心理活动规律，学会通过分析各种社会心理现象，运用对个体、群体和组织进行科学管理的方法和技能，以最大限度地提高工作效率和管理水平。

2. 以理引例，例评结合，论评照应

(1) 以理引例。本书各章节，首先阐述相关方面的理论，且要言不烦，力求主题突出，最后给出一个案例，旨在引领读者了解和掌握理论要点。所用案例力求具有代表性，这就形成了以理引例、例中寓理的格局，把枯燥的管理理论融入生动的管理实例中，从而引起读者的兴趣。

(2) 例评结合。展示案例以后，在每章末尾都会以理论为切入点，对案例加以评析，形成论评照应、前后连贯、环环相扣的效果，与读者共同领会案例中的成功妙趣。

本书根据教育部高等学校非经济管理专业管理心理学教学指导委员会最新提出的《关于进一步加强高校管理心理学教学意见》中有关管理心理学课程的教学要求和最新的教学大纲编写。编者在教学内容上实施了改革，能够使学科发展与在人才培养过程中的课程定位相适应，体现现代教育理念和时代要求；及时反映和吸收本学科领域的最新研究成果及优秀教学成果，保持学科先进性，体现新时期社会、政治、经济、科技的发展对人才培养提出的新要求；坚持学术性与实用性、理论与实践相结合的原则，全面阐述了我国管理心理学的历史和现状，并在全面分析的基础上对发展趋势进行了展望；在内容上，对管理中各方面的因素加以详述，注重"新"，讲求"用"，力求做到思想性、科学性、实用性和可读性相结合。本书可作为高等院校本科、高职高专院校、成人高校及社会相关专业培训的基础教材，也可供各层次管理人员参考学习。

本书的编写人员都是从事管理心理学教学的专业教师和教学管理人员，具有丰富的理论知识和教学管理经验，书中很多内容和案例就是对实践经验的总结。全书由陈岳林(桂林

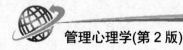

电子科技大学，编写第 1、7 章)、陈非儿(桂林电子科技大学，编写第 9、10、11 章)任主编，由窦路明(山西省心理教育学会，编写第 6、8、12 章)、李怀萍(太原心理教育学会，编写第 2、3、4、5 章和附录)任副主编，赵志一、郭城等人参编，魏晓磊参与了课后习题的编写。

  本书在编写过程中，参考和汲取了国内外学术界一些最新的研究成果，借鉴了一些相关著作，在此对这些资料的原作者表示衷心的感谢，同时也对关怀和指导管理心理学专业的前辈谨表谢意。

  由于编者水平有限，书中难免有疏漏、不妥之处，敬请读者批评指正。

编 者

目 录

第1章 绪论 ... 1

- 1.1 管理心理学的研究对象及学科特点 ... 1
  - 1.1.1 管理心理学的概念 ... 1
  - 1.1.2 管理心理学的研究对象 ... 1
  - 1.1.3 管理心理学的学科特点 ... 2
- 1.2 管理心理学的研究内容 ... 3
  - 1.2.1 管理心理学的管理学理论 ... 3
  - 1.2.2 管理心理学的心理学理论 ... 7
- 1.3 管理心理学的学习意义与研究方法 ... 9
  - 1.3.1 管理心理学的学习意义 ... 9
  - 1.3.2 管理心理学研究的原则和具体方法 ... 10
- 1.4 管理心理学的发展历史 ... 12
  - 1.4.1 我国管理心理学的发展历史及现状 ... 12
  - 1.4.2 西方管理心理学的人性假设及借鉴意义 ... 13
- 习题 ... 18

第2章 个性差异与管理 ... 19

- 2.1 个性 ... 19
  - 2.1.1 个性的概念 ... 19
  - 2.1.2 个性的性质 ... 20
  - 2.1.3 个性的形成和发展 ... 20
- 2.2 气质 ... 21
  - 2.2.1 气质的概念 ... 21
  - 2.2.2 气质的类型与特征 ... 21
  - 2.2.3 高级神经活动的类型与气质 ... 23
- 2.3 能力 ... 24
  - 2.3.1 能力概述 ... 24
  - 2.3.2 能力的分类与特征 ... 25
- 2.4 性格 ... 26
  - 2.4.1 性格概述 ... 26
  - 2.4.2 性格的类型 ... 27
- 2.5 个性差异及在管理中的应用 ... 28
  - 2.5.1 影响个性形成的因素 ... 28
  - 2.5.2 个性差异在管理中的应用 ... 29
- 习题 ... 32

第3章 知觉的差异与管理 ... 33

- 3.1 知觉 ... 33
  - 3.1.1 知觉的概念 ... 33
  - 3.1.2 知觉的基本特征 ... 33
  - 3.1.3 影响知觉的主要因素 ... 35
- 3.2 自我知觉 ... 36
  - 3.2.1 自我知觉的构成要素 ... 36
  - 3.2.2 自我知觉的形成和发展途径 ... 38
- 3.3 社会知觉 ... 40
  - 3.3.1 什么是社会知觉 ... 40
  - 3.3.2 社会知觉的类型与管理 ... 40
  - 3.3.3 社会知觉的偏差 ... 42
- 习题 ... 45

第4章 价值观、态度差异与管理 ... 46

- 4.1 价值观与管理 ... 46
  - 4.1.1 价值观的概念、特征与分类 ... 46
  - 4.1.2 价值观的功能 ... 47
- 4.2 态度与管理 ... 48
  - 4.2.1 态度的概念、特性和基本功能 ... 48
  - 4.2.2 态度的形成与改变 ... 50
  - 4.2.3 态度与员工工作满意度 ... 53
- 习题 ... 54

第5章 个体行为与激励 ... 55

- 5.1 需要、动机与激励 ... 55

5.1.1 动机与需要 55
　　5.1.2 动机与行为 59
　　5.1.3 激励的作用、策略与方法 60
5.2 激励理论及应用 62
　　5.2.1 早期的激励理论及应用 62
　　5.2.2 当代的激励理论及应用 65
　　5.2.3 激励理论在实践应用中的
　　　　 问题 69
习题 71

第6章 群体心理与管理 72

6.1 群体的概念、特点及非正式群体 72
　　6.1.1 群体的概念及分类 72
　　6.1.2 群体的心理特点及行为特征 74
　　6.1.3 非正式群体 76
6.2 群体的凝聚力、士气和工作效率 78
　　6.2.1 群体的凝聚力 78
　　6.2.2 群体的士气 79
　　6.2.3 群体凝聚力、士气与工作
　　　　 效率的关系 79
6.3 群体人际关系 80
　　6.3.1 人际关系概述 80
　　6.3.2 人际关系的类型 82
　　6.3.3 群体人际关系的障碍与克服
　　　　 方法 82
6.4 群体冲突 85
　　6.4.1 冲突概述 85
　　6.4.2 群体冲突的原因 85
　　6.4.3 群体冲突的调适 86
习题 88

第7章 组织与组织结构理论 89

7.1 组织概述 89
　　7.1.1 组织的概念与分类 89
　　7.1.2 组织的功用 90
　　7.1.3 组织结构 91

7.2 组织理论 94
　　7.2.1 古典组织理论 94
　　7.2.2 近代组织理论 95
　　7.2.3 现代组织理论 95
习题 98

第8章 组织设计与组织文化 100

8.1 组织设计 100
　　8.1.1 影响组织设计的因素 100
　　8.1.2 组织设计的基本原则 101
　　8.1.3 组织设计的基本程序 103
8.2 组织文化 103
　　8.2.1 组织文化的特征及意义 103
　　8.2.2 组织文化的内容与分类 105
　　8.2.3 组织文化的创造与维系 106
习题 109

第9章 组织变革与发展 110

9.1 组织变革概述 110
　　9.1.1 组织变革的目标与特点 110
　　9.1.2 组织变革与员工心理 111
　　9.1.3 组织变革的措施 112
9.2 组织发展 113
　　9.2.1 组织发展概述 113
　　9.2.2 组织发展趋势——团队 114
　　9.2.3 如何建设高绩效团队 116
习题 118

第10章 领导概述 119

10.1 领导的内涵 119
　　10.1.1 领导的含义 119
　　10.1.2 领导的类型与职能 120
10.2 领导的素质和影响力 122
　　10.2.1 领导的素质 122
　　10.2.2 领导的影响力 124
习题 128

第 11 章　领导理论及其实践 129

11.1　领导有效理论 129
　　11.1.1　领导特质理论 129
　　11.1.2　领导行为理论 130
　　11.1.3　领导权变理论 133
　　11.1.4　最新领导理论 136
11.2　领导者的考评和培训 137
　　11.2.1　领导者的考评 137
　　11.2.2　领导者的培训 138
习题 139

第 12 章　非人力因素管理心理 141

12.1　目标管理心理 141
　　12.1.1　目标的心理意义 141
　　12.1.2　目标与管理 142
　　12.1.3　目标管理的实施 143
12.2　时间管理心理 145
　　12.2.1　时间管理的意义 145
　　12.2.2　时间管理的实施 146
12.3　信息管理心理 148
　　12.3.1　信息与管理 148
　　12.3.2　管理信息系统 149
12.4　环境管理心理 150
　　12.4.1　物理环境与管理 150
　　12.4.2　社会环境与管理 152
习题 156

附录　案例 157

参考文献 228

第 1 章　绪　论

管理心理学综合了心理学、管理学、社会学、行为学、经济学等学科的理论，解释和说明了组织管理中个体、群体、领导 4 和组织的心理现象，以便对人的行为实施有效的预测、控制和引导，提高组织绩效，促进管理目标的实现。它有助于调动人的积极性、改善组织结构和领导绩效，提高工作和生活质量，建立健康、文明的人际关系，达到提高管理水平和发展生产的目的。我们首先从以下几个方面了解什么是管理心理学。

- 管理心理学的概念及研究对象。
- 管理心理学的学科特点。
- 管理心理学的管理学和心理学理论。
- 管理心理学研究的原则和方法。
- 我国及西方管理心理学的研究。
- 管理心理学的意义。

1.1　管理心理学的研究对象及学科特点

1.1.1　管理心理学的概念

管理心理学是心理科学的一个分支。目前，管理心理学还没有一个统一的定义，这说明管理心理学还是一门年轻的学科，但是它已经有了自己的历史、理论体系和方法论的研究以及还正在日趋完善之中的具体实验方法。关于管理心理学的定义，一般认为，管理心理学侧重于研究各种组织系统中人们彼此之间相互作用情况下所产生的心理现象的规律性。根据这一定义，管理心理学的研究重点是管理中具体的社会、心理现象，以及个体、群体、领导、组织中的具体心理活动规律性。通过对组织和管理活动中人们的心理与行为进行研究，认清事物和现象间的关系，解释它们的原因和结果，把结果建立在科学的论据而不是经验和直觉的基础上。通过这种研究，达到科学管理人的行为、充分发挥人的积极作用、有效地开发人力资源、高效率地完成工作任务的目的。

1.1.2　管理心理学的研究对象

管理活动是人类活动的特殊形式。作为组织管理可以分为两个方面：一方面是管理劳动工具和劳动过程，这是属于技术、经济的方面，也就是管"物"的一面；另一方面是人对人的管理，这是属于管"人"的一面。前一部分主要涉及的是人与机器的关系。在此，我们将人和机器当作一个系统，即人—机系统来研究，以探讨用什么方法使人适应机器的特点，以及使机器适应人的心理、生理特点。通过这些研究，最终可以使人机相互适应，劳动生产率可以获得很大的提高。属于这一类型的研究学科被称为工效学或工程心理学。后一部分涉及的是人与人的关系。在此，我们将人和人当作一个系统，即人—人系统来研究，以探讨用什么管理方法可以最大限度地调动人的积极性，最终达到提高劳动生产率的目的。管理心理学就是属于研究后一类型问题的学科。具体可以分为四个方面：个体心理、群体心理、领导心理和组织心理。

1) 个体心理

任何群体、组织都是由若干个体组成的。个体都是有思想、感情和追求目标的有机体。然而，由于先天因素的差异及后天所处的社会环境、个人经历、文化教育等差别，产生了人与人之间的个体差异。不同的人以不同的方式工作、交往，他们工作的努力程度不同，所表现出的创造性也不同。个体心理研究在管理心理学的研究中占有重要地位，个体心理研究的一个重要课题是激励问题，它涉及个体的需要、动机态度、情感等，个体的心理健康与心理卫生等也是个体心理所研究的内容。如何认识个体差异，运用个体差异理论，做到人尽其才、才尽其用，是现代管理中的一项重要内容。

2) 群体心理

群体是组成一个组织的基础单位，它是由若干人组成的。群体心理并不是不同个体的抽象结合，而是交互影响并具有一定组织形式的整体结合。管理心理学关于群体的研究包括群体结构、规范、群体凝聚力、群体士气及群体人际关系等。

3) 领导心理

领导心理是管理心理学研究的一个重要内容，是研究在管理中领导者的心理活动及行为表现。领导者在组织系统中具有带领组织成员实现组织目标的重要作用。管理心理学要研究领导对组织、群体、个体的影响力及领导理论，领导人员的自身素质、领导行为模式与领导风格等。

4) 组织心理

组织心理就是研究个体、群体与组织的关系，探讨什么样的社会心理环境有利于激发个体动机，达到组织目标；着重分析不同的组织结构、不同的管理程度、不同的分配等对成员的心理影响。总之，组织心理的研究要探讨可能影响组织行为的任何过程。

1.1.3 管理心理学的学科特点

管理心理学是在综合应用心理学、社会学、人类学、生理学、政治学等学科的基础上发展起来的。其学科特点如下。

1) 社会心理学的一般理论是管理心理学的理论基础

管理心理学属于心理学的一个分支，是社会心理学的一个应用分支，因此管理心理学是以心理学尤其是社会心理学的理论为理论基础。由于社会心理学的发展，尤其是有关小群体的研究成果，对于了解人际关系，群体内个体行为、信息沟通等有很大的帮助。管理心理学虽然是社会心理学在管理中的应用，但是它有其自身的研究领域，通过对这一特殊领域的研究，管理心理学不仅可以取得新的成果，反过来还可以丰富和充实社会心理学及心理学的内容。

2) 历史性

管理心理学是对前人管理实践经验和管理思想理论的总结、扬弃和发展。因此，需要不断分析、检验过去的理论，并在恰当的时候提出新的、具有更高解释力和预测力的理论。不了解历史的发展，不总结前人的理论，就很难理解和建立科学的学科理论。

3) 实践性和实用性

管理心理学是为管理者提供从事管理的有关理论、原则和方法的学科。研究生产活动中个体、群体、领导、组织的具体心理或活动规律，应用于实践中可充分调动人员的积极性，而它的可行性标准还可以通过经济效益和社会效益加以衡量。因此，只有把理论和实践相结合，才能真正发挥这门学科的作用。

1.2 管理心理学的研究内容

管理心理学的前身是工业心理学，第二次世界大战之后以极快的速度发展，使其从局部经验向更广阔的研究过渡，20世纪50年代在美国正式被称为管理心理学。其研究的内容是指在组织管理活动中人与人之间的各种社会心理现象，管理心理学的研究内容可分为三个层面：管理过程中的个体心理、群体心理和组织心理。①个体心理是指处在组织管理过程中的个人的心理活动。个体心理及其活动是管理心理学研究的内容之一。②群体心理是指群体成员之间相互作用、相互影响下形成的心理活动。所有复杂的管理活动都涉及群体，没有群体成员的协同努力，组织的目标就难以实现。③组织心理是指组织整体动态变化过程中所表现出来的心理现象。管理心理学与多学科相联系、相交叉。为了更好地理解管理心理学这一学科，需要先了解管理心理学的基础理论。

1.2.1 管理心理学的管理学理论

1. 管理的含义

管理活动是人类的一种基本社会实践活动，长期以来，人们在不断的实践中认识到管理的重要性。但什么是管理呢？不同的角度和背景对管理有不同的理解，由于认识角度的不同，管理的定义也多种多样，因此至今没有一个统一的定义。但是，我们认为应从以下几个方面来理解管理的含义。

(1) 管理具有多种职能，如决策、计划、组织、控制和创新等。

(2) 管理的本质是活动或过程，是管理者通过各种手段实现目标的过程。

(3) 管理的对象是包括人力资源在内的一切可调用的资源，在任何类型的组织中，都同时存在人与人、人与物的关系。但人与物的关系最终仍表现为人与人的关系，所以管理要以人为中心。

(4) 管理是一门科学、一门艺术，是管理者在管理实践中创造性的活动。

(5) 管理的目的是实现既定目标。

2. 管理学和管理理论基础

管理学也称管理科学，是一门综合性学科。广义上的管理科学是与自然科学、社会科学并列，称为第三大类科学。狭义的管理科学指的是一般管理学，它以管理的内涵为基础，围绕管理的职能展开，是一门系统地研究管理过程中普遍规律、基本原理和一般方法的科学。

19世纪末20世纪初泰罗科学管理的出现，是管理学形成的标志。由此，可将管理学的发展分为四个阶段：第一阶段是指19世纪末以前的漫长的历史时期，称为早期管理阶段；第二阶段是从19世纪末到20世纪30年代，称为古典管理理论阶段；第三阶段是20世纪40年代末，称为早期行为科学理论阶段；第四阶段是从第二次世界大战至今，称为现代管理阶段。

1) 早期管理阶段

我国古代春秋末年杰出的军事家孙武所著的《孙子兵法》中就包含了许多精辟的管理思想。例如，"不信于赏，百姓弗德。不敢去不善，百姓弗畏"，也就是说，对好人好事要奖，对坏人坏事要罚。孙武不仅以此激励士气，他还强调赏罚要及时。这些观点不仅对打仗有用，而且对管理生产、搞好各方面的工作都十分重要。

产业革命开始后，机械迅速代替了人力，并引起劳动分工。于是，计划、组织和管理就成了必不可少的了。

由此可见，组织管理已存在了几千年，只是当时的组织管理还没有成为一种知识体系。

2) 古典管理理论阶段

(1) 泰罗被西方管理界誉为"科学管理之父"，其主要著作有《科学管理原理》(1911)和《科学管理》(1912)。泰罗的科学管理的根本目的是谋求最高效率，要达到最高的工作效率的重要手段是用科学化的、标准化的管理方法代替。为此，泰罗提出了一些基本的管理制度：科学管理的中心问题是提高劳动生产率，实现最高工作效率的手段，是用科学的管理代替传统的管理，科学管理要求管理人员和工人双方实行重大的精神变革。根据上述这些基本出发点，泰罗提出了以下管理原理：制定科学的作业方法；科学地选择和培训工人、实行有差别的计件工资制；按照作业标准和时间定额，规定不同的工资率；将计划职能与执行职能分开；实行职能工长制；在管理上实行例外原则。

科学管理不仅仅是将科学化、标准化引入管理，更重要的是泰罗所倡导的精神革命，这是实施科学管理的核心问题。泰罗是科学管理的先锋，其追随者和同行也对科学管理做出了重要的贡献。亨利·甘特用图表进行计划和控制的做法是当时管理思想的一次革命。甘特根据这个思想设计的甘特图，现在还常用于编制进度计划，如创建了第一条流水生产线——福特汽车流水生产线，使成本明显降低。同时，福特进行了多方面的标准化工作，包括产品系列化，零件规格化，工厂专业化，机器、工具专业化，作业专门化等。泰罗及其同行和追随者的理论与实践构成了泰罗制，人们称以泰罗为代表的学派为科学管理学派。

泰罗的科学管理冲破了长期以来沿袭下来的传统的落后的经验和管理办法，创立了一套具体的科学管理方法来代替单凭个人经验进行作业和管理的方法，开创了管理实践的新局面。另外，由于采用了科学的管理方法和科学的操作程序，大大地提高了生产效率，适应了当时资本主义经济发展的需要，这就为管理理论的创立和发展奠定了实践基础。

(2) 法约尔的一般管理理论。法约尔是西方古典管理理论在法国的杰出代表。他提出的一般管理理论对西方管理理论的发展有重大影响，成为后来管理过程学派的理论基础。法约尔在泰罗理论的基础上，大大充实和明确了管理的概念。他认为，企业的经营有六项不同的职能，管理只是其中的一项。这六项职能是：技术职能、商业职能、安全职能、会计职能、金融职能、管理职能。管理职能包括计划、组织、指挥、协调和控制五种职能活动。

法约尔十分重视管理原则的系统化。他努力探求确立企业良好的工作秩序的管理原则，根据自己长期的管理经验，提炼出十四项原则，即分工、权利与责任、纪律、统一指挥、统一领导、个人利益服从整体利益、人员报酬、集中、等级链、秩序、公平、人员的稳定、首创精神、集体精神。

(3) 韦伯的行政组织理论。马克斯·韦伯是德国古典管理理论的代表人物，他对管理理论的贡献是，提出了理想的新名称——管理体系，这一理论主要反映在他的代表作《社会组织与经济组织理论》一书中。由于韦伯是最早提出这套比较完整的行政组织体系理论的人，因此被称为"组织理论之父"。韦伯的理想行政组织体系具有以下特点：明确的分工、自上而下的等级系统、人员的使用、职业管理人员、遵守规则和纪律、组织中人与人之间的关系等。

3) 早期行为科学理论阶段

(1) 人际关系学说的诞生——霍桑试验。古典管理理论虽然得到广泛的流传和应用，但古典管理理论沿袭亚当·斯密的思想，只将人当成"经济人"，较多地强调科学性、精密性、纪律性，而对人的因素注意较少，把工人当成机器的附属品，这就引起了工人的强烈不满。乔治·梅奥是美国哈佛大学教授，他对古典管理理论做了重要的补充和发展。与泰罗、法约尔不同，梅奥受过心理学和社会学方面的系统训练。20世纪20年代到30年代，梅奥和他的同事做了著名的霍桑试验。

梅奥等人通过霍桑试验得出的结论是：人们的生产效率不仅受到物理、生理因素的影响，而且还受到社会环境、社会心理因素的影响。这与"科学管理"只重视物质条件，忽视社会环境和心理因素对工人生产效率影响的观点相比，是一个很大的进步。

(2) 人际关系学说。在霍桑试验的基础上，梅奥创立了人际关系学说，提出了与"古典管理"不同的新观念、新思想。人际关系学说的主要内容是：职工是"社会人"；满足工人的社会欲望，提高工人的士气，是提高生产效率的关键；企业存在着"非正式组织"等。

人际关系学说的出现，开辟了管理理论研究的新领域，纠正了古典管理理论中忽视人的因素的不足。人际关系学说也为以后的行为科学的发展奠定了基础。

(3) 行为科学理论。它分为三个层次，即个体行为理论、团体行为理论和组织行为理论。

个体行为理论主要包括两方面的内容：有关人的需要、动机和激励理论；有关企业中的人性理论。团体行为理论主要是研究团体发展动向的各种因素以及这些因素的相互作用和相互依存的关系。组织行为理论主要包括有关领导的个人和组织变革、组织发展理论。

长达九年的霍桑试验，真正揭开了作为组织中的人的行为研究的序幕。霍桑试验的初衷是试图通过改善工作条件与环境等外在因素，找到提高劳动生产率的途径，从而创立了人际关系理论。经过人际关系学说，发展为管理心理学。

4) 现代管理阶段

第二次世界大战后，社会经济发展中出现了许多新的变化，这些变化对管理提出了新的要求，因此出现了许多新的管理理论和方法。这些理论相互影响，盘根错节，导致管理理论的丛林蔓延滋长，美国管理学家哈罗德·孔茨称之为管理理论丛林。这个"丛林"至少产生了以下 11 个学派。

(1) 权变理论。在特定的环境中，一个管理行为是否合理取决于各种因素。管理行为和管理方法一定要适应企业内外环境条件的变化。对于一个组织来说，没有永恒不变的管理模式。

(2) 管理过程学派。这个学派把管理看作是在组织中通过别人或同别人一起完成工作的过程。用理论对这一过程加以概括，确定了一些基础性的原理，并由此形成一种管理理论。

(3) 人际关系学派。这个学派是从 20 世纪 60 年代的人类行为学派演变来的。其认为，既然管理是通过别人或同别人一起去完成工作，那么，对管理学的研究就必须围绕人际关系这个核心来进行。

(4) 群体行为学派。这个学派是从人类行为学派中分化出来的，主要关心的是群体中人的行为，它以社会学、人类学和社会心理学为基础。它着重研究各种群体行为方式，常被叫作"组织行为学"。

(5) 经验(或案例)学派。这个学派通过分析经验(常常就是案例)来研究管理。其依据是，管理学者和实际管理工作者通过研究各式各样的成功和失败的管理案例，就能理解管理问题，自然地学会如何进行有效管理。

(6) 社会协作系统学派。这个学派与行为学派关系密切而且常常互相混淆。把有组织的企业看成是一个受文化环境的压力和冲突支配的社会有机体；对非正式组织影响的认识；把社会学认识引入管理实践之中。

(7) 社会技术系统学派。这个学派认为，必须把企业中的社会系统同技术系统结合起来考虑，而管理者的一项主要任务就是要确保这两个系统相互协调。

(8) 系统学派。这个学派认为系统方法是形成、表述和理解管理思想最有效的手段。所谓系统，实质上就是由相互联系或相互依存的一组事物或其组合所形成的复杂统一体。

(9) 决策理论学派。这个学派的基本观点是，由于决策是管理的主要任务，因而应集中研究决策问题。他们认为，管理是以决策为特征的，所以管理理论应围绕决策这个核心来建立。

(10) 数学学派或"管理科学"学派。这个学派认为，只要管理、组织、计划、决策是一个逻辑过程，就能用数学符号和运算关系来予以表示。这个学派的主要方法就是模型。借助于模型可以把问题用它的基本关系和选定目标表示出来。

(11) 经理角色学派。这是最新的一个学派，以对经理所担任的角色的分析为中心来考察经理的职务和工作，以求提高管理效率。该学派采取的方法是，一方面，采用日记的方法对经理的工作活动进行系统地观察记载;另一方面,又在观察的过程之中及观察结束以后对经理的工作内容进行分类,从而更深入地了解经理工作的实质。

在复杂的管理实践中,新问题的不断出现给管理学带来了巨大的挑战,需要不断地去探索和发展管理学本身,进一步充实管理学的理论。

1.2.2 管理心理学的心理学理论

管理心理学是应用心理学的一个分支,研究和应用管理心理学必须了解和掌握有关人的心理过程、心理特征及其规律性。

1. 心理学的含义

心理学是研究心理现象发生、发展和活动规律的科学。

2. 心理的本质

(1) 心理是脑的功能,脑是心理活动的器官。大脑是心理活动的物质基础,心理现象是随着神经系统的产生而产生,又随着神经系统的发展和完善,由初级向高级不断发展的。没有神经系统的动物也就没有心理,只有人类才有思维、有意识,人的心理是心理发展的最高阶段。因为人的大脑是最复杂的物质,是神经系统发展的最高产物,所以从心理现象的产生和发展的过程,说明心理是神经系统,特别是大脑活动的结果。

(2) 心理是对客观现实的反映。健全的大脑给心理现象的产生提供了物质基础,但是,大脑只是从事心理活动的器官,心理并不是它自身所固有的。心理现象是客观事物作用于人的感觉器官,通过大脑活动而产生的,所以客观现实是心理的源泉和内容。客观现实既包括自然界、人类社会,也包括人类自己。

心理是对客观事物能动的反映,通过心理活动不仅能认识事物的外部现象,而且还能认识事物的本质和事物之间的内在联系,并用这种认识来指导人的实践活动,以改造客观世界。

(3) 心理是以活动的形式存在的。心理是在人的大脑中产生的客观事物的映象,这种映象本身从外部是看不见摸不着的。但是,心理支配着人的活动,又通过行为活动表现出来,因此可以通过观察和分析人的行为活动,客观地研究人的心理。

3. 心理现象

个体心理系统是指个人所具有或在个人身上所发生的心理现象,可分为心理倾向、心理过程和心理特征三个方面。

1) 心理倾向

心理活动在一定时间里总会表现出某种倾向性,这类心理现象称为心理状态。其中,注意是一种认知性的心理倾向,表现为认识活动对庞杂而多变的各种刺激的选择和集中。动机是一种情意性的心理倾向,推动人从事某种活动,并向一定目标前进的内部动力。需要是人体的一种不平衡状态,是对维持和发展其生命所必需的客观条件的反映,表现为有机体对内外环境条件的欲求。在人的认识、情绪和意志等心理活动程序的加工过程中，都会出现相对稳定的心理状态。例如，认识过程中的聚精会神状态和注意力涣散状态，情绪过程中的心静状态和激动状态，意志过程中的信心状态和犹豫状态等都是心理状态。通常，心理状态是人在一定时间内各种心理活动的综合表现。例如，俗话说"人逢喜事精神爽"就是指这个人在一段时间里，感知敏锐，记忆清晰，思维活跃，情绪开朗，做事果断……表现为心理上的振奋状态。心理状态是心理过程的相对稳定状态，其持续时间可以是几个小时、几天或几个星期。它既不像心理过程那样动态、变化，也不同于心理特征那样持久、稳定。

2) 心理过程

心理活动的过程包括认识过程、情绪过程和意志过程三个过程。

(1) 认识过程，也称认知过程，是指人们获取知识和运用知识的过程。它包括感觉、知觉、记忆、思维、想象和言语等。人对世界的认识始于感觉和知觉。我们的五官——眼、耳、鼻、舌和口是我们与外部世界保持接触的主要感觉系统。通过感觉我们获取事物个别属性的信息，如颜色、明暗、声调、气味、粗细、软硬等。知觉是对感觉信息解释的过程。它反映事物的整体及其联系和相互关系，如一辆汽车、一幢房子、一个美丽的街心花园、一群人等。感觉和知觉通常是同时发生的，因而合称为感知。感知过的经验能储存在头脑中，必要时还能提取出来，这叫记忆。借助感觉系统认识周围世界的可能性是很有限的。它只能使人认识直接作用于感官的具体事物。人了解世界的知识显然不仅仅是由感觉和知觉提供的，还能通过对已有知识经验的加工获取间接的、概括的知识，认识事物的本质和事物之间的内在联系，这就是思维。例如，人们关于基本粒子的知识和遥远的星球的化学成分的知识等，都是借助于思维而获得的。想象是对已有的表象进行加工改造，创造出新形象的思维过程。例如，人们能想象出史前人类社会的生活情景、"外星人"的形象。感觉、知觉、记忆、思维、想象等都是为了弄清事物的性质和规律，使人获得知识的心理过程，这在心理学上统称为认识过程。感觉、知觉是认识的初级阶段——感性认识阶段；思维、想象是认识的高级阶段——理性认识阶段。

(2) 情绪过程。情绪和情感是伴随认识和意志过程而产生的对外界事物的态度和内心体验，是对客观事物与主体需要之间关系的反映。情绪和情感是以人的需要为中介的一种心理活动，反映的是客观外界事物与主体需要之间的关系，是一种内心体验。例如，满意或不满意，愉快或不愉快，还有我们通常所说的喜、怒、哀、惧以及美感、理智感、自豪感、自卑感等，这些心理现象称为情绪和情感。情绪过程就是人对待自己所认识的事物、所做的事情以及他人和自己的态度体验。

(3) 意志过程。人不仅能认识世界，对事物产生某种情绪体验，而且还能在自己的活动中有意识地确立目的，调节和支配行为，并通过克服困难和挫折，实现预定目标。良好的意志品质包括意志的自觉性、意志的果断性、意志的坚韧性和意志的自制性。

3) 心理特征

心理特征是指人们在认知、情绪和意志活动中形成的那些稳定而经常的意志特征。例如，有的人观察敏锐、精确，有的人观察粗枝大叶；有的人记得快、记得牢，有的人记得慢、忘得快；有的人思维灵活，有的人思维迟钝；有的人情绪稳定、内向，有的人情绪易波动、外向；有的人意志果断，坚韧不拔，有的人优柔寡断，朝三暮四等。在一个人知、情、意的心理活动中经常表现出来的稳定特征，即为这个人的心理特征或个性心理特征，包括能力、气质和性格。能力是顺利、有效地完成某种活动所必须具备的心理条件；气质是心理活动动力特征的总和，即表现在心理活动的速度、强度和稳定性方面的人格特征；性格是表现在对事物的态度和习惯化了的行为方式上的人格特征。能力、气质和性格都是人格的组成部分。人格也称个性，是指一个人区别于他人的、在不同环境中一贯表现出来的、相对稳定的、影响人的外显和内隐行为模式的心理品质，具有制约作用。

在人的心理活动中心理过程、心理倾向和心理特征是密切联系着的。首先，心理倾向和心理特征是在心理过程进行中形成和表现出来的。如果没有对周围世界的认识、产生一定的情绪体验，没有对环境相互作用的意志行动，人的心理倾向和心理特征便无从形成，同时也无法表现出来。其次，心理过程的进行受心理倾向和心理特征的影响和制约。例如，漫不经心的心理倾向不仅会降低认识和行动的效率，而且长此以往易使人情绪低落。再次，心理倾向和心理特征也是密切联系的。如果说心理特征是个人的、稳定的特征，那么心理倾向则是可变的、流动的。如果某类心理倾向(如漫不经心)经常反复出现，并且持续时间也愈来愈长，那么这类心理倾向就有可能转化为这个人的心理特征(粗心大意的个性心理特征)。个性心理特征又会影响心理倾向的性质。内向、顺从的人受到挫折时多半会产生内疚、自责等心理倾向；而机灵活泼、自信心强的人对挫折往往是泰然自若。当然个人的心理特征也会随情境、时间和其他因素的变化而发生一定的变化，而不是一成不变的。总之，从人的心理现象的动态和稳态维度来看，心理过程、心理倾向和心理特征是既有区别又密切联系的。

1.3 管理心理学的学习意义与研究方法

1.3.1 管理心理学的学习意义

1) 有助于管理者树立以"人"为中心的管理理念

学习个体心理与管理，可以提高管理者知人善任、合理使用人才的水平。组织中的每一个人均有他们各自的个性特征，有他们不同的认识、气质、能力、价值观、理想、需要、动机等，通过对个体心理行为差异的研究，能够使管理者全面地了解每个人的特点和能力，从而安排与之相适应的岗位和职务，真正做到扬长避短、人尽其才，充分发挥人力资源的效益。同时，也可为我国目前的劳动人事制度改革，为制定选人、用人和育人的政策提供科学的依据。

2) 有效地提高生产效率

管理心理学探讨的核心问题就是人的行为产生的原因，目的在于根据个体、群体、组织和领导者的心理活动规律来制定相应的管理制度，有效激发和充分调动组织内各类群体各方面的积极性、主动性和创造性；通过各种激励措施，想方设法地吸引人才、培养人才，提高人的素质，挖掘现有人员的潜力，从而达到提高生产效率的目的。

3) 适应知识经济时代对管理的具体要求

知识经济的快速发展使传统管理面临巨大变革，传统的管理将人仅仅看成是经济发展的要素，而到了知识经济时代，人已不能简单地被作为一种经济发展的要素来看待。人的创造力取代资本成为组织向前发展最强大的动力。因此，必须加强对人的认识和理解，认识管理制度与人性之间的关系，懂得人的需要在现实中的发展变化，努力为人的创造力的充分展现创造环境。学习管理心理学是时代对管理实践的具体要求，是适应社会发展的具体表现。

4) 提高决策的科学性

管理心理学这门学科的兴起与繁荣是与社会经济发展过程中人的价值的发现息息相关的，人是组织的主体，现代化的管理中，最重要的管理是对人的管理，建立以人为中心而不是以工作为中心的管理制度，并随着所处内外环境和员工状况的变化而变化，尤其是现代环境的变化加速，更要求管理也要随之进行变革。这对当前的改革、转换机制、增强企业活力、提高工作业绩，都具有重要的现实意义。

1.3.2 管理心理学研究的原则和具体方法

1. 管理心理学研究的原则

(1) 客观性原则。科学就是对客观事物本质的认识，说明、解释事物的本来面目。所以研究管理心理学一要有科学的手段，二要有实事求是的态度。对人的心理活动进行分析研究绝不能靠主观猜测，也不能以己之心度人之腹，而应尊重事实，并善于透过现象看本质，挖掘行为结果的真正心理原因。

(2) 联系性原则。联系性原则又称系统性原则，是指研究者要把组织中人的行为和心理活动放在一定的系统中进行研究。这是因为任何心理现象的发生、发展和活动的规律，都会受到环境中各种因素的影响和制约，因此要对人的行为心理活动进行综合分析，以联系的观点研究人的心理现象，认识人的心理全貌。

(3) 发展性原则。心理现象和其他现象一样，都是发展变化的，因此要求研究者以动态的观点来分析人的行为心理活动，依据客观事物的发展变化来分析研究人的心理活动规律，不能用僵化、静止的观点去研究变化中的心理活动。

2. 管理心理学研究的具体方法

人的心理活动是一种内在的体验，是无法用仪器或设备进行直接测量的，只能通过观察人们在日常管理活动中的行为表现，通过运用适当的技术诱发人的特定反应来进行间接的测量与分析。

管理心理学研究的具体方法主要有观察法、实验法、谈话法、问卷法、测验法和个案法。

(1) 观察法。观察法也叫自然观察法，是指在日常的不作任何人工干预的自然和社会情况下，使观察者以感觉器官(眼、耳等)为工具，有目的、有计划地系统地直接观察组织中人的行为，并通过对外在行为的分析来推测人们的心理状况。观察法通常是由于无法对被观察者进行控制，或者由于控制会影响其实际行为表现或有碍于伦理道德而采用的。从观察者和被观察者之间的关系来看，观察有两种主要形式：参与观察和非参与观察。前者是观察者成为被观察者活动中一个正式的成员，其双重身份一般不为其他参与者所知晓；后者是观察者不参加被观察者的活动，不以被观察者团体中的一个成员而出现。根据观察要求不同，观察法又可以分为长期观察和定期观察。长期观察是指在相当长的时期内进行系统性观察，有计划地积累资料。定期观察是指在某一特定的时间里进行观察记录。

观察法使用方便，所得材料客观、真实，因而在心理研究中被广泛使用。但是，观察法只能消极等待有关现象的发生，难以对所得材料进行数量处理，难以确定某种行为现象的真正原因，而且周期长，因此最好与其他方法结合使用。

(2) 实验法。实验法是研究者有目的地严格控制或创设的条件，通过有效因素的变化来分析发现被试者的行为变化，从而进行研究的方法。由实验者操纵变化的变量称为自变量或实验变量(通常是用刺激变量)；由实验变量而引起的某种特定反应称为因变量。在实验中实验者系统地控制和变更自变量、客观地观测因变量，然后考察因变量受自变量影响的情况。实验法分两类，即严密控制实验条件下的实验室实验和自然实验。实验室实验的优点为控制条件严格，结果精确度高。其缺点表现在实验室的人为性及对心理现象的过分简化，使所得结果与实际情况存在一定差距。自然实验也叫现场实验，是在实际生活情境中对实验条件作适当控制所进行的实验。自然实验的优点是把心理学研究与实际的情境结合起来，具有直接的实践意义，较好地避免了实验室实验的情境人为性。其缺点是容易受无关因素的影响。

(3) 谈话法。谈话法是研究者根据预先拟好的问题向被调查者提问，以一问一答的方式进行调查。要使谈话法富有成效，首先应创造坦率和信任的良好气氛，使被调查者做到知无不言；同时，研究者应当有良好的准备和训练，预先拟好问题，尽量使谈话标准化，记录指标的含义保持一致，这样才有可能对结果进行客观的分析和概括。谈话法有如下优点：可以直接向被调查者解释目的；研究者可以控制谈话进程；可以根据被调查者的反应提出临时应变的问题，有可能获得额外有价值的资料。它的主要缺点是：要收集较多对象的资料，太费时间；研究者必须训练有素，才能掌握谈话法；研究者的言行有时对被调查者的回答有暗示作用。

(4) 问卷法。问卷法是研究者根据研究课题的要求，设计出内容明确的问卷量表，让被调查者根据个人情况自行选择回答，然后通过分析这些回答来研究被调查者心理状态的方法。常用的有是非法、选择法、计分法和等级排列法四种。这种方法具有向许多人同时搜集同类型资料的优点。其缺点是：发出去的调查表难以全部收回，只能得到被调查者对问题的相对完整的答案。要得到一份良好的问卷，在设计时应注意要针对调查的目的来设计问卷；提出的问题要适合于调查的目的和被调查的对象；使用方便，处理结果省时、经济。

(5) 测验法。测验法就是用标准化的量表或精密仪器来测量被试者的智力、性格、态度以及其他个性特征的方法。测验的种类很多，按一次测量的人数多少，可把测验分为个别测验(一次测一人)和团体测验(一次同时测多人)。按测验的目的，可把测验分为智力测验、特殊能力测验(性向测验)和人格测验等。测验法的优点是：可以在短时间内了解许多人的一个或多个特点，能从数量上进行比较。其缺点是：有很大的局限性，表现在目前所使用的测量表不够完善，信度和效度系数低。

用标准化的量表来测量心理特征时应注意：选用的测量工具应适合于研究目的的需要；主持测验的人应具备使用测验的基本条件，如口齿清楚，态度镇静，了解测验的实施程序和指导语，有严格控制时间的能力；按测量手册上载明的实施程序进行测验等；应严格按测验手册上载明的方法计分和处理结果；测验分数的解释应有一定的依据，不能随意解释。

(6) 个案法，也叫案例法，是对某一个体、团体和组织在较长时间内连续进行观察、调查、了解，全面系统地分析研究，并探索其心理发展变化全过程的研究方法。例如，以某一个扭亏为盈的企业为个案，或以某个成功的企业家为个案，通过分析其成功的曲折历程来探寻成功的奥秘，并进一步探索适用于一般情景的规律。

以上介绍的六种方法都是通过人的外在行为表现去探索其内在活动的途径。由于人是社会中最复杂的对象，其心理活动与外在行为并非完全一致，所以在研究中最好根据研究对象的特点与具体目的，采用多种方法配合使用，使之互相补充，较为准确地反映人的心理活动。

1.4 管理心理学的发展历史

1.4.1 我国管理心理学的发展历史及现状

我国古代就有丰富的管理心理学思想。例如，春秋末年军事家孙武在《孙子兵法》一书中就写道："道者，令民与上同意也，故可以与之死，可以与之生，而不畏危。"孙武强调领导与下属之间意愿协调一致的重要性，这在今天看来也是十分重要的管理心理学原则。

我国古代的管理哲学思想充分反映在关于人性的争论上。荀子认为"今主人性，饥而欲饱，寒而欲暖，劳而欲休，此人之性情也"(《荀子·性恶》)。孟子则认为"人之善也，如水之下也"。可见我国古代管理心理学思想已经受到思想家的广泛重视，我国的有关古籍也成了一些国家培养管理人员的必读书目，但管理心理学在当时并没有成为专门学科。

经过历史曲折之后，管理心理学终于在20世纪70年代获得恢复和重建。在过去的几十年间，它的发展与我国改革开放事业的进程紧密相关。如今我国又要进入改革开放的一个新阶段，管理心理学也正迫切地需要一个更大的发展。我国管理心理学虽然起步较晚，但近50年来，我国管理心理学已取得了以下几个方面的成就。

1) 建立了学术组织和教学研究机构

中国心理学会工业心理专业委员会成立于1980年。在成立大会上，心理学工作者一致认为，我国的工业心理学分为两大方面，即工业心理学和管理心理学。工业心理专业委员会是一个完全由工业心理学工作者组成的专业性较强的团体。目前该委员会有成员几百人。中国行为科学学会成立于1985年，它其实是组织行为学会，除了一部分心理学和管理学专业的工作者以外，大部分成员是企业的领导人，在我国已成立分会24个，成员上千人。有两个工业心理学的专门机构从事管理心理学的研究。此外,还有一些高等院校,尤其是管理学院从事管理心理学的教学研究。

2) 翻译和编写了一批管理心理学著作

我国管理心理学是从介绍和翻译国外尤其是美国的工业与组织心理学著作和学术动向开始的。从 20 世纪 80 年代起,我国翻译出版了一些在国外较有影响力的著作。1985 年,由我国学者自己编写的第一部《管理心理学》(卢盛忠)教材正式出版。随后,我国陆续出版了不少管理心理学和组织行为学的著作。据不完全统计,目前我国有这类著作上百种,主要是为了满足管理院校的教学和企业干部的培训需要。

3) 各管理院校均开设了管理心理学课程,并为企业管理人员举办了各种讲习班

除专门培养工业心理学专业人才的系科和研究机构外,全国各主要大学的管理学院和管理系都开设了这门课程。更主要的是还举办了大量培训班,向企业领导干部和管理人员讲授管理心理学的基本知识。培训班的开设对普及管理心理学的知识起着巨大的推动作用。

4) 培养出一批专业人员

目前我国已有两个管理心理学的博士学位授予单位和多个硕士授予单位。

5) 开展了多方面的研究工作

总体看来,我国从事管理心理学研究的人员还不多,研究课题还不能涉及管理心理学的全部领域,主要还是在吸收国外研究及方法论的基础上结合我国的实际开展我国的研究工作。

回顾这短短的几十年,总体来说,我国的管理心理学研究还处于初级阶段,带有探索的性质,但也形成了自己的特色,对许多领域都进行了广泛的研究。在借鉴国外研究成果的基础上,从我国企业的实际问题入手,不断积累经验,提出自己的理论,并在实际中不断地修正自己的理论。每一个新的管理理论和思想的出现都会将企业组织推上新的台阶。

1.4.2 西方管理心理学的人性假设及借鉴意义

任何社会、任何组织的管理设计都与管理者对人的基本认识有直接的关系,也就是说,对人性的假设决定了管理者的管理制度。对人基本观点的假设可以成为我们对人进行分析的有力工具。了解了人性的假设,我们就可以很容易地了解社会制度演变的内在原因,因为任何社会制度良好运行的前提条件是符合现实的人性状况,而对人性的错误判断则会给管理带来不可想象的灾难性后果。

在心理学的发展史上出现过"经济人"假设、"社会人"假设、"自动人"假设和"复杂人"假设四种影响较大的人性假设。

1. "经济人"假设

1) "经济人"假设的基本要点

(1) 多数人天生是懒惰的,都想尽可能逃避工作;他们对组织的要求与目标不关心,只关心个人,他们工作的目的在于满足基本的生理需要与安全需要。

(2) 只有少数人是勤奋、有抱负、富有献身精神的,他们能自己激励自己、约束自己。

2)"经济人"假设相应的管理措施

与"经济人"假设相应的管理措施可归纳为以下三个方面。

(1) 管理是领导者的事,与广大被管理者无关。

(2) 为使被管理者努力工作,必须强迫他们、控制他们,用惩罚威胁他们,同时用福利引诱他们,采取"胡萝卜加大棒"的政策。

(3) 主要采取任务管理的方式,管理的重点是制定各种科学操作规程、规章制度,加强对被管理者的控制,以保证任务的完成,而无须考虑被管理者作为人的思想感情以及对人所应负的道义上的责任。管理就是计划、组织、经营、指导和监督。

2. "社会人"假设

1) "社会人"假设的基本要点

(1) 人是"社会人",是由社会需要而引起工作动机的。因此,金钱不是激励职工积极工作的唯一动力,职工的社会心理需求才是影响职工积极性的主要因素。

(2) 生产效率的高低主要不取决于工作方法和工作条件,而取决于职工的"士气"。"士气"取决于组织中的人际关系、职工的社会生活和家庭生活。

(3) 工人重视同事给予的影响程度,要比对管理者所给予的经济诱因与控制的重视程度大得多。职工中存在着"非正式群体",这种无形的组织有其自身的规范,能更有效地影响其成员的行为。

(4) 工业改革与合理化的结果,使工作本身失去了意义,职工只能从工作之外的社会关系中寻求生活的意义,于是工人的工作效率便随着管理者能满足他们的社会需要的程度而变化。

2) "社会人"假设相应的管理措施

人性的假设变了,相应的管理措施也必然随之变化。霍桑试验提出了新型领导的必要性,据此假设引申出来的管理措施如下。

(1) 管理人员不能只注意生产任务的完成,而应把注意的重点放在关心人、满足人的需要上。

(2) 管理人员不能只注意指挥、监督、计划和组织,更应该注意职工之间的人际关系,努力提高职工的认同感、归属感、依恋感,激励职工对组织的献身精神。为此必须提倡集体奖励制度,限制使用个人奖励,以增强组织的凝聚力。

(3) 管理者应该认真了解本单位非正式群体的构成情况,做好调节工作,使非正式群体的社会需要与组织目标取得平衡协调。

(4) 管理人员的职能不再只限于制订计划、组织工序、检验产品,还包括在职工与上下级之间起联络人的作用,担负上下级之间信息沟通的责任,一方面将上级的意图与部署向下级传达,另一方面把职工的意见、职工的需要与情感等向上级反映与呼吁。

(5) 管理不再仅仅是管理者的事,被管理者也应不同程度地参与管理工作,这会大大提高职工的工作积极性。由此提出的新的管理方式是"参与管理",即让员工在不同程度上参与企业决策的研究和讨论。

3. "自动人"假设

1) 什么是"自动人"假设

"自动人"又称"自我实现人"。"自动人"假设产生于20世纪50年代,起源于人本主义心理学,该学派的代表是美国心理学家马斯洛。他认为,人的需要的最高层次是"自我实现",即以其最有效和最完整的方式表现自己的潜力。

"自动人"假设还起源于美国组织心理学家阿基里斯提出的"不成熟—成熟"理论。由于环境、管理制度的限制,很多人没有完成这一过程,只有少数人达到了完全成熟的程度,但随着社会的发展,成熟的人会越来越多。

2) "自动人"假设的基本要点

(1) 人生来就是勤奋的,如果没有不良条件的限制,运用体力和脑力从事工作,如同游戏和休息一样自然。

(2) 外来的控制和惩罚的威胁并不是促使人为实现组织目标而努力的唯一方法。人在达到自己所承诺的目标的过程中,是能够自我约束、自我控制的。

(3) 职工自我实现的需要和完成组织任务、使组织的绩效更富有成果,这二者之间并无必然的矛盾。如果给予机会,职工会自愿地把他们个人的目标与组织的目标结合为一体。

(4) 职工在适当条件下不但能接受责任,而且会追求责任。逃避责任、缺乏雄心和强调安全是经验的结果,而不是人的天性。

(5) 不是少数职工,而是许多职工都具有解决组织问题的想象力、独创性和勤奋精神。

(6) 在现代工业生活的条件下,一般职工的智慧潜能只被利用了很少的一部分。

3) "自动人"假设相应的管理措施

(1) 管理重点和制度的改变。"自动人"假设把关心人与重视工作结合起来,要求尽量把工作安排得富有意义,对职工具有挑战性,使职工通过工作和工作获得的成果得到满足,得到发展,从而实现自我价值。

(2) 激励方式的改变。"自动人"假设认为工资、奖金、职务等是外在的激励因素,对于人来说,最根本的、长远起作用的是内在的激励因素,即工作本身的意义、创造的愉快、成功的满足、获得知识及施展才华的欢乐等。

(3) 管理职能的改变。根据"自动人"假设,管理人员不再是生产的监督者、指导者,也不再是人际关系的调节者,而是人才的发现者、使用者。管理人员的主要任务就是选贤任能,为工作挑选适当的人选,为职工安排最具有挑战性、最能满足其自我实现需要的工作,引导职工做出成绩,并从中感受工作的意义和自身的价值,达到个人的自我实现和完成组织目标的统一。从"自动人"假设中引申出来的管理方式叫作"目标管理",即管理者不仅让职工参与制定组织目标,而且也指导职工制定个人目标,并把二者结合起来,激励他们努力工作。

4. "复杂人"假设

1) "复杂人"假设的基本要点

经长期研究,人们发现,实际生活中的人既不是单纯的"自动人",也不是单纯的"社会人"和"经济人"。关于人性的上述三种假设,虽然各有其合理的成分,但并不适用于一切人。因为人是极其复杂的,不仅人的个性因人而异,而且还因时、因地、因地位和人际关系等各因素的变化而异。正如有人说的"见了狼,他会显出羊的模样,见了羊,又显出狼的模样"。这样,"复杂人"假设便应运而生了。

(1) 人有着层次与水平不同的、多种多样的需要,这些需要不仅是复杂的,而且是随着人的发展和工作条件的改变而不断变化的。

(2) 每个人的多种需要不是并列,而是相互联系、互相影响,结合为一个统一的整体,并形成一定结构的。有的人经济上的需要居于中心位置,有的人社会性需要占主导地位,有的人最迫切的需要是施展自己的才华,于是各个人就形成了错综复杂的动机模式。

(3) 个体此时此地的需要是原有需要与当今社会存在交互作用的结果。因此,人的工作性质不同,社会地位不同,能力不同,与周围人的关系不同,其需要与动机的模式也不同。

(4) 由于每个人的需要、动机和能力不同,因而对不同的管理方式就有不同的反应,所以并不存在对任何时代、任何组织或任何人都普遍适用的管理方式。从"复杂人"假设中引申出来的管理方式叫作"应变管理"。

2) "复杂人"假设相应的管理措施

"复杂人"假设提出的超 Y 理论,并不要求管理人员放弃上述几种人性假设为基础的管理理论,而要求管理人员根据具体人的不同情况,灵活地采取不同的管理措施。其具体的管理措施如下。

(1) 采用不同的组织形式提高管理效率。根据工作性质的不同,时而采取固定的组织形式,时而采取灵活、变化的组织形式。

(2) 根据企业情况的不同,采用弹性、应变的领导方式,以提高管理效率。若组织任务不明确,工作混乱,应采取较严格、控制的领导方式;若企业任务明确,则应采用民主的、授权的领导方式。

(3) 善于发现职工在需要、动机、能力、个性方面的个别差异,因人、因时、因事、因地制宜地采取灵活的管理方式与奖酬方式。

［案例］

巨人的困境

1991 年春,珠海巨人新技术公司诞生时,史玉柱宣布:"巨人要成为中国的 IBM,东方的巨人。"然而,仅仅 6 年之久,即 1996 年年底,巨人集团的产量就全面萎缩,员工停薪两个月,大批骨干陆续离开,巨人集团陷入困境。分析巨人危机的原因,主要有以下两个方面。

1. 管理虚弱

可以说,巨人集团从 1989 年到 1992 年的腾飞是靠创业精神支撑而发展起来的。遗憾的是,在企业迅速发展的过程中,却没有相应建立起完善的企业制度和科学的管理体系。随着资产规模的急剧膨胀,巨人集团管理上的隐患也日益暴露,整个集团的管理浮躁而混乱。

实际上,在产业多元化初期,史玉柱就意识到了公司的管理隐患,他在公司 1994 年元旦献词中说:"我们创业时的管理方式,如果是只维持几十人的状态,不会有问题。但现在的管理系统,不可能运作规模更大的公司。巨人公司正向大企业迈进,管理必须首先上台阶",并直截了当地指出了集团当时存在的问题,创业激情基本消失、出现"大锅饭"机制、管理水平低下、产品和产业单一以及市场开发能力停滞。巨人集团在规模迅速膨胀的同时,内部管理虚弱。原本就薄弱的管理基础,再加上领导体制、决策机制、企业组织、财务控制、员工管理等诸多方面都不能适应集团发展的需要,企业陷入困境只是早晚的事。

2. 缺乏科学决策体系和权力约束机制

史玉柱曾经成功地将知识转化成了商品,又变成了资本,但他却没有把巨人变为一个现代企业。当史玉柱的产业越做越大时,自己也倍感驾驭庞大集团的吃力。1994年年初,请北大方正集团总裁楼滨龙出任巨人集团总裁,公司实行总裁负责制。但实际上企业决策体系并没有从根本上改变。史玉柱后来反思道:"巨人没有及早进行股份化,直接的损失是最优秀的人才流失。更严重的后果是,在决策时没人能制约我。以致形成家长制的绝对权威,导致我的一系列重大决策失误。"

巨人集团有董事会,但形同虚设。史玉柱手下的几位副总都没有股份,在集团讨论重大决策时,他们很少坚持自己的意见,他们也无权干预史玉柱的错误决策。因此,在巨人集团的高层没有一种权力制约,巨人集团实行的是"一个人说了算"的机制。

对于巨人集团的危机,史玉柱承认两点:一是决策失误,摊子铺得太大;二是管理不善,经营失控。显而易见,目前我国民营企业已进入内部机制变革的时代,它们必须痛苦地告别一人包打天下的时代。

[案例评析]

(1) 企业的成长也有生命周期,成功的企业能迅速进入成长期,不断延长其成熟期。一些企业在其迅速成长的黄金时期,在企业发展方向上热衷于"赶浪头"、铺摊子、上项目,没有经过细致的市场分析和投资分析,没有从企业的自身优势、可能性出发,缺乏对未来发展形势的冷静思考和总体把握,盲目涌向高利行业,加上决策体系不合理,对市场和行业技术经济信息的收集、分析不足,最终使企业陷入经营困境。

(2) 管理是企业生存和发展的重要基础,从一定程度上来讲,企业管理水平是一个企业综合素质的体现。不少企业发展到这一阶段时,企业的资金、人员、市场等都有了一定规模,然而管理水平却与企业的发展不相适应,在企业的组织机构设置、财务管理水平和人力资源的配备等方面都不能适应企业进一步发展的需要,出现了企业资金和人员失控的现象,管理"短腿"导致了企业的崩溃。因此,在体制条件逐渐宽松的今天,重视管理应成为我国企业的共识。

(3) 完善的公司组织结构必须有一个科学的决策体系和健全的权力约束机制。现代大企业中,一般采取纵向授权制,遵循科学的决策程序,绝不能"一个人说了算"。经营者的行为必须有健全的制度约束,不仅要有所有者的约束、社会约束,而且还要有债权人的监督和来自企业内部员工的民主监督。各级经理人员的产生必须有法定程序,其责任和权限必须有制度保证。

资料来源:代凯军. 管理案例博士评点[M]. 北京:中华工商联合出版社,2000.

习 题

一、名词解释

管理心理学　管理学　心理学

二、思考题

1. 请根据大学生的自身特点简述学习管理心理学的意义。
2. 简述管理心理学与管理学和心理学之间的关系。

第 2 章　个性差异与管理

个性贯穿着人的一生，影响着人的一生。在日常的人际交往中，我们会发现，有的人行为举止、音容笑貌令人难以忘怀，而有的人则很难给别人留下什么印象；有的人虽曾见过一面，却给别人留下长久的回忆，而有的人尽管长期与别人相处，却从未在人们的心目中掀起波澜。出现这种现象的原因就是个性在起作用。人作为个体存在于社会中，个体之间存在着很大的差异，这种差异主要表现在个性上，个性的研究在管理心理学中占有重要地位。作为管理者只有了解组织中每个员工的个性，才能做到人尽其才，提高管理绩效。本章的主要内容包括以下两项。

- 个性、气质、能力、性格。
- 个性差异在管理中的应用。

2.1　个　　性

2.1.1　个性的概念

个性一词最初来源于拉丁语 Personal，开始是指演员所戴的面具，后来是指演员——一个具有特殊性格的人。在日常生活中，人们把某些特征品质综合理解为个性。其实，研究人的个性问题，必须以马克思主义关于人的本质的学说为基础和出发点。马克思曾经指出："人的本质并不是单个人所固有的抽象物，实际上，它是一切社会关系的总和。"只有在实践中，在人与人之间的交往中，考察社会因素对人的个性形成的决定作用，才能科学地理解个性。由于个性是一种较复杂的心理现象，又由于个性心理学作为一门学科的历史还较短，因此到目前还没有一个统一的、为所有研究者能共同接受的明确定义。就目前研究的情况来看，一般认为个性是指一个人在其生活、实践活动中经常表现出来的、比较稳定的不同于他人的特点，它能反映一个人的精神面貌并影响个人的行为。个性不是固定不变的，而是不断变化和发展的；同时个性也不单纯是行为和理想，而是制约着各种活动倾向的动力系统。个性包括两方面的内容：一是个性倾向性，二是个性心理特征。

(1) 个性倾向性是指人对社会环境的态度和行为的积极特征，包括需要、动机、理想、信念和世界观等。它较少受生理、遗传等先天因素的影响，主要是在后天的培养和社会化过程中形成的。个性倾向性中的各个成分并非孤立存在，而是互相联系、互相影响和互相制约的。其中，需要又是个性倾向性乃至整个个性积极性的源泉，只有在需要的推动下，个性才能形成和发展。动机、兴趣和信念等都是需要的表现形式。而世界观居于最高指导地位，它指引和制约着人的思想倾向和整个心理面貌，是人的言行的总动力和总动机。由此可见，个性倾向性是以人的需要为基础、以世界观为指导的动力系统。个性倾向性是指决定一个人的态度、行为和积极性的选择性的动力系统，它决定着人对认识活动的对象的趋向和选择。

(2) 个性心理特征是指人的多种心理特点的一种独特结合，是在人的个性中经常的、稳定的特征和品质，其中包括完成某种活动的潜在可能性的特征，即兴趣、能力、气质、性格等心理成分，它决定着个性的差异性。

任何一个人都有这样或那样的个性倾向性，也会有这样或那样的个性心理特征。正是这两方面辩证统一地交织在一个人身上，才构成了人们各不相同的个性，组成了我们这个生动活泼、丰富多彩的大千世界和各种各样、既相互联系又相互制约的人类群体，进而推动着历史的前进和时代的变迁。

2.1.2 个性的性质

个性具有以下几种性质。

1) 独特性

每个人都有不同于他人的个性倾向性和个性心理特征。如同地球上没有两个指纹完全相同的人一样，也不会有两个个性完全一样的人，每个人都有自己独特的风格。这种在人身上表现出来的独特的心理特征的总和，就是人的个性。然而，个性的独特性并不排斥人与人之间的共同性。

2) 整体性

个性是由各种成分构成的一个有机整体，具有内在的一致性，受自我意识调控。它虽然不能被直接观察到，却可以通过人的行为特征表现出来是一个整体，体现其独特的精神风貌。

3) 稳定性

一个人的个性一旦形成，就具有稳定性，持续呈现出一种明显的特征，不容易改变。所谓"江山易改，本性难移"说的就是个性的稳定性。当然，个性也并不是不可改变的，实际上，随着一个人的发育成熟和社会条件的改变，个性也会发生或多或少的改变。

4) 倾向性

人们在客观现实的相互作用中，总是对现实的事物持有一定的看法、态度和倾向性，这种倾向性，决定了一个人心理活动的选择和行为的方向。

5) 自然性和社会性的统一

个性是在一定的社会环境中形成的，因而个性必然会反映出个体生活在其中的社会文化的特点，受到教育的影响，这些说明个性具有社会制约性。但是，心理又是大脑的机能，个性的形成必然以神经系统的成熟为基础。因此，个性是自然性和社会性的统一。

2.1.3 个性的形成和发展

个性的形成受很多因素的影响，除遗传、身体方面的因素外，家庭的影响、学校的教育、社会生活实践的作用等因素交织在一起形成了一个人的个性。概括起来不外乎先天的遗传因素与后天的环境因素。所以，每个人的个性不尽相同。那么，一个人的个性品质是怎样形成的呢？

1) 儿童时期

虽然儿童个性品质的形成离不开遗传因素这个前提条件，但对儿童个性品质的形成和发展起主导作用的仍然是环境和教育的作用。其中，早期教育对儿童个性的发展起着直接的作用。

儿童出生之后，长期生活在家庭之中。家庭所处的经济地位和政治地位，父母的教育观点、教育水平、教育态度和方法，家庭成员之间的关系，儿童在家庭中的位置等，对儿童个性的形成都有很大的影响。

2) 学龄时期

学校生活时期也是儿童个性形成和发展的主要时期，主要受到师长和同学的影响。学生在学校不仅掌握一定的科学文化知识，也接受一定的政治观点和形成一定的道德标准，学会为人处世的方式，逐步形成自己的个性。

3) 走向社会

社会最终决定人的个性形成。社会实践对青少年更多的是通过家庭、学校产生间接的影响。当人走上工作岗位时，社会影响便直接地产生作用。人走上社会，为了适应日益扩大的生活领域，在反复学习、担当新角色应用的行为方式和对事物的态度的同时，形成和改变着某些个性特征。

人们长期从事的特定职业和工种，对个性的形成和发展也具有重要意义。

2.2 气　　质

2.2.1 气质的概念

气质是人的个性心理特征之一，它是指在人的认识、情感、言语、行动中，心理活动发生时力量的强弱、变化的快慢和均衡程度等稳定的动力特征。气质主要表现在情绪体验的快慢、强弱、表现的隐显以及动作的灵敏或迟钝方面，因而它为人的全部心理活动表现染上了一层浓厚的色彩。它与日常生活中人们所说的"脾气""性格""性情"等含义相近。

气质是在人的生理素质的基础上，通过生活实践，在后天条件影响下形成的，并受到人的世界观和性格等的控制。它的特点一般是通过人们处理问题、人与人之间的相互交往显示出来的，并表现出个人典型的、稳定的心理特点。

2.2.2 气质的类型与特征

1. 气质的类型

1) 体液说

早在公元前 5 世纪，古希腊著名医生希波克拉特就提出了血液、黏液、黄胆汁和黑胆汁四种体液的气质学说。根据哪一种体液在人体内占优势把气质分为四种基本类型：多血质、胆汁质、黏液质和抑郁质。他是最早划分气质类型并提出气质类型学说的人。500年后，罗马医生盖伦在此基础上提出了气质这一概念。

古代所创立的气质学说用体液解释气质类型虽然缺乏科学依据，但人们在日常生活中确实能观察到这四种气质类型的典型代表。活泼、好动、敏感、反应迅速、喜欢与人交往、注意力容易转移、兴趣容易变换等，是多血质的特征。直率、热情、精力旺盛、情绪易于冲动、心境变换剧烈等，是胆汁质的特征。安静、稳重、反应缓慢、沉默寡言、情绪不易外露，注意力稳定但又难以转移、善于忍耐等，是黏液质的特征。孤僻、行动迟缓、体验深刻、善于觉察别人不易觉察的细小事物等，是抑郁质的特征。因此，这四种气质类型的名称曾被许多学者所采纳，并一直沿用至今。

2) 体型说

20世纪20年代德国医生克雷奇米尔根据自己的临床观察提出可以根据一个人的体型特征来预见他的气质类型。肥胖型活泼、热情、情绪多变；瘦长型孤僻、多思虑、不善交际；筋骨型一丝不苟、理解缓慢、情绪爆发强烈；虚弱型缠绵、柔弱。

美国心理学家谢尔登把体型分为三类：内胚叶型(柔软、丰满、肥胖)，中胚叶型(肌肉骨骼发达、结实强壮、体态呈长方形)，外胚叶型(虚弱、瘦长)。据他所收集的资料，他认为内胚叶型的人图舒服，闲适，乐群(称为内脏气质型)；中胚叶型的人好活动，自信，独立性强，爱冒险，不太谨慎(称为肌肉气质型)；外胚叶型的人爱思考，压抑，自律，好孤独(称为脑髓气质型)。

虽然体型与气质具有某种相关性，但这并不能说明体型与气质之间存在着因果关系。

3) 血型说

人的血型有A型、B型、AB型和O型。有些心理学家认为，人的气质是由不同的血型决定的。血型说在日本比较有影响力，日本人古川竹二根据血型把人区别为四种气质：A型气质的特点是温和、老实稳妥、多疑、怕羞、依赖他人、受斥责就丧气；B型气质的特点是感觉灵敏、恬静、不怕羞、喜社交、好管事；AB型气质的特点是上述两者的混合型；O型气质的特点是志向坚定、好胜、霸道、不听指挥、喜欢指使别人、有胆识、不愿吃亏。由此看来，这种理论也是没有多少科学依据的。

4) 激素说

内分泌腺的机能与有机体的新陈代谢密切相关，并影响着人的行为。伯曼等人提出，人的气质是由某种内分泌腺的活动所决定的。他根据人的某种内分泌腺特别发达而把人划分为甲状腺型、垂体腺型、肾上腺型和性腺型。例如，甲状腺型的人知觉灵敏、意志坚定、不易疲劳；垂体腺型的人情绪稳定、自制力强；肾上腺型的人情绪易激动；性腺型的人性别角色突出等。生理学的研究表明，虽然气质的某些特点与某些内分泌腺的活动有关，但是孤立地强调内分泌腺活动对人的气质的决定作用是片面的。

2. 气质的特征

(1) 气质具有典型的、稳定的心理特点。这些心理特点以同样的方式表现在不同活动中的心理活动的动力上，而且不以活动的内容、目的和动机为转移。

气质类型的很早表露，说明气质较多地受个体生物组织的制约；气质在环境和教育的影响下虽然也有所改变，但与其他个性心理特征相比，变化要缓慢得多，具有稳定性的特点。

(2) 气质具有先天性的特征。气质的生理基础是神经系统类型，是高级神经系统活动类型在人的活动中的表现。因此，气质与遗传素质有关，具有先天性的特征。现实中，我们也会看到每个人身上都有与生俱来的秉性。

(3) 气质具有可塑性。气质类型在一生中是比较稳定的，但也不是不可改变的。如果童年生活极为恶劣，或成年后遇到重大生活变故，都可能导致人的气质发生重大的改变。但这种变化过程是缓慢的，甚至在条件适宜的时期，还会恢复原来的面貌。

(4) 气质类型无好坏之分。在评定人的气质时不能认为一种气质类型是好的，另一种气质类型是坏的。每一种气质都有积极和消极两个方面。例如，胆汁质的人可成为积极、热情的人，也可发展成为任性、粗暴、易发脾气的人；多血质的人情感丰富，工作能力强，易适应新的环境，但注意力不够集中，兴趣容易转移，无恒心等。抑郁质的人在工作中耐受能力差，容易感到疲劳，但感情比较细腻，做事审慎小心，观察力敏锐，善于察觉别人不易察觉的细小事物。

2.2.3 高级神经活动的类型与气质

1. 高级神经活动的类型

巴甫洛夫运用动物条件反射实验建立了高级神经活动学说，他指出，大脑皮质的神经过程(兴奋和抑制)具有三个基本特性：强度、均衡性和灵活性。

神经过程的强度是指神经细胞和整个神经系统的工作能力和界限。在一定的限度内，神经细胞的兴奋能力符合刺激的强度：强的刺激引起强的兴奋，弱的刺激引起弱的兴奋。兴奋过程强的动物对于强烈刺激仍能形成条件反射，已经形成的条件反射也能继续保持；而兴奋过程弱的动物对于强烈的刺激就难形成条件反射，已形成的条件反射当刺激强度增加到一定限度时，就会出现超限抑制。抑制过程较强的动物对于要求持续较久的抑制过程能够忍受；而抑制过程较弱的动物在这种情况下就可能导致抑制过程的破坏，甚至引起中枢神经系统的病理性变化。

神经过程的均衡性是指兴奋和抑制两种神经过程间的相对关系。均衡的动物的兴奋过程和抑制过程的强度是相近的。不均衡的动物表现为或兴奋过程相对占优势，抑制过程较弱；或抑制过程相对占优势，兴奋过程较弱。

神经过程的灵活性是指兴奋过程或抑制过程更迭的速率。它保证有机体能适应外界环境的迅速变化，表现在各种条件反射的更替是迅速还是缓慢，是容易还是困难等方面。

根据神经过程的强度、均衡性和灵活性，巴甫洛夫把动物和人类的高级神经活动类型划分为四种，强而不均衡的为兴奋型；强的、均衡的、灵活的为活泼型；强的、均衡的、惰性的为安静型；弱的为抑制型。

2. 神经类型和气质的关系

气质是每个个别的人的最一般的特征，是他的神经系统的最基本的特征，而这种最基本的特征就给每个个体的所有活动都打上这样或那样的烙印。巴甫洛夫认为，兴奋型相当于胆汁质，活泼型相当于多血质，安静型相当于黏液质，抑制型相当于抑郁质。

后来的研究表明，精神类型并不总是与气质类型相吻合。气质是心理特征，神经类型是气质的生理基础，气质不仅与大脑皮质的活动有关，而且与皮质下活动有关，还与内分泌腺的活动有关。因此，可以说整个个体的身体组织都影响着一个人的气质。

气质是神经类型的心理表现，因此气质心理特征和神经类型生理特性之间并不存在着一对一的关系。有时几种不同的气质特征依赖于同一神经过程的特性；有时一种气质特征依赖于神经过程的几种不同的特性。

人的气质类型可以通过一些方法加以测定。但属于某一种类型的人很少，多数人是介于各类型之间的中间类型，即混合型，如胆汁—多血质，多血—黏液质等。

2.3 能　　力

2.3.1 能力概述

1. 能力的概念

能力是顺利完成某种活动所必须具备的心理条件，是个体的一种心理特征。例如，节奏感和曲调感对于从事音乐活动是必不可少的；准确地估计比例关系对于从事绘画活动是必不可少的；观察的精细性、记忆的准确性、思维的敏捷性则是完成许多活动必不可少的。缺乏这些心理特征，就会影响有关活动的效率，使这些活动不能顺利进行，因此它们就是保证有关活动得以完成的能力。

2. 能力和知识的关系

知识是人类社会历史经验的总结和概括；能力是一个人比较稳定的个性心理特征，其中很大一部分是知识概括化了的东西。能力的形成和发展远较知识的获得要慢。

能力是在掌握知识的过程中形成和发展的，离开学习和训练，任何能力都不可能发展。掌握知识又是以一定能力为前提的，能力是掌握知识的内在条件和可能性，制约着掌握知识的快慢、深浅、难易和巩固程度。但是，能力和知识的发展并不是完全一致的。在不同的人身上可能具有相等的知识，但他们的能力不一定是相等水平的。例如，一般来说，学习成绩好，智力水平可能较高，但是取得优秀成绩的原因是不同的，可能是聪明，也可能是刻苦、专心。

3. 影响能力发展的因素

一般认为影响能力发展的因素有两个：素质；环境、教育和实践活动。

1) 素质

素质是有机体生来具有的某些解剖生理特点，特别是神经系统(主要是脑)、感觉器官和运动器官的解剖生理特点。素质是能力形成和发展的自然前提，离开了这个前提就谈不到能力的发展。双目失明的人难以发展绘画方面的能力，生来聋哑的人难以发展音乐方面的能力。但素质并不是完全遗传的，也不能完全决定一个人的能力，它仅能够提供一个人能力发展的可能性，只有通过后天的教育和实践活动才能使这种发展的可能性变为现实性。

2) 环境、教育和实践活动

素质差不多的人，其能力发展的差别是由环境、教育和实践活动所造成的。

儿童(特别是三岁前)营养状况对智力的发展有很大的影响，营养不良可以造成脑细胞数目低于正常发展儿童的数目。由于营养不良影响脑细胞的发育，从而影响心理功能的发展，这是显而易见的。过去认为，人类脑细胞的数目是在生前就决定的，出生后就不再增加，但是，近年来的研究表明，脑内神经细胞的数目在出生后六个月内仍在继续增加。大脑的发育需要多种营养，特别是对蛋白质、矿物质、维生素等的需要。缺乏蛋白质对智力发展会造成巨大的影响，无机盐的供应亦很重要，脂肪对智力发展也是必要的，同时食物中丰富的维生素 C 能提高儿童的智力。

在儿童成长过程中，智力发展是不均衡的。它在早期阶段有很快的变化，而且对以后的发展有着很大的影响。幼儿时期是智力发展的极重要时期，很可能在一定程度上制约着一个人一生的智力发展水平。

教育在儿童能力发展中起主导作用，在教育过程中学习掌握知识、技能的同时也发展着能力。在儿童的智力发展上，良好的教学方法可以把似乎缺乏能力的儿童塑造成才。

环境和教育是能力发展的外部条件，人的能力必须通过主体的积极活动才能得到发展。能力是在人的活动中形成和发展起来的，一个人的能力水平与他从事活动的积极性成正比。恩格斯说："人的智力是按照人如何学会改变自然界而发展的。"充分发挥人的主观能动性，刻苦勤奋学习是能力发展的一个重要条件。

2.3.2 能力的分类与特征

能力是一种多因素的复杂结构体系，一般可以分为以下几类。

1. 按能力的构造不同，可以分为一般能力和特殊能力

一般能力是指个体在不同的活动中表现出来的共同能力，是有效掌握知识、技能和顺利完成活动所不可缺少的心理条件。适用于广泛的活动范围，与认识和创造活动密切联系，保证人们较容易和有效地掌握并运用知识，即通常说的智力(智力的核心是逻辑思维能力)。一般能力主要包括观察力、记忆力、注意力、思维力、想象力等。

特殊能力是指从事某种专业活动或特殊领域的活动所表现出来的那种能力，如节奏感、色彩辨别能力等。

一般能力和特殊能力有机地联系着。一般能力的发展为特殊能力的发展创造了有利的条件；在各种活动中发展特殊能力的同时，也会促进一般能力的发展。

2. 按能力发展的高低程度不同，可以分为能力、才能和天才

顺利完成某种活动所需要的心理条件是能力。

各种能力并不简单的并列存在，而是相互联系、相互影响、相互融合，以保证活动的顺利完成。这种在活动中，各种能力在质的方面的结合，称为才能。

才能的高速发展就是天才，它是各种能力的最完备的结合，能使人创造性地完成某种或多种活动。

三者之间是相互联系的，以能力为基础并促进能力的发展。

3. 按能力所涉及的领域不同，可以分为认知能力、操作能力和社会交往能力

认知能力是指对工作目标、任务的理解和领悟能力。

操作能力是指实施工作计划、完成工作任务、解决实际问题的能力。

社会交往能力是指在工作中保持良好人际关系和迅速准确传递信息的能力。

三种能力是相互联系的。在实践和人际交往中提高认知能力，又通过认知能力去调节自己的实践和交往活动。

4. 按能力创造的程度不同，可以分为模仿能力、再造能力和创造能力

模仿能力是指仿效他人的言谈举止而做出与之相似的行为的能力。

再造能力是指遵循现成的模式或程序掌握知识技能的能力。

创造能力是指不依据现成的模式或程序，独立地掌握知识和技能，发现新的规律，创造新的方法的能力。

三种能力是相互联系的。创造是在再造和模仿的基础上发展起来的，人的活动一般都是先模仿、再造，然后才能有所创造。

5. 按能力的测验观点不同，可以分为实际能力和潜在能力

实际能力是指实际工作已经熟练的程度；潜在能力是指人将来有机会学习或训练后，可能达到的水平。

2.4 性 格

2.4.1 性格概述

1. 性格的概念

性格是个人对现实的稳定态度和习惯化的行为方式中所表现出来的心理特征。性格是个性最鲜明的表现，是个性心理特征中的核心特征。性格表现既包括行为的方式又包括实践的方式和思维、意志、情感等心理活动的方式。这些心理特征在类似的情境中不断出现，有一定的稳定性，以至习惯化，这便形成了人们独特的性格。例如，林黛玉的行为，总是受到她那种冷漠的情感、孤傲的个性、多愁善感而又自卑的弱型气质等心理因素的制约，在大多数场合里总是有伤感、狐疑、嫉妒、冷漠，而缺乏热情、奔放、自信等行为表现。习惯化的心理风貌就是性格。那种偶然的情境性的心理特征，不能称为一个人的心理特征。

2. 性格与气质的关系

性格和气质都是人格的组成部分。但性格不同于气质，它受社会历史文化的影响，有明显的社会道德评价的意义，直接反映了人的道德风貌。因此，气质更多地体现了人格的生物属性，性格则更多地体现了人格的社会属性。气质可以影响性格的形成、表现方式、形成的难易和速度；性格也可以在一定程度上调控、掩盖和改造气质。个体之间的人格差异的核心是性格的差异。

3. 性格与情感、情绪的关系

情感、情绪与人的性格有着密切的关系，情绪状态如果成为经常影响人的活动或受人控制的稳定的特点，就可以被视为性格特征的一部分。这类性格特征主要表现在人们情绪反应的强度、快慢起伏的速度、持续时间的长短，以及集体荣誉感、劳动义务感、责任感、友爱感等社会道德感，都与这类情绪、情感的行为发生表露的方式联系在一起。正是由于性格特征中带有情感色彩，因此培养美的情感、陶冶高尚情操，也是塑造人的性格的一个重要途径。

4. 性格与能力的关系

性格和能力也是既有区别又密切联系、相互制约的。能力的形成和发展受性格特征的制约，优良的性格特征能促进能力的形成和发展；反过来，在多种能力的形成和发展过程中，相应的性格特征也发展起来了。

2.4.2 性格的类型

与气质、能力等相比，性格的划分更为复杂多样。

1. 按心理机能不同，性格可以分为理智型、情绪型和意志型

理智型的人冷静思考而行事，以理智来支配自己的行动；情绪型的人不善于思考，凭感情办事；意志型的人目标明确，行动主动，憧憬未来。除以上典型的类型外，还有一些中间的类型，如理智—意志型等。

2. 按某种或某些典型的性格特征不同，性格可以分为优越型和自卑型

优越型的人特别好胜，遇事不甘落后，总想胜过别人；自卑型的人遇事甘愿退让而不与别人竞争，经常感觉自己不如别人。

3. 按心理活动的某种倾向不同，性格可以分为外倾型和内倾型

外倾型的人善于表达情感、表现行为，与人交往显得主动活跃；内倾型的人不善于表达情感、不愿意主动表现自己，沉静而孤僻。

4. 按思想行为的独立性不同，性格可以分为顺从型和独立型

顺从型的人易受暗示，不加批评地按照别人的意思去办事，在紧急或困难的情况下表现得惊慌失措；独立型的人善于独立思考和解决问题，不易受外界的影响和干涉，在紧急或困难的情况下表现得比较镇静，能积极发挥自己的作用。

5. 按人的行为模式不同，性格可以分为 A、B、C、D、E 五种类型

A 型性格的人时间感特别强，工作日程排得满满的，总是闲不住，信不过别人，争强好胜，易激动，缺乏耐心，对周围环境适应较差；B 型性格的人悠闲自得，情绪稳定温和，一般无时间紧迫感，不喜欢争强好胜，有耐心，能容忍，善于现实地对待挫折和困难等；C 型性格的人感情内向，善于思考，忍让自律，不爱招惹是非，孤僻压抑，常处于被动状态；D 型性格的人外向乐观，活泼开朗，善于交际，有组织能力，缺乏计划性，忽略小节；E 型性格的人感情丰富，善于思考，不善于与别人沟通，自我评价低，缺乏自信。

2.5 个性差异及在管理中的应用

2.5.1 影响个性形成的因素

个性的形成受很多因素的影响，形成每个人个性的原因也不完全一样。个性的形成和发展，反映着一个人的整个生活历程。个性是在先天和后天这两种因素共同影响下形成的，而且主要是在后天的社会环境影响下形成的。

1. 个性形成的生物学条件

一个人的个性，不是直接来自机体的因素。但是，一个人个性的产生和发展却有着生物学的根源，新生儿在活动水平上就各有差异。有的好动、有的比较安静，这样的神经类型的特点是先天的。这些心理特点构成了每个人独特的心理基础，但是这些心理基础仅仅是构成个性差异的一个方面，更重要的是在个性发展的过程中来自外部的影响。

一个人出生时先天所固有的这种稳定的心理特征就是气质特征，它决定人的心理活动动力方面的自然属性，决定心理活动的速度、强度、指向性等，但因此就否认后天社会环境对个性的影响就有失偏颇了。

2. 后天的环境因素与个性

1) 家庭因素在个性形成中的作用

家庭是社会的细胞，是儿童最早接触的社会环境。家庭的各种因素，如家庭的经济条件、家长的职业、家庭结构的健全程度(是否有父母，或只有父或母，或由继父或继母哺养)、家庭的气氛、父母的教养态度、家庭子女的多少、孩子在家庭中的地位和作用等都会对孩子个性的形成起着重要的作用。就家庭环境气氛来说，如果家庭环境不和睦，父母的困难处境及其忧伤的言语与苦恼表情，就可能使生长在这样家庭中的孩子变得沉默寡言，消极悲观，甚至有点玩世不恭，也可能被锻炼得比较坚强，懂事和早熟。

在家庭的诸因素中，父母的教养态度，对孩子个性的形成具有深刻的影响。日本心理学家诧摩武俊对这方面的研究成果作了概括，如果双亲采取保护的、非干涉性的、合理的、民主的、宽大的态度，孩子就容易显示出领导能力、积极性、态度友好、情绪安定等特性；如果双亲采取拒绝的、干涉的、溺爱的、支配的、独裁的、压迫的态度，孩子就容易表现出适应力差、胆怯、任性、执拗、情绪不安等特性。

孩子在家庭中的地位和作用的不同，对孩子个性的发展的影响也是不同的。科瓦列夫通过对一对孪生的女大学生四年的观察发现，她们在同一家庭、同一小学和大学的历史系中接受教育，但个性有明显差异：姐姐比妹妹好交际，善谈吐，也比较果断、勇敢和主动。造成姐妹俩在个性上差异的原因之一是，她们的祖母从小就把她们中的一个定为姐姐，另一个定为妹妹，并责成姐姐照管妹妹，对她的行为负责，做她的榜样。这样，姐姐就较早地形成了独立、主动、善交际、果断等特点；而妹妹则养成了追随姐姐，听从姐姐的习惯。

2) 学校教育在个性形成中的作用

学校教育对学龄儿童、青少年个性的形成具有重要的作用。课堂教学是学校教学的主要环节。在传授知识的过程中，训练学生习惯于系统地、有明确目的地学习；克服学习中的困难，可以培养坚定、顽强等个性特征。

校风、班风也影响着学生性格的形成。良好的校风、班风促使学生养成积极、主动、独立和自觉遵守纪律的优良性格特征；不好的校风、班风可能使学生养成懒散、无组织、无纪律等坏的性格特征。

教师是学生的一面镜子，是学生经常学习的榜样。教师的言行对学生的个性会产生潜移默化的作用。教师的高尚品格，如思想进步、强烈的责任心、富于同情心、谦虚等，会对学生产生积极的影响；教师的消极性格，如粗暴、偏心、神经质等，可能会对学生产生不良影响。

3) 文化、社会因素在个性形成中的作用

不同的时代、不同的民族、不同的社会生活条件和自然环境，都会影响人的实践活动，在其个性上打下烙印，从而形成不同时代、不同民族的典型个性。在不同的社会背景下，人对人生的看法、对自然界的看法、对人际关系的看法以及解决问题的方法和行为模式等也不同。

文化传统从多方面影响着个性的形成，如影响需求与满足需求的途径，解决冲突的方式，对真、善、美的理解。

4) 社会阶层在个性形成中的作用

人生活在社会中，必然属于一定的社会阶层，也必然被打上这一阶层的烙印。同一社会里不同阶层的人的个性是不同的，如知识分子阶层出身的人，一般文雅、不喜欢与人深交、爱幻想、缺乏果断性；工人阶层出身的人，一般集体观念强、直爽、讲究实际。

因此，一个人的个性特征实际上就是他的生活经历的一种反映，是他的生活历史的记录。

2.5.2 个性差异在管理中的应用

了解人的个性对于教育工作、组织生产、职工培训、选拔人才、社会分工等方面都具有重要的意义。管理者只有了解员工的不同个性，并根据这些个性给员工安排合适的工作岗位，采取相应的管理方式和方法，才能充分调动员工的积极性、主动性和创造性，才能不断提高管理者的管理水平和社会经济效益。

1) 知人善用

通过研究个性的差异可以使各级管理者了解员工，认识到每一种个性都有优点和缺点，都有可能掌握知识技能，形成优良的个性品质，成为优秀的组织成员。管理者的任务就在于根据员工的个性特点安排相适应的工作，这样就可以做到用其所长，避其所短，发挥最好的效益。例如，要求反应迅速、灵活的工作对于热情、积极、精神振奋的人较为合适，但这类人的缺点是急躁、易激动、缺乏自制力；要求持久、细致的工作对于稳重、有耐心的人较为合适，但这类人的缺点是反应迟缓、带有刻板性等。

我国有许多"知人善用"的历史名人。例如，楚汉相争时的刘邦，就十分了解部下的不同个性特点，善用他们的所长，发挥人才的最佳效益，战胜了实力远远大于他的项羽。正如刘邦自己所说，我出谋划策不如张良，统率军队不如韩信，治理国家、管理百姓不如萧何，这三个人都是某一方面难得的人才，但我能合理地利用他们的才干，这才是我能夺得天下的重要原因。

2) 选择有效的领导方式和管理方法

对于不同类型的员工应采取不同的管理方式和方法。因为同一管理方式对不同个性特点的员工所产生的实际影响可能是很不相同的。只有深入地了解每个人的个性特点，采取相应的领导和管理方式，才能调动每个人的积极性，提高工作绩效。例如，对情绪易激动、易怒的人，粗声大气地同他们讲话，就容易惹怒他们，而用平静和缓的语气同他们谈话，就会获得好的效果；对内向、自卑、爱面子的员工，不宜公开批评和过多责备，而要通过鼓励、表扬等方式让他们看到自己的优点，增强他们的自信心；对自我感觉良好、自高自大的员工，不要常表扬，应在合适的场合给予适当的批评，使他们看到自己的不足和缺点，激发他们的上进心。总之，对不同个性的人要因势利导，对症下药。

3) 建立合理的领导结构

在领导班子的建立过程中，除了要考虑合理的年龄结构、知识结构、专业结构外，还应该考虑合理的个性结构。在一个领导班子中，应该由两种以上的个性的人组成，做到个性的互补。例如，勤于思考的人与乐于行动的人互补；小心谨慎、优柔寡断的人与大胆果断的人互补，这样才能避免决策的失误或错失良机。

[案例]

管理要因人而异

沈经理是中部地区的销售经理，对于员工的销售方式通常都不会干涉，只要不触犯法律，没有违反公司的规章制度，能够保质保量地完成任务，那就行了。

沈经理手下有两个区域的销售组长，两个人的个性完全是相反的类型。阿昌是军人出身，习惯军队的管理方式，他不明白整个公司为什么不能早上六点集合点名。有一次，他跑去跟沈经理说："经理，我们为什么不早点开始工作呢？比如说七点？俗话说得好，早点的鸟儿有虫吃。我们起得早，就可以抢得先机，所谓先下手为强啊！"

沈经理只好笑着解释:"公司的客户在九点以前大多是不可能开门营业的。一般大家习以为常的都是九点。"

"那我们还是可以提前一点,八点上班啊,九点就可以准备好一切出发了。别的公司九点上班,打理好出发去见客户,肯定都在十点以后了。我们不就是最先到达的吗?很多时候人还是会有先入为主的观念的。"阿昌还是不放弃这个想法,他每天五点半就醒了,要等到八点半才从家里出发,实在是不知道该如何打发这段时间,而且他固执地认为,抢先下手肯定有好处。

沈经理觉得阿昌说得也并非完全没有道理,因为很少有人这么想过,更没有人这么做过,所以他回答道:"你说得也有道理,做销售本来就应该比较灵活,你觉得你这样做是对的,就不妨试一下,看看效果,再决定要不要坚持。那你的属下会不会有意见呢?"

"服从上司是每个员工的职责!"阿昌严肃地说,看来他把军队那一套拿到公司里来了。

沈经理笑着摇头说:"军队那一套在公司未必行得通,你要试一下我也不反对,但是,如果你的属下有意见的话,我建议你也能改变一下。"

阿昌果然开始在自己的区域实行他的"军队管制"了,说来也奇怪,他的属下大部分对此都没有什么异议。可能是阿昌以身作则,跟属下完全共进退,赢得了他们的尊敬,也可能是早上班能避开上班高峰,坐车开车都不会那么拥堵,而且阿昌同意中午多休息一个小时,反正那时大多数公司都在午休,也不影响工作。

阿昌的"早起"方案得到了回报。好几次阿昌他们都最先到达客户那里,然后开始推销产品,有些客户看这个公司的产品不错,价格也比较合理,而且这么早就来了,显得很有诚意,就很爽快地签约了。有些客户抱着"货比三家"的想法,没有一下子就给答复,但是看了其他几家后,回过头来一比,发现还是阿昌那家的最好。这点阿昌说得对,每个人都免不了会有点先入为主的观念。

跟阿昌一到五点半就起床的个性不同,阿国是个典型的夜猫子。他极少在十一点以前到办公室,除非有特殊情况发生。曾经有员工向沈经理提过意见:"沈经理,像阿国那样完全随自己的喜好来上班,不太好吧?对我们其他按时上班的员工不公平吧?"

"那你知道阿国那一组的销售额是多少吗?在十个组中排名第几?"沈经理反问道:"我不是说只要销售额提高了,其他就可以都不管了。我认为只要工作出色,又没有违反公司制度,具体的工作时间以及方式都可以灵活变通。"

阿国虽然早上到得晚,但是经常加班到深夜,在十个销售小组中,他那一组的销售额经常排在前三位。而且虽然他的工作时间跟别人不一样,但他从来不要求秘书加班,以配合他的工作状态。他对手下的销售人员也不硬性规定时间,很自由,弹性很大。他照自己的方式工作,也从不干涉别人。他的销售人员很少变动,都对他忠心耿耿。他是那种很自觉的、不需要怎么耳提面命,告诉他怎么做才是最好的底层管理者。沈经理从阿国身上看到了自己年轻时的模样:有自己的一套高效率的工作方法。

其他八个组也是各有各的工作方式,A组最循规蹈矩,按正常时间上下班,工作业绩也一直保持中等。组长很和善可亲,组员也都认真工作,完成任务。D组组长经常要求组员加班,但每过一个月组员就可轮流休假,所以他们也都没有什么意见,很乐意累上一个月，然后跟家人出去度假。F组喜欢不定时地跟客户联谊，客户关系极好……对这些，沈经理从来不横加干涉，而且跟他们商量事情时采取的方式也各不相同。沈经理有一个著名的说法：管理就像打高尔夫，它计较的不是怎样打，而是打多少杆。最拖泥带水的谈判能够做成生意，最不合教科书理论的管理也能达成效果。

沈经理在任期间，销售额一直高居业界榜首。

[案例评析]

公司里每个人的个性或多或少都有些差别，要求统一是不切实际的，既强人所难又无法提高生产力。事实上，工作时间长短或者用什么样的方式并没有什么意义，而能产生多少工作成果，能使手下员工达成多大的目标，那才真正重要。因此，必须尊重员工合理的工作方式，而且管理也要因人而异。管理不是一种如何去做的艺术，而是要拥有达成目标的技巧。

资料来源：黄明耀. 企业中层管理者36计[M]. 北京：经济管理出版社，2005.

习　题

一、名词解释

个性　气质　能力　性格

二、思考题

1. 简述个性的性质。
2. "什么样的个性干什么样的活儿！"请根据这句话简述个性差异在管理中的应用。

第 3 章　知觉的差异与管理

感觉和知觉是认识的开端，是一切知识的源泉。现实生活中，纯粹的感觉几乎不存在，它总是与知觉紧密结合在一起，因而也称感知觉。现代管理强调"以人为本"，必须了解人，只有认识人，才能用好人。不同的人对人、对事的感觉、知觉是不同的，因此管理者的管理决策和方法也存在很大的差异。本章的主要内容如下。

- 知觉的重要性和特性。
- 知觉的影响因素。
- 自我知觉的形成与管理。
- 社会知觉的类型与管理。
- 社会知觉的偏差。

3.1　知　　觉

3.1.1　知觉的概念

感觉和知觉是人的心理过程中认识的两个阶段，每个人都是靠感觉和知觉来了解周围世界的。感觉是直接作用于人们感觉器官的客观事物的个别属性或个别部分在人脑中的反映。与知觉相比，层次较低，需要依赖以生理为基础的各种感觉器官，具有较大的普遍性，个别差别较小。

知觉同感觉一样，也是对作用于感觉器官的客观事物的直接反映，但知觉不是对事物个别属性的反映，而是对事物各种属性和各个部分的整体反映，是人对感觉信息的组织和解释的过程。通过感觉，我们只能知道事物的属性，通过知觉，我们才能对事物有一个完整的印象，从而知道它的意义。

感觉是知觉的基础，知觉是感觉的深入，是人对感觉信息的组织过程。外部世界的大量刺激冲击我们的感官，我们倾向于有选择地输入信息，把感觉信息整合、组织起来，形成稳定、清晰的完整印象。知觉不仅受感觉系统生理因素的影响，而且极大地依赖一个人过去的知识和经验，受人心理特点的影响。例如，当我们行走在林荫道上时，不仅看到各种颜色，听到各种声音，闻到各种气味，而且还认识到这是美丽的街心花园，那是汽车在行驶，人群川流不息，即在我们头脑中产生了花园、汽车、人群的整体形象，这就是知觉。知觉需要各种感觉系统的联合活动。

3.1.2　知觉的基本特征

1) 知觉的整体性

知觉的对象有不同的属性，由不同的部分组成，但我们并不把它感知为个别孤立的部分，而总是把知觉作为一个有组织的整体。知觉的这种特性称为知觉的整体性或知觉的组织性。

如果被知觉的客体在空间或时间上接近的话，就容易被知觉为一个整体；如果被知觉的客体在颜色、形状、大小等物理性质上相似的话，也容易被知觉为一个整体。

知觉的整体性对于人们快速识别客观事物具有重要的意义。因为万事万物都处于变化之中，在我们认识客观事物时，只要抓住事物的本质特征就能作出整体的反映，这样就会给我们节省大量的时间和精力。

2) 知觉的选择性

在日常生活中，作用于我们感觉器官的客观事物是多种多样的。但是在一定时间内，人不能全部清楚地知觉所有的刺激，而仅仅选择把少数事物作为知觉对象，其他则作为衬托这个对象的背景。知觉的选择性说明知觉不是被动接受，而是主动地选择。在知觉的选择过程中，知觉的对象与背景相比较，形象清楚，好像突出在背景的前面，而背景则好像退到它的后面，变得模糊不清。例如，当我们注视教师板书时，黑板上的文字被我们清晰地知觉到，而黑板附近的墙壁、挂图等好像退到它的后面成为模糊的背景。

对象与背景之间的差别越大，对象从背景中区分出来就越容易；当注意指向某个事物时，该事物便成为知觉的对象，而其他事物便成为知觉的背景。当注意转向另一个对象时，原来的知觉对象就成为背景。因此，知觉的对象与背景是互相依存、互相转化的。

3) 知觉的理解性

知觉受个人知识和经验的影响。在一般情况下，人对于知觉的对象总是以自己的过去经验予以解释，并用词来标示它。知觉的这一特性称为知觉的理解性。在言语知觉中，知觉的理解性是很明显的。在一个实验(Warren 等，1970)中，向被试者呈现下列句子：

It was found that the *eel was on the axle.

(*eel 被听成 wheel)

It was found that the *eel was on the shoe.

(*eel 被听成 heel)

It was found that the *eel was on the orange.

(*eel 被听成 peel)

It was found that *eel was on the table.

(*eel 被听成 meal)

在每个句子中，"*"都表示一个音素被非言语的声音所代替。结果发现，上述四个句子甚至关键词都是相同的，但被试者根据上下文的理解却报告分别听到了"(Wheel)"(车轮)、"(heel)"(脚后跟)、"(Peel)"(果皮)和"(meal)"(膳食)。被试者对"*"词的识别通常不是立即完成的，而是靠对随后各个词的知觉而实现的。人的知觉是一个加工的过程，在对信息摄取和加工的过程中，起决定作用的是已有的经验。知觉的理解性是通过人的思维活动实现的。

知觉的理解性帮助我们从背景中区分出知觉对象，有助于我们形成整体知觉，从而扩大了知觉的范围，使知觉更加迅速。

4) 知觉的恒常性

由于知识和经验的参与，当知觉对象的物理特性在一定范围内发生了变化时，知觉形象并不因此发生相应的变化，而表现出相对的稳定性。知觉的这种特性称为知觉的恒常性。例如，同一个花瓶，从不同的距离、角度和明暗条件下去看它，虽然视网膜上的物像各不相同，但仍将其知觉为同一个花瓶。知觉恒常性现象在视知觉中表现得很明显、很普遍。例如，不论在黄光照射下还是在蓝光照射下，我们总是把一面国旗知觉为红色的。这是知觉恒常性现象。

知觉的恒常性在人的生活实践中具有重大意义。它使人能在不同的情况下，按照事物的实际面貌反映事物，从而使人有可能根据对象的实际意义来认识和改造客观世界。如果知觉不具有恒常性，那么人就难以适应瞬息万变的外界环境。

3.1.3 影响知觉的主要因素

人的知觉对客观事物的反映不是消极的、被动的，而是一个积极能动的认识过程。知觉的能动性主要表现在它的选择性上。人的知觉选择性受多种因素的影响。

1. 客观因素

知觉是知觉者对客观事物的反映，因此作为知觉对象的客观事物的特点必然影响人的知觉。

1) 影响知觉的知觉对象本身的特点

一般来说，知觉对象较大、强度较高、色彩鲜明、具有活动性、经常重复和比较新颖或比较熟悉的客体容易引起人的注意。

2) 对象和背景的差别

在同一时间内，被清晰感知的东西就是被知觉的对象，被模糊感知的东西就成为该对象的背景。对象和背景之间差别越大，人们就越容易把对象从背景中区分出来，如"万绿丛中一点红"会使人感到格外鲜艳。

2. 主观因素

人的知觉不仅受客观因素的影响，也受主观因素的影响。例如，在同一时间，听同一位领导作同一份报告，不同的人知觉的内容是完全不相同的。这种知觉的个别差异更多的决定于人们各自主观因素的不同。影响人知觉的主观因素主要有以下几个。

1) 兴趣

兴趣是人们力求认识某种事物或爱好某种活动的倾向。当人们对知觉对象感兴趣的时候，就会热情地关注它。例如，一个对诗感兴趣的人会注意一切与诗有关的报纸、书籍，有时间就会读诗或练习写诗。

2) 需要和动机

需要是一种不满足的状态，动机是在需要的基础上出现并直接促使行为产生的原因。所以需要和动机影响着人们对知觉对象的选择。凡是能满足人们需要和动机的事物，都容易成为人们的知觉对象。例如,一个饥饿的人的注意力会集中在食物上,而忽视其他事物。

3) 过去的知识和经验

过去的知识和经验对当前的知觉有很大影响,能提高知觉的速度和准确性。例如,人们看本专业的书籍时,阅读的速度很快而且内容把握得很准;而看其他专业的书籍时就会感觉困难,并且经常出现知觉上的错误。

4) 定势

定势多是无意识的,以一定的生活方向对已形成的生活需要和客观环境加以反映。定势不是局部的心理现象,而是主体的完整的个性状态。定势对知觉的影响,表现为主体以特殊的整合准备来反映知觉对象,使人的知觉不自觉地沿着一定方向进行,表现出知觉的选择性。例如,"0"这个符号,在一系列数字后面,会把它知觉为数字"零";当在英文字母中出现,会把它知觉为字母[ou],这就是定势的作用。

5) 期待

期待是人对知觉对象所抱有的态度和心情。在知觉过程中经常渗透知觉者的期待心情,使得对于事物的知觉不像它本来的面貌,而是像人们所期待的那样。例如,双方打比赛,都认为对方犯规失误比较多,而裁判却偏袒对方。这种知觉是与期望自己一方获胜的心情有关的。

3. 情境因素

知觉的情境因素通过影响人的感受性而改变知觉效果。感受性是人的感觉灵敏度和对外界刺激的感觉能力。感受性在环境作用下可发生改变,影响人的知觉。

1) 适应

刺激对感受器官持续作用而引起感受性变化的现象就是适应。例如,冬泳者刚下水时感觉很冷,几分钟后感觉就不那么冷了,这就是皮肤对温度的适应现象。

2) 对比

同一感受器官接受不同的刺激而使感受性发生变化的现象是对比。例如,吃了糖以后接着吃广柑,就觉得广柑很酸,这种情况就是先后对比。

人的知觉既然受多种因素的影响和制约,那就要求我们要善于调动起积极作用的一面,重视积累知识和经验,在实践中提高知觉水平。

3.2 自 我 知 觉

3.2.1 自我知觉的构成要素

1. 什么是自我知觉

自我知觉是指个体在社会实践中,对自己的生理、心理、行为状态以及自己同周围关系的认识,是一种重要的社会知觉。一个人能正确地认识自己是有效地从事社会活动的前提,人们对自己的认识,决定了自己的生活态度,决定了自己是否能对自己加以控制,是社会化成熟的标志。

从自我知觉中的"自我"观念的构成来看，自我知觉又可以分为"客观的自我"与"主观的自我"，"理想的自我"与"现实的自我"等。主观的自我，是把自己当作自己活动的观察者、监督者；客观的自我，是自己被当作观察和监督的对象；现实的自我，是自己的实际状况；理想的自我，是自己的理想、抱负、目标实现时的状况。

自我知觉是人类将自身作为知觉的对象，认识并改造自己的过程，是个体心理发展的标志之一，通过个体自觉地、主动地认识自己、评价自己，产生对自己的态度和体验，进而控制、调节自己的行为，将知觉所具有的能动作用，变成自我改造过程中的强大动力，使自我由被知觉的主体转变为同时也是知觉的客体，实现人类在改变客观世界的同时，也在改变自身的目的。这是知觉能动性在自我知觉上的表现，是自我知觉的重要特征。如果自我知觉不具有这些特征，人类就不能清醒、明白地进行自我塑造，则易于接受后天环境的不良影响，造成随波逐流的结果。

2. 自我知觉的构成要素

人的自我知觉既有整体性，又有可分性。它是由许多要素构成的，就像一幅完整的自画像。关于自我知觉的构成要素，有许多不同的看法。通常人们同意英国心理学家威廉·詹姆斯的观点，他认为自我知觉包括物质自我、社会自我和精神自我。

(1) 物质自我，即生理自我，是个体对自己身体的意识，它以个体的躯体为中心部分，产生对自己的认识、体验和态度。人们有时把物质自我发展阶段称为"自我中心期"，这种初级的形态是以自我感觉的形式表现出来的。物质自我就是个人对自己的生理属性的意识，包括占有感、支配感、爱护感和认同感等。这些意识是一个人在与他人交往的过程中通过学习而逐渐形成的。在自我知觉三个方面的内容中，最初形成的是物质自我。物质自我使一个人把自我和非我区别开来，意识到自己的生存是寄托在自己的躯体上的。同时，物质自我还包括外部世界反映在个体头脑中的属于自我的那一部分。例如，一个历史学家苦心收集、整理的资料，若突然毁于一旦，他可能会在一段时间里都会感到自己失去了一切，生活变得毫无意义。

(2) 社会自我，是指个人对自己的社会属性的意识，包括个人对自己在各种社会关系中角色、地位、权利、义务等的意识。社会自我是在与他人的交往过程中，参加各种社会团体，并在其中扮演各种社会角色，逐渐形成和产生的。这个阶段称为"社会自我阶段"。在社会生活中，个体都需要其他个体和群体关注自己，尊重自己，而且特别需要自己认为重要的那些个体和群体来关注和支持自己。在现实生活中，有许多因素影响着个体社会自我的发展，使一些人产生了非现实的社会自我，这种非现实的社会自我，使这些人认定自己的某些错误想法和行为是正确的。因此，社会自我首先要受到社会制度的制约，其次要受到其他个体和群体道德规范的制约，同时还要受到个体自己的制约。

(3) 精神自我，即心理自我，是个体对自己心理活动的知觉，是个体对自己的性格、智力、态度、信念、理想和行为的知觉、调节的过程。精神自我是自我知觉的核心。精神自我既是个体对自己思想状况的一种认知，也是一种精神上的追求。一个人具有远大的理想，就是指这个人精神上的一种动力。一个人的心理是否健康的发展与他的精神自我发展是否完善密切相关。精神自我发展完善的个体能够以客观的社会标准来认识社会和评价事物，树立正确的伦理道德观念，形成对待现实的正确态度、理想与信念等。

有什么样的自我知觉就有什么样的自我行动。因此，认识自我知觉的内容对了解员工的心理活动规律具有重要的意义。管理者要观察和认识员工自我知觉的心理活动规律，引导员工树立远大的理想，把个人的追求和事业结合在一起，这样才能取得良好的管理效果。

3.2.2 自我知觉的形成和发展途径

1. 自我知觉的形成

每个人对自己的知觉都不是与生俱来的，而是在其发展过程中逐步形成和发展起来的。人首先是对外部世界、对他人的认识，然后才逐步认识自己。自我知觉是在与他人交往过程中，根据他人对自己的看法和评价而发展起来的，这个过程在我们一生中一直进行着。

每个人都是一个心灵画家，不过，这个画家的水平是逐渐提高的，当我们对自己的认识达到以下水平时，我们对自己的画像就基本完成了。

1) 能意识自己的身体特征和生理状况

大约在一岁末的时候，牙牙学语的儿童开始可以用手指拿到纸、笔，拿到什么是什么，但他知道手指是自己的，这样就把自己的动作和动作的对象区分开来，这是自我知觉的最初表现。此后儿童开始知道由于自己扔皮球，皮球就滚了，进一步把自己这个主体和自己的动作区分开来。

两岁左右的儿童，开始知道自己的名字，这时儿童只是把名字理解为自己的代号，遇到叫周围同名的别的孩子时，他会感到困惑。儿童从知道自己的名字过渡到掌握代名词"我""你"时，在儿童自我意识的形成上是一个质的变化。此时，儿童开始把自己当作一个与别人不同的人来认识。从此，儿童的独立性开始大大增长起来，儿童经常说"我自己来"，"我要……"随着儿童把自己当作主体的人来认识，他们逐步学会了自我评价，懂得了"乖"或"不乖"，"好"或"不好"的含义。

3岁左右，儿童的生理自我基本成熟。在心理上开始出现羞耻心和嫉妒心等特点。

2) 能认识并体验内心进行的心理活动

从3岁到青春期开始，个体通过幼儿园的学前教育和学校教育，受到社会文化的影响，增强了社会意识，认识自己是社会的一员，尽量使自己的行为符合社会的标准。例如，由于小宁在家里是独生子女而处于"小皇帝"的地位，但是在学校里教师面向全体学生，关心每一个学生而不会偏爱任何人，因此小宁开始认识自己是班级的成员，不能再像在家里那样放肆了，要写作业、打扫卫生等。这样，由于小宁在学校的身份、地位和人与人之间的关系发生了变化，完全不同于在家里的情况，开始表现出社会自我。与社会自我发生的同时个人的精神自我也形成和发展起来。

3) 能认识并感受自己在社会和集体中的地位和作用

从14、15岁到成年，大约10年的时间，我们的性意识觉醒，抽象思维能力和想象力大大提高。在生理和心理上急剧发展变化的同时，促进了自我知觉的成熟，开始进入精神自我时期。在这个时候，我们在意别人对我们的评价，我们希望引起别人的注意，我们不再像以前那样满足，开始对自己不满意，希望改变自己的外貌、性格等。

精神自我是个人逐渐脱离对成人的依赖，并从成人的保护、管制下独立出来，表现出自我意识的主动性与独立性，强调自我的价值与理想。这是自我知觉发展的最后阶段。这时我们能够透过自我知觉去认识外部世界，而且这样的自我知觉过程将伴随我们的一生。

2. 自我知觉的发展途径

研究表明，个体自我知觉的发展途径主要有以下四种。

1) 通过认识别人，把别人与自己加以对照来认识自己

自我知觉不是一个人生来就具有的，它是个体在社会交往过程中，由于语言和思维的发展，通过认识他人而逐渐认识自己的。个体往往把对他人的认识迁移到自己身上，像认识他人那样来"客观"地认识自己。例如，当看到别人对长者很有礼貌并受到大家称赞时，就来对照反思自己的言行，从而认识自己平时对长者的态度。经过多次对比，就会促进个体对自我的认识。在与他人交往的过程中，个人由自己的感官直接感受自己的一些特性往往必须经过与他人的相同特性相比较，才会有意义，也才能建立起对自己的评价。

2) 通过分析别人对自己的评价来认识自己

一个人对自己的认识，在很大程度上受他人评价的影响。这如同人对着镜子来认识自己的模样一样，儿童认识自己是把别人对自己的评价当成一面镜子，来不断认识自我，包括自己的优点和缺点。由于人的活动范围比较大，经常从属于不同的团体，接触不同的人，每个团体、每个人对自己所表现出来的态度和行为，都好像是一面镜子，使自我对自己是一个什么样的人，能从"外面"来加以认识。因此，他人对自己的态度和评价在自我知觉形成和发展中有着特别重要的意义，使个体能够较全面地认识自己，从而促使自我知觉的不断发展。

3) 通过考察自己的言行和活动的成效来认识自己

自我知觉是个体实践活动的反映。自己在实践活动中的表现和取得的成果也会成为一面镜子，通过这面镜子能反映出自己的体力、智能、情感、意志和品德等特性，从而使之成为自我认识、评价的对象。例如，若一个学生在学习上或一项竞赛中取得了好成绩，则会从中体验一种自信，对自己和自己的能力就会有新的认识。因此，分析自己的活动结果，以自己的活动结果来评价自己是比较客观的。活动结果对一个人自我知觉的形成和发展的巨大意义，还在于活动结果往往要受到他人和集体的评价，从而影响一个人在周围人中的地位。个人在人们当中的地位又必然会影响其自我知觉。

4) 通过自我观察来完善自己

一个人对自己的认识，既可以通过直接的方式，也可以通过间接的方式。通过他人、通过自己的活动结果来认识自己，是间接认识自己的方式。自我观察是直接认识自己的方

式。自我观察也有两种形式。一是通过自己的感官直接感知自己的一些特性。例如，从镜中看到自己的脸型(美或丑)、身材(胖或瘦)，从自己所拥有的财产认识自己的富有程度等。如前所述，个人对自己直接感知的特性往往要与他人相比较才有意义、才能作出评价。自我观察的另一种形式是内省，即对自己的心理进行观察的过程。这时个人的意识被分解为被观察者的"我"(me)和观察者的"我"(I)。当个人对被观察者的"我"进行观察时，实际上就是对过去的我进行回忆，在这一过程中也会产生情绪体验，也可以对过去的我进行分析，进行自我批评，发扬优点，克服缺点，进一步完善自我。

在管理过程中，管理者必须深入地分析员工的自我世界，掌握员工自我世界的规律，找到管理的最佳切入点，尊重员工的自尊心，鼓励他们树立自信心，发现他们的闪光点，看到他们的进步，懂得他们内心深处理想的自我和现实的自我之间的矛盾、同一、转化的艰辛历程，引导他们通过正确认识社会，正确认识别人，掌握正确的参照系，从而达到正确认识自己，严于解剖自己，了解自己的长处和短处、自己的现状和理想，才能更接近客观实际，为自己的发展所确定的目标才更有效。

总之，管理者应善于掌握人的心理特点，并恰当地加以利用，使之在工作中产生良好的心理效应，不断改善员工的行为，从而提高工作积极性和劳动效率。

3.3 社会知觉

1947年，心理学家布鲁纳提出社会知觉的概念，经过发展，现在特指对社会对象的知觉。所谓社会对象，应包括个人、社会群体和大型社会组织。

3.3.1 什么是社会知觉

社会知觉是个人对他人的心理状态、行为动机和意向作出推翻与判断的过程。在社会知觉中既包括对人的外部特征的知觉，也包括对人的个性特点的了解，以及对人的行为的判断和解释，对人知觉和自我知觉是同一个社会知觉过程中的两个侧面。

社会知觉既是人际交往的结果，又是人际交往的前提；社会知觉是形成人际关系的基础。社会知觉的特点是人们对人的感知并非仅仅停留在外表映象上，而且要进一步推知他的兴趣、信念、动机等，因此这个过程已不限于知觉的过程，而是包括思维、推理、判断等整个认知过程，所以也被称为社会认知。

3.3.2 社会知觉的类型与管理

1) 对人知觉

对人知觉也就是对他人的知觉，是指通过对他人外部形态和行为特征的知觉，进而借以了解其动机、情感、意图等心理活动。例如，通过对一个人的相貌、仪表、风度、言谈、举止等推测他的年龄、职业、受教育程度、可能有什么性格特点、此行何意等。也就是俗话说的"听其言、观其行而知其人"。

对他人的知觉受两个方面的影响。一是受知觉对象外部特征的影响。例如，一个人的仪表、风度、言谈等，若一个人面貌端正、言谈举止文明大方，则在初次见面时就给人留下好的印象；反之，若这个人其貌不扬、举止失当则会给人留下不良的印象。二是受知觉者本人的知觉组织结构的影响。所谓知觉的组织结构，是指一个人在知觉别人时并不像镜子一样地反映，知觉者总是具有一定观点、态度的人，这些观点、态度必然会影响对别人的知觉。例如，有的人在看待别人时首先注意其道德品质，按道德品质把人归入一定的类别；有的人则首先注意智力特征，按智力水平对人进行归类。总之，对他人的知觉既受知觉对象的影响也受知觉者本人组织结构的影响。因此，对他人的知觉有客观的一面，也有主观的一面。为了客观地知觉每一个员工，管理者要经常提醒自己：知觉中是否掺杂着主观成分。如果不能客观地知觉每一个员工，就不能真正地了解他们，更谈不上如何调动他们的积极性。

2) 人际知觉

人际知觉是对人与人之间关系的知觉。人际知觉的主要特点在于有明显的情感因素参与知觉的过程。例如，一个人对自己与张三或李四的关系的看法，好还是不好；自己在群体中的位置。

在人际知觉的过程中产生的情感取决于多种因素。例如，人们彼此之间的接近程度、交往的多少、彼此间的相似程度都会影响人际知觉过程中的情感发生。一般来说，彼此接近、交往频繁、有较多相似之处的人容易产生友谊和好感。管理者应当多与员工进行沟通、交往，通过友好的人际知觉，建立相应的关系和情感。这是调动员工积极性的一个重要因素。

3) 角色知觉

角色知觉是指对人们所表现的角色行为的知觉。角色知觉包括对不同角色的认知，以及个体以有关角色的行为标准的要求去评价他人角色；同时也以有关的行为标准要求自己，什么行为才符合本人的角色。角色知觉是由社会地位、社会身份所决定的、为社会所期望的行为模式。角色行为是个体在社会关系系统中所处位置的真实反映。例如，一个中年男子维系家庭生活的一套行为方式，他是父母的儿子、妻子的丈夫、孩子的父亲，角色是在家庭这一群体生活中所处地位的真实反映。

角色知觉对人的行为有很重要的作用。每个人都扮演了各种角色：家庭关系中的角色、职业角色、性别角色等。例如，一个女厂长会以女强人的行为方式出现在厂里，回到家中，妻子、母亲的角色知觉又会影响她的行为。一个人对自己角色的正确知觉，直接影响其行为是否正确。因此，管理者应通过一定的方式，特别是以身作则，使员工产生更多的角色知觉，从而更好地发挥角色的作用。

4) 自我知觉

自我知觉是指个体对自己的心理与行为状态的知觉。通过自我知觉发现和了解自己。自我知觉和社会知觉是密切相关的。自我知觉往往是在社会知觉中进行的，而在社会知觉中必然发生自我知觉。我们在认识别人时认识自己，同时，也认识别人对自己的看法。例

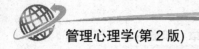

如，别人对自己肯定时，会产生自我满足的知觉；受到指责时会处于难受的知觉中。同时，我们对任何人的认识都带有主观性，一个自视甚高的人往往会贬低他人，而一个自卑的人又会过高地估计他人。

自我知觉与对他人的知觉虽然都属于社会知觉的范畴，但二者有较大的区别。第一，自我知觉的主体和客体是同一的，即指自己既是知觉的主体又是被知觉的客体。第二，一般来讲自我知觉的信息要比知觉别人多一些，因而能做到心中有数。但有时因各种因素的干扰，人们往往缺乏自知之明。第三，人们对自己的知觉往往采取"以人度己"的方式，而对他人的知觉往往采取"以己度人"的方式。因此，管理者要引导员工通过"以人为镜""以人为师""自我评价"和"自我剖析"等方法来正确认识自我，形成正确的自我知觉，扬长避短，充分发挥每个人的积极性。

3.3.3 社会知觉的偏差

所谓知觉错误，指的是由于受知觉规律的影响，社会知觉可能产生的偏差，也称知觉效应，主要有知觉防御、晕轮效应、首因效应、优先效应和近因效应、定型效应等。

1) 知觉防御

知觉防御是指人们对不利于自己的信息会视而不见或加以歪曲，以达到防御的目的。也就是说，当知觉对象与自己的定型模式不相符合时，就会删除被知觉对象中那些不相符的部分，歪曲观察对象。知觉者的个体特点与知觉防御反应有直接的关系。例如，重品德的人对印象中品德高尚的人的不道德行为不易接受等。知觉防御是一种回避欲求的知觉倾向，也是人们保护自己的一种思想方法。它的积极作用在于能够使人对刺激的冲击加以缓冲，增强心理的承受能力。在生活和工作中，既要理解它，又要注意克服它。学会面对现实，真正解决问题，不能靠歪曲知觉对象，而要依据客观知觉修正自己心中的模式。

2) 晕轮效应

晕轮效应，亦称光环效应。它指人们看问题时，像"日晕"一样，由一个中心点逐步向外扩散成越来越大的圆圈，是一种在突出特征这一晕轮或光环的影响下而产生的以点代面、以偏概全的社会心理效应。

我们日常生活中对他人的知觉大多数都受这种效应的影响。由于它使得人们仅仅根据人的某一突出特点去评价、认识和对待人，若某人一次表现好，就认为他一切皆优；若犯了错误，就说他一贯表现差等。晕轮效应现象的产生往往是由于在掌握有关知觉对象信息很少的情况下做出总体判断的结果，抓住了一点，丢掉了剩余的多数；夸大了一面，缩小了另一面；重视了眼前，忽视了历史和发展。晕轮效应是一种把我们引入对人知觉误区的常见的社会心理效应。了解晕轮效应的规律、实质和发生的原因，有助于管理者克服自己在待人接物时产生偏见，也有助于了解别人产生这种偏见的根源，并有助于帮助别人克服这种偏见。

3) 首因效应

首因效应也叫第一印象，是指个人在初次接触某人之后脑海中留下的印象。在进行社会知觉的整个过程中，对象最先给人留下的印象，往往有"先入为主"的作用，对后来印象的形成有强烈的影响。现实生活和社会心理学实验研究证明：人在初次交往中给对方留下的印象很深刻，人们会自觉地依据第一印象去评价一个人，今后交往中的印象都被用来验证第一印象。人在交往中给对方留下的第一印象的好与坏，往往决定着今后的人际交往和人际关系。

了解首因效应的意义，在于作为管理者，要善于利用这一社会心理效应，在初次见面、为职工办第一件事等方面，一定要注意给交往对象留下好的第一印象，建立良好的人际关系，以利于今后有效开展工作。同时，管理者在看待别人时，更应该注意避免受第一印象的影响，而对人产生片面的、错误的看法。

4) 优先效应和近因效应

优先效应是指一个人最先给人留下的印象有强烈的影响。这实质上与首因效应的作用相同。

近因效应指的是在交往过程中最近一次接触给人留下的印象对社会知觉者的影响作用。近因效应往往使我们将最后的印象当作一切，而不能历史地看待人。首因效应一般在陌生人的知觉中起重要作用，而近因效应则在熟悉的人之间起重要作用。这些说明在印象形成的过程中，信息出现的顺序对印象形成有重要的作用。可以利用这两种效应加强对人们的影响。例如，在宣传或讲演一开始就鲜明地提出自己的正面观点，利用优先效应加深人们对这种观点的印象，而在结尾部分用新的论据证明自己所阐述的正面观点的正确性，这样同时利用优先效应和近因效应，必然能达到很好的宣传效果。

作为管理者，一方面在对人、对事的认知上，要避免优先效应和近因效应造成的偏见；另一方面要利用优先效应和近因效应提高自己的管理水平。

5) 定型效应

所谓"定型"，是指在人们头脑中存在的、关于某一类人的固定形象。人的头脑中的定型多得数不胜数：不同年龄、不同职业、不同社会地位、不同籍贯、不同民族、不同性别的人，在人们的头脑中都有一个固定形象。例如，知识分子是戴着眼镜、面色苍白的"白面书生"形象；农民是粗手大脚、质朴安分的形象等。定型效应，亦称社会刻板印象，指的是人们在见到他人时，常常会自觉地根据人的外表行为特征，结合自己头脑中的定型，进行归类，以此来评价一个人。

人头脑中存在的定型是人们以往经验的反映，但由于在各类人当中广泛存在着的差异性及社会发展变化的影响，同一类人的形象不可能是一样的，也不可能是固定不变的，即使是同一个人，在不同的时期和不同的环境下也会发生语言、行为甚至性格等方面的变化。因此，以不变的固定形象为依据去认识千差万别、不断变化着的人们及其行为方式，显然会使我们的认识出现偏差，导致作出错误的判断和决策。定型效应也是一种使人产生偏见的社会心理效应。

在实际生活和管理活动中，要利用定型效应的积极方面，自觉克服消极影响。例如，在工作程序、教学程序、日常工作中，都要培养人们的固定模式，使工作有序进行；而在与他人交往上要力求历史地、全面地、正确地认识周围的人和事，减少判断和决策的失误。

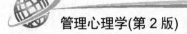

[案例]

企业家：技术创新的主角

浙江海正药业股份公司(以下简称海正公司)的前身浙江海门制药厂，是一家始建于1957年的国有企业。由于长期依靠政府计划安排生产，只能生产天然樟脑粉等低档产品，使企业缺乏发展朝气。1981年，白桦走马上任，坚信企业要发展必须走技术创新之路。在他的领导下，浙江海正药业股份公司踏上了技术创新之路。

1987年开始试制抗生素抗肿瘤药阿霉素，在试制过程中，面对各种困难，他与技术人员一起跑国内重点大学、研究所，请教专家教授，常年蹲在车间与实验室，与技术员们一起解决一道道难题。经过四五年的努力，终于批量生产出阿霉素，填补了国内空白，且产品70%～80%出口国际市场。

海正公司非常重视科技开发工作，重视科技人员。这极大地调动了科技人员的积极性，使科技人员全身心投入新产品开发研究之中。白桦上任后抓的第一件事是技术创新。从企业的具体情况出发，凭着他对市场信息的特殊敏感性，跑市场、去研究所，收集市场技术信息。1986年，白桦获知上海药物研究所正在招聘"七五"科技攻关项目阿霉素产品的试制企业，当一些企业还在犹豫、怀疑技术的可行性，另一些企业期望国家成功以后再由企业来实施时，他立即意识到这是一个千载难逢的机遇，先人一步想到，先人一步行动，立即作出决策参加投标竞选，并首选中标，从而赢得时间，获得竞争优势。

1987年阿霉素工程开工，投入资金两千多万元，使企业承担了高额的贷款利息，资金周转困难，处于非常困难的时期。这时各处压力纷至沓来，白桦面临着严峻的考验，但他没有放弃。针对技术力量薄弱的问题，白桦四处奔走，聘请国内有关专家教授来厂指导，利用多个科研单位的某一专长为己所用，指导技术创新工作。克服了试制过程中一道道难关，终于取得成功。企业家的思维总是领先别人。白桦有个说法：每个产品在市场上都要走"抛物线"的轨迹，每一个成功的产品都有顶峰期和低谷期。企业如果只顾眼前利益，死抱一个产品不放，迟早会跌入低谷，被市场淘汰。因此，1992年以来，他先后与20多家科研单位建立密切联系，企业出资、出项目请科研单位开发，10年来有7个产品填补了国内空白，2个被评为国家级新产品，阿霉素和阿佛菌霉素被列入国家级火炬计划。

企业家是企业的经营者，但并不是所有的厂长、经理都是企业家。企业家之所以不同于普通经营者，就在于他能够预见普通经营者不能预见的投资机会和创新项目，并且把设想付诸行动。

[案例评析]

一个优秀的企业家不仅要有对个体、群体和周围环境的预见性，还要有对自己角色的深刻认识，同时，还要了解市场信息，了解自己所处环境的优势和劣势，了解自己员工的所思所想，只有这样才能充分调动员工的自觉性、主动性和积极性，提高企业内部的凝聚力，提高企业在市场上的竞争力。

人们都是通过一定的角色知觉去工作、去生活，同时也会按角色模式去知觉他人。优秀的企业管理者应通过一定的方式，特别是以身作则，使员工产生更多的自我角色知觉，从而更好地发挥每一个员工应有的角色作用。

资料来源：代凯军. 管理案例博士评点[M]. 北京：中华工商联合出版社，2000.

习　题

一、名词解释

知觉　自我知觉　社会知觉

二、思考题

1. 影响知觉的主要因素包括哪三个方面？请分别详述。
2. 个体自我知觉发展的途径主要有哪些？
3. 简述社会知觉的类型与管理。

第4章 价值观、态度差异与管理

价值观之所以重要是因为它是了解员工态度和动机的基础，同时也影响我们的知觉。每个人在加入一个组织之前，已经形成了一定的价值观。价值观是组织文化的本质，有什么样的价值观，就有什么样的组织管理制度、组织行为以及外在形象表现。本章的主要内容包括以下几点。

- 价值观的分类。
- 价值观的功能。
- 态度的形成与改变。
- 态度与员工工作满意感。

4.1 价值观与管理

4.1.1 价值观的概念、特征与分类

1. 什么是价值观

价值观是人们用来区分好坏的标准并指导行为的心理倾向系统。价值观往往容易被看作仅属于认知的范畴，其实它通常是充满着情感和意志的。价值观为人类自认为正当的行为提供充分的理由，是浸透于整个个性之中支配着人的行为、态度、观点、信念、理想的一种内心尺度。人们就是用这样的内心尺度去衡量、评判一切人和事物，从而得出自己的态度和选择。

价值观不同于知识、理论和科学系统，它主要不是表明人们"知道什么，懂得什么，会做什么"，而是表明人们究竟"相信什么，想要什么，坚持追求和实现什么"，是人们在知识的基础上进行价值选择的内心定位、定向系统。一般来说，"知道什么"还不等于"就要什么"，所以知识和科学永远不能代替价值观。

2. 价值观的特征

价值观具有下列主要特征。第一，主观性。人们区分好与坏的标准，包括区分得与失、荣与辱、成与败、福与祸、善与恶的标准，都可以称为价值观，是根据个人内心的尺度来进行评价的。虽然客体是客观存在的，但个人对客体意义的认识，对其好坏的评价却取决于主体自身的需要。第二，选择性。个人的价值观是人出生后在社会生活实践中逐渐萌发和形成的。儿童时期的"价值观"是模仿和吸取父母和亲近的人的言行而形成的。这时的"价值观"是照搬成人的价值观，具有明显的感性形式。儿童期的"价值观"称为价值感，还不能称为价值观。只有到了青年期随着自我意识的成熟，人才开始主观地、有意识地选择符合自己的评价标准，形成个人特有的价值观。第三，稳定性。个人的价值观形成之后

具有相当的稳定性，往往不易改变，并在人的兴趣、愿望、目标、理想、信念和行为上表现出来。第四，社会历史性。处于不同的历史时代、不同的社会生活环境里的人们的价值观是不同的。

总之，价值观是人和社会精神文化系统中深层的、相对稳定而起主导作用的成分，是人的精神心理活动的中枢系统。对于一个人来说，他的价值观就是他的人生和事业中最重要的精神追求、精神寄托、精神支柱和精神动力所在。

3. 价值观的分类

价值观是一种多维度、多层次的心理倾向系统，和社会、经济、文化的发展密切联系的，不同的学者对价值观的研究角度不同，分类方法也不同。例如，施普兰格对价值观的分类如下。

(1) 根据社会文化生活方式把人的价值观区分为：

经济价值观，以有效实惠为中心；

理论价值观，以知识真理为中心；

审美价值观，以外形协调匀称为中心；

社会价值观，以群体和他人为中心；

政治价值观，以权利和地位为中心；

宗教价值观，以信仰为中心。

(2) 根据人员的不同对象把人的价值观区分为：

个人价值观，只属于个人的并指导个人行为的价值观；

集体价值观，集体、组织中人员共同承认、接受并指导他们行为的价值观；

社会价值观，全社会的人共同承认、接受并指导他们行为的价值观。

(3) 根据人员的不同行为方式把人的价值观区分为：

反应型，只对自己的基本生理需要作出反应，不考虑其他因素；

忠诚型，从父母和领导那里学到的价值观，带有一点封建色彩；

自我中心型，为达到自己的目标，愿意做任何工作；

顺从型，具有传统的忠诚和努力，谨小慎微，喜欢明确的工作；

权术型，重视现实，好活动，有目标；

社会交往型，重视集体气氛的和谐，喜欢发展友谊；

现实主义型，重视具有挑战性的工作和学习成长的机会。

以上只是常见的几种分类方法，另外，还有雷塞尔根据自我—他人维度把价值观区分为自我取向价值观和他人取向价值观；罗克奇根据工具—目标维度把价值观区分为工具性价值观和终极性价值观；等等。

4.1.2 价值观的功能

组织的生存，其实就是价值观的维系，以及大家对价值观的认同。因此，价值观具有以下功能。

(1) 价值观是组织行为规范的内在约束。组织运营过程中,所有员工的行为都应该遵守规范。只有员工在价值思想上认为自己应该做什么不应该做什么的时候,才形成了内在约束。有什么样的价值观就会有什么样的行为文化,有什么样的行为文化就会产生什么样的物质文化。因此说,组织价值观是组织行为规范的内在约束。

(2) 价值观是组织制度创新与经营创新的理念基础。精神状态、价值观念往往是一切经营活动及其创新的根本和基础。员工的价值观受组织制度和组织战略的约束,也就是员工的价值观要体现组织制度和组织战略的要求;反过来,价值观也会对制度安排和战略选择有一种反作用,因为人是有思想的,人的价值观支配人的选择和行为。因此,组织文化的创新,必然会带来员工价值观的创新,而价值观的创新又必然推动组织制度和组织战略的创新。

(3) 价值观是组织活力的内在源泉。组织活力最终来自于人,也就是来自人的积极性。只有人的积极性被调动起来了,才能使组织充满活力。而人的积极性的调动,往往又受人的价值观的支配,只有人在价值观念上愿意做什么的时候,才会有积极性。一个好的价值观受到员工的忠诚追随和社会广泛的支持,能产生凝聚力和激励作用,不断激活员工的积极性和创造性,为着一个共同的目标,并在一个共同的价值观的引导下,促使员工在行为方式上产生共识,形成一个协调融洽、相互信任、高效率的有机整体,产生巨大的生产力和强劲的竞争力。

总之,组织的文化现象、特征、创新都以价值观为源泉;组织的基本选择、行为规范都以价值观为轴心来调节;组织的生存、发展都以价值观为核心来实现。因此,对价值观的认识就是对员工的认识,对价值观的把握就是对组织管理方式的把握。

4.2 态度与管理

4.2.1 态度的概念、特性和基本功能

1. 什么是态度

态度是个体对某一特定的客体做出反应时所持有的稳定性的心理倾向,它具有评价性。态度不是行为,而是行为倾向,是人的内部心理结构,是一种心理准备状态,当态度对象出现在面前时,个体就会表现出相应的行为。态度说出来就是意见,做出来就是行为。态度由三种成分构成,即认知、情感和意向。认知成分,即对态度对象的认识,主要是评价、赞成或反对等;情感成分,即对态度对象的好恶、喜欢或不喜欢、尊敬或轻蔑等;意向成分,即个体对态度对象的反应倾向,也就是采取行为的准备状态,这是态度与行为联系的成分。态度的三种心理成分密切联系、协调一致。例如,某单位主管认为某个员工工作能力强,又积极努力,工作表现一向都好——认知;因而该主管很欣赏这位员工——情感;愿意把一些重要的工作交给这位员工,也愿意和该员工交朋友——意向。尽管三个因素之间相互联系但并不完全一致。情感相对认知而言,对意向有更大影响,在态度的三种成分里具有特别重要的地位。

2. 态度的特性

1) 态度的社会性

态度不是先天的,而是通过社会学习而获得的,所以都是社会性的。这一社会化历程简单来说,首先受父母的教育影响;其次是在学龄期在学校受到教师和同学的影响;最后是成年后作为社会成员,在社会诸多因素的影响下,积累了经验,产生了意识,情感得以丰富,认识水平也不断提高,与此同时也就形成了人的态度。态度不仅在人的社会化进程中形成,而且也是在文化中不断得以修正、改变和完善,形成了人的态度体系。

态度的核心因素是价值,所以价值观不同的人对同一事物的态度是不同的。

2) 态度的内潜性

态度的内潜性是指态度是一种内在的心理状态,只是行为的准备状态,而不是行为的表现。人若不通过言行举止的表现,其态度就不容易被观察。更何况有时人的态度尚未外显时,在其内心已得到了修正。但态度毕竟与行为相连,因此我们可以通过观察行为或意见,正确地推知态度,也可以从态度预测行为。

3) 态度的稳定性

态度的稳定性是指态度一旦形成就会持续一段时间,不易改变。态度是在人的社会化过程中形成的。某种态度经过人的思考被人接受后,就会表现得非常稳定和持久。

4) 态度的方向性

态度总是具有赞成或反对的方向特点,并具有程度的差异。也就是人们对一个事物往往有两种极端对立的态度。如肯定—否定、赞成—反对等。当然,在态度的两极之间还有中间状态,但它往往只是暂时的。

3. 态度的基本功能

人为什么要形成或保持某些态度,这是一个态度功能的问题。卡茨和奥斯卡姆普等从需要满足的角度出发,认为态度有四种基本功能。

1) 适应功能

这是指人的态度都是在适应环境中形成的,形成后起着更好地适应环境的作用。我们是社会性的生物,一些人和群体对我们都是很重要的,适当的态度将使我们从重要的人物(双亲、老师、领导、朋友等)或群体那里获得认同、赞同、奖赏或与其打成一片。对不同的人应学会有不同的态度。许多人发现,如果他们以对父母的态度去跟朋友打交道往往就不适应,反之亦然。因此,习得的态度是为适应社会生活的一种功能。

2) 自我防御功能

态度既可以拒绝引起焦虑的外部事件,又可调节内部冲动。态度作为一种自卫机制,能让人在受到贬抑时用来保护自己。例如,当一个知识分子看到商人赚很多钱并在生活中拥有许多物质享受时,常会显示出自命清高和鄙视"为富不仁"者的态度,以保持心理平衡。

3) 价值表现功能

态度可以明确地显示自我的价值,具有积极的表现功能。在很多情况下,特有的态度常表现为一个人的主要价值观和自我概念。例如，加入某种群众性运动的行列，手持某一政治人物的标语牌，这表明个体赞同这一运动主题，并拥有这方面的价值观，以及与某些人物认同的自我概念。

4) 认识或理解功能

态度可以作为理解环境的一种手段，并将它作为判断的标准或理解的参考系。一种态度能给人提供一种作为建构世事手段的参照框架，并通过态度来赋予其意义，如在政治争论中自己的态度常常是为评价政治候选人提供一种参照框架。

上述四种功能的前两种是为实际需要服务的，能帮助我们调整或纠正自己的行为，以使我们受到奖赏而不是受到惩罚。后两种功能是和追求自我实现相连的高层次需要有关，因为我们要从表达的价值观，即表达自己所赞同的观点中获得满足，此外，我们有了解周围世界及我们在这个世界中所处地位的需要。

4.2.2 态度的形成与改变

1. 态度的形成

态度形成是从不具有某种态度到具有某种态度，从简单的态度到复杂的态度，从不稳定的态度到稳定的态度的过程。态度形成的过程与个人社会化的进程是同步的。在社会实践中，人们的态度逐渐和世界观相联系，变得越来越稳固。

1) 态度形成的条件

美国社会心理学家 G.W.奥尔波特认为，个体的态度的形成有四个条件。第一，经验的积累和整合。从各个零散的经验中形成相同类型的特殊反应的整合。第二，经验的分化。开始是笼统的、缺乏个性的，以后逐渐分化和个别化。第三，剧烈的、外伤性经验，甚至是仅仅一次的经验，就可以形成永久性的态度。第四，对社会已有态度的模仿及语言的学习。

2) 态度形成的阶段

凯尔曼于 1958 年提出态度的形成分为服从—认同—内化三个阶段。

(1) 服从。态度形成的开始，个体总是按社会规范和社会期待或他人意志在外显行为方面表现与他人一致，这或是出于主体的意愿，不知不觉地模仿；或是受到群体规范的压力，从而产生的服从行为。这时的行为受外因控制，服从是表面的、暂时的。

(2) 认同。态度不再是表面的改变，也不是被迫，而是自愿地接受他人的观点、信念、行为或新的信息，使自己与他人一致。这一阶段个体虽然受到态度对象的吸引，但已超脱外部控制的因素，而主动趋同于对象。这一阶段情感因素起明显的作用，认同依赖于对象对个体的吸引力。

(3) 内化。内心发生了质的变化，新的观点、新的情感和新的意愿已经纳入自己的价值体系内，成为自己态度体系中的一部分，比较稳固，也不太容易改变。到了这一阶段，态度才真正地形成。

3) 影响态度形成的因素

(1) 个人的需要是否得到满足。通常能满足个人需要和愿望的对象，以及有助于自己达到目标、满足需要的对象，容易使人产生喜爱的态度；反之，发生否定的态度。可见，态度的形成是以人的需要或愿望为中介的。

(2) 知识和信息对态度形成的影响。认知因素是态度形成的一个重要成分，知识与信息是形成态度的重要条件。个人掌握知识和信息的多少、范围、准确性等，都会影响个人态度的形成。

(3) 所属群体或参照群体对个体的影响。态度的形成与个体所属的团体有密切的关系，当一个人对其所属团体具有认同感和忠诚度时，就会采取和团体一致的态度。例如，中国人很注重家庭观念，其态度充分表现出对家庭伦理的遵守，不易做出违背家庭的事。

(4) 个体的人格特点。人们的态度与个性特点都是在社会实践中逐渐形成的，二者是相辅相成、相互促进、相互影响的，每个人的态度都会反映出他的个性特征。

2. 态度的改变

态度的改变，广义上指的是由于内部因素或外部因素使某一段时期内持续的、稳定的态度发生变化；狭义上指的是由于社会的影响，特别是由于说服性沟通使以前的态度向相反的方向发生变化。态度变化的方向按照施加影响的社会或他人所期待的方向发生变化，称肯定性态度变化；与所作用的他人的期待及想法作相反方向变化的，称否定性态度变化。

1) 态度改变的制约条件

一个人对待一切事物既已形成的态度都是可以改变的。态度改变既包括对态度中认知成分的改变，也包括对态度中情感和意向成分的改变；态度改变既包括方向的改变，也包括强度的改变。态度改变制约于三个方面的条件，信息发出者、信息和信息接收者。在信息发出者方面，有信息源的可靠性、可信性。在信息方面，有信息的内容组织及其提供的顺序方式，以及是否唤起恐惧等。在信息接收者方面，有原有态度的特点、个性特征以及个人归属和参照的团体。

2) 态度改变的理论

社会心理学家对社会态度变化的研究主要有以下几种理论。

(1) 平衡理论。

平衡理论是 1958 年由海德提出的。这个理论重视人与人之间的相互影响在态度转变中的作用。海德认为，人们在心理上有维持态度系统平衡一致的需要，当人们的态度系统失去平衡后，总有从不平衡向平衡转化的趋势。他指出，有些认知对象之间是有关联的，并组成一个整体被认知，它们之间的关系被称为单元关系。海德认为个体对单元中的两个对象的态度一般是属于同一方向的。例如，我喜欢一个人，一般地，也喜欢他的朋友。当个体与单元内两个对象的情感关系相一致时，其认知系统呈现平衡；反之，当个体与一个单元内的两个对象的情感关系相矛盾时，其认知系统呈现不平衡。这种不平衡状态会引起个人心理紧张，产生不满情绪。为了恢复平衡，就要消除这种不平衡，于是改变对其中的一个对象的态度，以达到平衡。

(2) 认知不协调理论。

认知不协调理论是菲斯廷格在 1957 年提出的。当个体对某一对象的认知和自己行为的知觉不一致时就产生了认知不协调。例如，一个人认为吸烟不好，可是此时他正拿起一支烟准备吸，这就产生了不协调。认知失调给个人造成心理紧张和不愉快的心理感受，于是个体就要消除紧张、缓解失调状态。消除、减少认知失调有三种途径。第一，改变行为，使对行为的认知符合态度的认知。这个人把拿起来的烟放下。第二，改变态度，使其符合行为。放弃吸烟有害的想法。第三，引进新的认知元素，改变不协调状态。例如，吸带过滤嘴的烟，认为过滤嘴已经将有害物质去除了，吸此烟无妨。

这个理论的意义告诉我们，要改变人的态度首先要引起他的认知不协调。只有引起认知不协调，才可以使其从中做出一种新的行为或增加一种新的认识开始，以达到新的协调。

(3) 信息传播理论。美国社会心理学家 C·霍夫兰德等人认为，态度是后天习得的产物，是由学习而来的反应。强化、模仿是态度形成的机制。经过肯定性强化的态度被接受，而经过否定性强化的态度被放弃。态度改变应强调在信息传递过程中研究个体对信息的注意、理解与接受等因素。

(4) 20 世纪 60 年代末出现心理抗拒理论，把心理抗拒现象及其抗拒效果作为一种态度进行研究。发现在心理抗拒的情况下，事先的说服教育不仅不利于态度转变工作，反而会促使态度向预期相反的方向变化。后来，在心理抗拒理论的基础上发展出心理免疫理论，认为要想促使态度向有利方向转化，事先让被试者参与有关的活动是必要的，被试者积极参与实验者进行的一系列活动，有助于被试者的态度转变。

态度改变理论可以帮助我们预测员工投入工作的态度和行为改变的倾向。例如，可以了解员工什么时候发生态度的失调，当要求员工违背自己已有的态度时，员工是否会改变自己的态度，使其态度和行为一致；管理者可以从哪些方面入手，促进员工态度的改变等。

3) 改变态度的方法

(1) 组织员工参与决策。管理者给予员工充分的尊重和信任，让其参与决策、参与管理。这不但有利于提高决策的质量，还有利于改变员工的态度。参与决策本身，必然使员工产生改变不正确态度、力图形成正确态度的动机。这种主动改变态度的心理准备，可以大大减少改变态度中的心理障碍。参与决策会使员工产生对后果承担责任的义务感，从而促使他们的态度与行为保持一致。

(2) 建立与员工沟通的渠道。在管理活动中管理者与员工经常进行沟通，建立管理者与员工之间互通信息的渠道，及时传达相关的信息，并使管理者能够及时了解员工的相关信息，是改变员工态度的重要方法。沟通的办法主要有：管理者做到信息公开，增加管理的透明度；对做出的决策及各项措施要有解释和说明工作；在重大决策实施过程中要有及时的反馈和交流。

(3) 促进员工的学习。认知是决定人们采取何种态度的基础。学习可以改变人的认知，认知可以改变人的态度。树立终身学习的理念，建立学习型组织被越来越多的管理者认可和接受，学习和教育都是可以转变态度的。

(4) 改变员工的需要。人的态度受满足个人的心理需求所支持。因此，一方面，管理者要注意促进员工需要层次的提高，培养高级需要；另一方面，改变员工的态度，需针对个人的心理需求做相应的工作。使其产生学习新技术的需要，从而改变态度。

4.2.3 态度与员工工作满意度

工作满意度是员工对自己的工作抱有的一般性的满足与否的态度。工作满意度的本质是态度。态度是对人、客体、事物所持的肯定或否定的评价，它反映了对人、客体、事物的感受。员工的满意度越高，其士气就越高，从而生产效率就越高。高的满意度来源于个人需求的有效满足，不仅包括物质需求，还包括精神需求。

工作满意度受诸多因素的影响，主要有以下几个。

1) 工作的挑战性

挑战性的工作为员工提供了施展才能和技术的机会，当然，挑战性过大会造成挫折和失败感，而没有挑战性的工作会使人厌倦。当挑战性适中时，员工会体会到快乐和满足。

2) 公平的报酬

报酬是否公平、明确，是否与员工的愿望一致，是工作满意度的一个重要因素。员工期望的报酬包括工资、工作地点、工作时间及晋升机会等，当员工认为这些方面是公平、公正的就容易体会到满足感。

3) 良好的工作环境

良好的工作环境能提高员工的工作满意度。工作环境的舒适、从事工作的便利性都是工作满意度的助长因素。

4) 合作的伙伴

同事之间能融洽相处、友好共事，自然能增强工作的满意感；同时，管理者能了解、关心员工，倾听意见，奖励成就，员工的工作满意度也会增强。

工作态度作为工作的内在心理动力，引发各种工作行为，就是工作态度的功能。这种态度的功能主要包括影响对工作的知觉与判断、促进学习、提高工作的忍耐力等。一般来讲，积极的工作态度对工作的知觉、判断、学习、忍耐力等产生积极的影响，能够提高工作效率，取得良好的工作绩效；反之，消极的工作态度，由于受中介因素的影响，使工作态度与工作绩效的关系十分复杂。例如，认为自己很重要，有足够的条件，是第一流的人才，所从事的工作也确实很重要，那么就会尽己所能、精益求精地完成自己的工作，而这种态度所带来的内心的满足感是无与伦比的。

［案例］

英特尔：用价值观协调行动

英特尔公司是一家技术驱动型的公司，不停地更新技术，驱动企业前进，在这样的企业中，企业价值观仍然重要吗？它的作用有多大？

英特尔科技(中国)有限公司李敏达总经理认为，企业在成长过程中，要尽早确定自己的价值观，用企业的价值观来同化每一位员工，从而协调统一企业的所有行动。

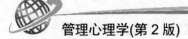

英特尔的每个员工都挂着写有公司价值观的胸卡,李敏达介绍:"最重要的是我们的 6 条价值观已深入员工内心。"在公司价值观的引导下,"技术偏执狂"们变成了"英特尔人"(Inteler),所以英特尔才能一直保持着业内领先地位。

英特尔公司的 6 条价值观包括:客户至上、纪律严格、质量为本、冒险精神、良好的工作环境和注重结果。

价值观中最核心的就是注重结果和良好的工作环境。做事情一定要有程序和方法,但如果把程序作为主要目标,一天到晚谈怎么做,最后却不行动,在当今的倍速时代就会被淘汰。我们不会花 10 年时间去想一个全世界最完善的方案,而是要始终做得比别人快、比别人好。

塑造良好的工作环境最重要的是要对员工信任和尊重。管理者也是雇员,工作责任使他成为管理者,但他不能不尊重下属。有了尊重,才会开放,才会听取员工的意见。在英特尔公司,从首席执行官到总经理,乃至普通员工都是在一个标准的、开放的办公小隔间中办公,员工随时可以找上司沟通。

[案例评析]

任何一个创业企业,都是从三五人起步的。这时候,企业领导人的模范作用就是员工学习的榜样,但员工逐渐增多后,就需要拿出一个成文的价值观让新的员工学习,这一举措越早越好。而随着周围的社会和经济环境的不断变化,价值观也需要不断发展。英特尔公司的价值观一开始是 3 个,后来发展为 6 个,现在又在调整 6 个价值观中的具体解释条款。通过这样的调整,企业始终能在市场中保持正确的航向。

资料来源:王吉鹏. 价值观的起飞与落地[M]. 北京:电子工业出版社,2004.

习　题

一、名词解释

价值观　态度

二、思考题

1. 价值观是一种多维度、多层次的心理倾向系统,它是和社会、经济、文化的发展密切联系的,不同的学者对价值观的研究角度不同,分类方法也不同,请详述。

2. 简述价值观的功能。

3. 人为什么要形成或保持某些态度,这是一个态度功能的问题。卡茨和奥斯卡姆普等从需要满足的角度出发,认为态度的基本功能有哪些?

第 5 章　个体行为与激励

激励是管理心理学的核心，也是组织管理的基本课题。作为管理者，为实现既定的目标，就要了解员工的需要、动机、行为，进而激励全体员工，充分调动员工的积极性和创造性。激励也许不会给组织带来直接的利益，但却是组织目标得以实现的可靠保证。本章的主要内容包括以下几个。

- 需要、动机与激励的相关概念。
- 激励的策略与方法。
- 激励的理论及其应用。

5.1　需要、动机与激励

个体行为管理的核心问题是动机与激励。动机是推动人类行为内部的根本原因。只有了解人类行为的原因，才能预测、激励、控制行为，提高个体行为的积极性。

5.1.1　动机与需要

1. 动机概述

1) 动机的概念

心理学家一般把动机定义为激发、维持、调节人们从事某种活动，并引导活动朝向某一目标的内部心理过程或内在动力。例如，当人们口渴的时候就会去寻找水，找水的行为背后就是动机。

动机是无法直接观察到的，它是一种内部心理现象，人们只能从观察表面行为的变化来推测背后的动机。动机作为行为过程中的一个中介变量，在行为产生以前就已存在，并以隐蔽内在的方式支配着行为的方向性和强度。我们经常看到的是动机所驱动的行为，例如，好朋友们经常在一起玩、学习，但友谊行为背后的交往动机是无法直接观察到的。

2) 动机的功能

(1) 激活功能。动机会推动人们产生某种活动，使个体由静止状态转化为活动状态。在动机的驱使下个体会产生某种行为并维持一定的行为强度。例如，饥饿会促使个体做出觅食的活动。生理的需求产生的动机往往比较急迫，需要立即获得满足。

(2) 指向功能。动机使个体进入活动状态之后，指引个体的行为趋向一定的方向。动机是引导行为的指示器，使个体行为具有明显的选择性。例如，在成就动机支配下的人会积极地学习，主动选择有挑战性的任务去做。动机不同，有机体行为的目标也不相同，这就是动机的方向性在起作用。例如，同样是努力工作，有些员工是为了获得领导和他人的赞赏，并不十分喜欢他的工作；而有些员工则是对所做的工作本身有着浓厚的兴趣。由于动机的不同,导致了行为目标的差异性。

(3) 调节与维持功能。动机能使个体的行为维持一定的时间,对行为起着续动作用。当活动指向个体所追求的目标时,相应的动机便获得强化,因而活动就会持续下去;相反,当活动背离个体所追求的目标时,就会降低活动的积极性或使活动完全停止下来。将活动的结果与个体原定的目标进行对照,是实现动机的维持和调整功能的重要条件。

3) 动机的分类

关于动机的分类,至今都没有一个统一的说法。我们从不同的角度,依据不同的标准,可以将动机划分为不同的种类。

(1) 生理性动机和社会性动机。

生理性动机也称驱力,是由个体的生理需要所驱动而产生的动机。它以个体的生物学需要为基础,对维持个体的生存和发展有着极其重要的作用,如饥、渴、缺氧、母性、性欲、排泄、疼痛等。这些都是保证有机体生存和繁衍的最基本的生理性动机。生理性需要得到满足后,相应的生理性动机水平便趋于下降。人的动机一方面受天生需求的影响,另一方面也受社会文化、道德规范的影响和约束。

社会性动机是人类所特有的,它以人的社会文化需要为基础。人在成长的过程中要逐渐社会化,接受其所在社会文化的熏陶。为得到社会的认同,同时也满足自己的社会文化需要,就会产生各种社会性动机,如工作动机、交往动机、成就动机、成长动机等。社会性动机是由人的某些高级需要所产生的。因此,如果社会性动机长期得不到满足,虽然不会危及人的生命,但却有可能导致适应不良,出现某种心理障碍。例如,交往动机长期得不到满足,会使人倍感孤独,并有可能进一步出现心理障碍。另外,在个体发展的过程中,高级需要出现得比较晚。因此,社会性动机也会比生理性动机出现得晚些。

(2) 外在动机与内在动机。

外在动机是在外部刺激的作用下产生的动机。例如,有些小学生为了得到老师和家长的喜欢或称赞而学习的动机就是外在动机。在儿童动机发展的早期阶段,外在动机具有重要意义。

内在动机是由个体的内部需要所引起的动机。例如,学生认识到学习的意义而努力学习的动机是内在动机。一般来说,由内在动机支配的行为更具有持久性。

外在动机与内在动机是可以相互转化的。适度的奖赏有利于巩固个体的内在动机,但过多的奖赏却有可能降低个体对事物本身的兴趣,降低其内在动机,这就是动机心理学中的德西效应。例如,一个员工原本对自己的工作就充满兴趣,但领导为进一步激励他的工作热情,不断地给予物质上的奖励,奖励多了,该员工的热情就会由工作转向物质奖励。工作动机由内在动机变为外在动机。一旦这种外在奖励减少,员工的工作劲头就会减弱甚至消失。

(3) 主导动机和从属动机。

人的行为十分复杂,这种复杂性的表现之一,便是某一行为可能是由多种动机所驱使的。推动行为的各种动机所起的作用各不相同,有的表现强烈而稳定,起主导作用。在行为的发生过程中,主导动机起的作用最大,支配着行为发生的方向和强度。有的动机则处于辅助从属的地位，所起的作用偏弱，称为从属动机。人的活动为这两种动机所激励，为这两种动机的总和所决定。主导动机和从属动机在不同人身上或不同情况下会相互转化。

4) 动机产生的原因

动机的产生受内外两种因素的共同影响。个体内在的某种需要是动机产生的根本原因，而外在环境则作为诱因，引导个体趋向于特定的目标。

需要是有机体内部生理与心理的不平衡状态，是有机体活动的动力和源泉。需要一旦产生就成为一种刺激，人们便会想方设法采取某种行为以寻求满足，消除不平衡状态。例如，当一个人渴了的时候，体内便会出现一系列与渴有关的生理不平衡状态，在这种不平衡状态的驱使下，这个人就会四处寻找解渴的东西。此时，内在的生理需求成了他寻求解渴物品这一行为的直接推动力量。因此，动机是在需要的基础上产生的。

除了有机体内部的需要外，外在的环境刺激也可能成为行为的驱动力量。环境刺激是动机产生的诱因。所谓诱因，是指能够激起有机体的定向行为，并能满足某种需要的外部条件或刺激物。在一般情况下，诱因作为一种外在刺激物，能够吸引有机体的活动方向，有助于他寻求需要的满足。例如，口渴的人急于寻求一个解渴的水源，有水源的地方便作为一个诱因存在，引导着口渴的人做出相应的行为来满足自身的需要。有些情况下，即使有机体没有特别强烈的内在需要，外在诱因也可能成为动机。

在动机中，需要与诱因是紧密相连的。需要比较内在、隐蔽，是支配人们行动的内部原因；诱因是与需要相联系的外界刺激物，它吸引有机体的朝向性活动，并使需要有可能得到满足。所以，需要推动人们去活动，并使活动朝向外界的诱因，从而使活动具有目的性和方向性。当人们的需要得到满足后，诱因的吸引力降低，动机的强度也随之减弱或消失。

2. 需要概述

1) 需要的概念

需要是有机体内部的某种缺乏或不平衡状态，它表现出有机体的生存和发展对于客观条件的依赖性，是有机体活动的积极性源泉。例如，口渴了会产生想喝水的需要；孤独会产生交往的需要等。

需要是有机体活动的积极性源泉，是人进行活动的基本动力。需要激发人去行动，以求得自身的满足。需要越强烈、越迫切，由它所引起的活动动机就越强烈。同时，人的需要也是在活动中不断产生和发展的。当人通过活动使原有的需要得到满足时，又会产生新的需要。需要是个体积极性的源泉，常以意向、愿望、动机、抱负、兴趣、信念、价值观等形式表现出来。

2) 需要的分类

人的需要是多种多样、相互联系的结构系统。按照不同的标准可以对需要进行不同的分类。

(1) 生理需要和社会需要。

生理需要是指保存和维持有机体生命和延续种族的一些需要，如对饮食、休息、配偶等的需要。这些需要也叫生物需要或原发性需要。生理需要得到满足就保持了机体内部的平衡状态；失去这种内部平衡状态，机体就会产生紧张状态，并产生恢复这种平衡的需要。生理需要是人和动物共同拥有的，但人类的需要和动物的需要是有本质区别的。人所需要的对象和满足需要的方式，受具体的社会历史条件的制约，具有社会性；人具有意识和能动性，能调节和控制自己的需要。

社会需要是指与人的社会生活相联系的一些需要，是在生理需要的基础上形成的一种人类特有的需要，如对劳动、交往、成就、奉献的需要等。社会需要是后天习得的，源于人类的社会生活，属于人类社会历史的范畴，并随着社会生活条件的不同而有所不同。社会需要也是个人生活所必需的，如果这类需要得不到满足，就会使个人产生焦虑、痛苦等情绪。

(2) 物质需要和精神需要。

物质需要是对社会物质产品的需要，如对食品的需要、对工作和生活条件的需要等。

精神需要是指人对自己的智力、道德和审美等方面的需要，是随着社会的发展而发展的，如人对学习成绩提高的需要、创造发展的需要、贡献能力的需要、独立自尊的需要等。精神需要是人类特有的需要，是个体心理正常发展的必备条件。

物质需要和精神需要之间有密切的关系，对物质产品的要求不仅要满足人的生理需要，而且还要满足人的审美的需要；为了满足人的精神需要，则要有一定的物质条件来保证。

(3) 间接需要和直接需要。

间接需要是指那些比较概括的、抽象的需要，它常常以理想、志向等形式表现出来。例如，一个普通工人在环境的刺激下，产生了当工程师的愿望。这种需要是促使行动比较持久、稳定的动力，它使该员工有明确的方向和目标。

直接需要是指随着间接需要的产生而产生的一系列具体的需要。例如，学习科学技术的需要、考上大学的需要等。这种需要是促使员工行动的直接动力。

3) 需要的基本特征

(1) 需要与人的生存发展密切相关。需要是与人的生存发展联系在一起的，需要的满足与否、能有怎样的满足，不同程度地影响着人的生存与发展。需要和人的生存发展之间有着密不可分的关系，这也就使需要在管理上具有了目的性意义。

(2) 需要具有个体性。需要虽然有个人需要和集体需要，但需要的满足必须发生在具体的个人身上。集体需要的满足，总是在每个人身上体现。管理中如果离开这个特点来考虑集体需要，势必导致集体需要抽象化。

(3) 需要具有多样性与层次性。多样性的需要系统又有不同的层次性。奥塔·锡克把需要分为物质需要、运动和活动需要、与别人关系需要、文化需要。现代行为科学家马斯洛提出了著名的需要层次理论，即生理的需要、安全的需要、归属和爱的需要、尊重的需要、自我实现的需要，并且进一步指出自我实现的需要是人类需要发展的顶峰。上述分类尽管各有差异，但共同点是需要有多样性和层次性之分。

(4) 需要有动态性。人的需要是随着满足对象范围的改变和满足需要方式的改变而发展的。原有的需要满足了，会产生新的需要。物质需要得到一定的满足，会产生新的精神需要。管理中要肯定需要的这种发展性或动态性,避免老一套的管理方式。

(5) 需要具有社会制约性。人的需要是在人与客观环境的相互作用的过程中,在社会实践中产生和发展的。因此,需要总带有当前社会的政治、经济、文化以及与之相适应的印迹,有着与人所处阶级或阶层、职业地位相应的特征。

3. 需要与动机

需要与动机密切相关,但需要和动机是有区别的。需要是激发人积极性的基础和根源,动机是推动人们活动的直接原因。人类的各种行为都是在动机的作用下,向着某一目标进行的,而人的动机又是由于某种欲求或需要引起的。

(1) 需要是人的积极性的基础和根源,动机是推动人类生活的直接原因。当人的需要具有特定目标时,需要才能转化为动机。例如,一个人在沙漠中有强烈的饮水需要,如果没有水源,他就没有目标明确的活动;只有发现了水源,才能促使他奔向水源,动机才会在需要的基础上产生。

(2) 需要必须有一定的强度,才能成为动机并引发动机,也就是说,需要不必然产生动机。只有某种需要成为强烈愿望,迫切要求得到满足时,才能引发动机。如果需要不迫切,则不足以促使人去行动以满足这个需要。

(3) 需要转化为动机还要有适当的客观条件,即诱因的刺激,它既包括物质的刺激也包括社会性的刺激。有了客观的诱因才能促使人去追求它、得到它,以满足某种需要;相反,则无法转化为动机。

(4) 不同的需要结构导致不同的动机结构。一个人的需要是多种多样的,从而形成一定的需要结构;千差万别的需要结构也导致了各异的动机结构。一个人在不同的时期有不同的需要结构,也必然会导致他有不同的动机结构。

可见,人的行为动力是由主观需要和动机共同决定的。需要引起动机,动机支配着人们的行为。当人们产生某种需要时,心理上就会产生不安与紧张的情绪,成为动机,它驱使人选择目标,并进行实现目标的活动,以满足需要。需要满足后,人的心理紧张消除,然后又有新的需要产生,再引起新的行为,这样周而复始,循环往复。

5.1.2 动机与行为

1. 行为概述

1) 行为的概念

关于人类的行为,有广义与狭义之分。广义的行为是由客观刺激通过人的心理活动而引起的内部与外部的反应;而狭义的行为仅指外显的行为。

2) 行为的影响因素

影响人类行为的因素有很多,概括起来可分为以下两大类。

(1) 外在因素。外在因素是指与行为有关的可以在心理上引起反应的事物,包括物理因素和人际因素。物理因素是指声、光、空间、气温等,这些可以在人的心理造成反应,表现在工作时的兴趣、情绪的好坏等方面。人际因素是指人与人之间的关系,良好的人际关系使人心情愉快,有助于工作效率的提高。

(2) 内在因素。内在因素是指人的各种身心因素对行为的影响,这里主要是指心理因素。例如,需要、动机、理想等,其中需要和动机直接支配人的行为。管理心理学研究的是由人的动机支配的具有意义的行为。

3) 行为的分类

(1) 目标导向行为,是指为了达到目标所表现出的寻求过程。

(2) 目标行为,是指直接满足需要的行为,即完成目标,达到满足的过程。

(3) 间接行为,是指为满足需要做准备的过程。

4) 行为的特点

(1) 自觉性和主动性。外因可以影响人的行为,但只能通过内因起作用。只有提高人的内在自觉性,才能产生积极的行为。

(2) 持续性和连续性。这是指在目标未达到之前,行为不会终止;达到目标后又会提出新的目标,使行为不断向更高水平发展。

(3) 稳定性和可塑性。行为经过学习、训练、实践等手段可以形成比较稳定的方式;在条件或环境改变时行为也会表现出可塑性的特点。

(4) 行为的目标性。行为总是有一定的指向目标,有直接目标和间接目标、远期目标和近期目标等。

2. 动机与行为

动机是个人行为的动力,是引起行为的直接原因;行为是动机的外在表现。在实际生活中,动机和行为有着复杂的关系。

(1) 同一动机可以引起不同的行为。例如,每一个人都想过舒适的生活,这种相同的动机却可以引发不同的行为。有的人通过辛勤工作多赚钱;有的人靠节约攒钱;有的人则通过不良手段获得不义之财。

(2) 同一行为可以有不同的动机。例如,努力工作,这种相同的行为有不同的动机。有的人可能是想多赚钱;有的人可能是想实现自己的人生价值。

(3) 一种行为可能有多种动机。例如,努力工作既是为了多赚钱也是为了实现人生价值。

(4) 合理的动机可能引起错误的行为。例如,我们常说的好心办坏事。

管理者要善于对员工运用激励和强化的手段进行正确动机的培养,从而引导行为向正确的方向发展。

5.1.3　激励的作用、策略与方法

1. 激励的概念

激励是指激发人的动机,使人有一股内在的动力,向所期望的目标前进的心理活动和行为的过程。也可以说是调动积极性的过程。激励是对人的一种刺激,是促进和改变人的

行为的一种有效手段。激励的过程，就是管理者引导并促进工作群体或个人产生有利于管理目标行为的过程。

2. 激励在管理中的作用

人除了有生存需要、安全需要，还有更高级的尊严需要和成功需要。这种高级的需要往往使人能够接受激励的渐进模式，唤醒人内心深处向善求真的美好愿望，相对于批评、处罚等方式更有利于人的培养。因此，激励策略作为人的发展过程中不可缺少的方式，对人的全面发展产生着至关重要的作用。

具体来说，激励在管理中的作用主要有以下三个。

(1) 可以吸引所需要的人才加入组织，增强组织的力量。

(2) 可以使员工最大程度地发挥其技术和才能，实现组织的目标，提高生产率。管理者的一个重要责任，就是要把员工的动机有效地引向组织目标。

(3) 可以进一步激发员工的创造性，提高在竞争中的优势。

3. 现代组织中员工的特点

现代组织中的员工与以往比较有很大的不同，他们的素质相对比较高，知识性强。其主要具有以下特点。

(1) 创造性强。主要依靠自己对新知识的探索和领悟，从而产生对新事物创造的欲望，推动生产的发展、技术的更新、产品的换代，从而使知识资本增值。

(2) 独立性强。由于知识型员工掌握组织中生产发展所必需的知识，具有某种特殊技能，因此他们更愿意在一个独立的工作环境中工作，不愿意接受其他事物或人员的牵制。

(3) 成就欲强。现代组织中的员工不仅想获得一定的物质报酬，更想获得社会的认可、上级的器重和个人的声望。

(4) 自我完善欲望强。知识型员工对知识不断学习、更新，对新技术不断探索追求，具有促进自我完善的意识和自觉性。

4. 激励的策略与方法

针对现代组织中员工的特点，如何去激励员工成为组织管理者的一项技能，更是一项挑战。

激励有很多方面，有物质的也有精神的，有具体的更有抽象的。激励也不是通常所说的奖励那样简单，它实际上包括很深的内容。

1) 精神、物质相结合

现代组织需要精神和物质的混合激励因素。如果仅靠物质方面的激励，组织很快就会失去吸引力。因此，组织要注意员工的特点，既要给予物质方面的鼓励，也要给予适当的精神激励。组织可以提供一份与工作成绩和生产效率相挂钩的报偿体系，把员工的贡献收益与组织的发展前景紧紧捆绑在一起。提高被激励员工的薪金待遇，使得比其他的员工要高，不仅让他们体会到工作的回报，同时也使他们感到自己在组织中受到重视。物质利益固然是发挥积极性的基本因素，但精神需求也是一种巨大的推动力，是较物质需求更高层

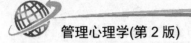

次的需求，可以持久地起作用。因此，在提高员工的待遇时，要侧重他们在工作方面的满足感，包括工作的挑战性和趣味性，允许创造性和实现个人满足等内容。

2) 长期、短期相结合

组织在发挥员工的积极性的同时还要注意他们的长期性培养，不要只顾眼前利益而忽视他们的长远发展。在知识经济模式中，员工对知识不断学习、更新，对新技术不断探索追求，具有促进自我完善的意识和自觉性。这种自愿"充电"的动力是自我发展欲望的自我暗示和激励的结果。员工自我发展欲望的目标绝非仅仅满足于对现有职务或现有工作的胜任，其目标是为未来职业发展打下基础创造条件。因此，组织在人员较少的情况下，可以集中精力和资金为员工制定一套切实可行的职业发展体系。这一职业发展体系的主要内容是员工职务或职称的晋升机制，此外还包括员工培训体系以及用人制度等。

3) 个人、组织相结合

营造相互尊重及和谐的工作环境，实行弹性工作制，是组织为员工所能提供的最好的条件。如果组织中灵活的工作时间不会产生太大问题，僵硬的工作规则又对他们没有多大的意义的话，员工更喜欢工作富有自主性和挑战性，更喜欢自由安排时间，以求在自己状态最好的时候创造最佳的工作成绩。因此，组织中的工作设计应注意考虑他们的特点，尽可能为员工创造一个既安全又舒畅的工作环境，在不断扩大工作范围，丰富工作内容，使工作多样化、完整化的同时，逐步实行弹性工作制，加大工作时间的可伸缩性和工作地点的灵活度，并建立以团队友谊为重组织风格和组织文化，使员工觉得工作本身就是一种享受。

4) 合理的薪酬、公平的分配相结合

合理的薪酬、公平的分配，是激励策略的重要组成部分。例如，实行同一级别的员工其薪酬数额相差幅度变大；一些下属可以和主管享受一样的工资待遇，当下属的技能水平和知识技能超过主管时，下属的工资便有可能超过主管；每一名员工的具体收入可以根据当年的业绩弹性处理，这样有利于员工创新性的发挥，激发员工不断开发自我潜能的积极性。

5) 及时性、渐进性相结合

这是指对人的激励要及时，人的需要是随着时空的变化而变化的，如果不及时，就会削弱激励作用。激励活动是很复杂的过程，无论多么恰当有效的激励策略不会也不可能一下子使某个被激励对象立刻变得完美无缺。处在被激励过程中的人总是在不断地改进、不断地提高中趋于完善的，因此要及时看到员工的发展并给予肯定，以激发员工进一步完善自我的积极性。

5.2 激励理论及应用

5.2.1 早期的激励理论及应用

20 世纪 50 年代是激励理论发展卓有成效的时期，这一时期形成三种理论。它们分别是需要层次理论、X 理论和 Y 理论、激励—保健理论。

1. 需要层次理论

马斯洛是美国比较心理学家和社会心理学家，人本主义心理学的创始人之一。他于1954年提出需要层次理论，之后又不断地加以发展，形成了颇有影响的需要理论。

1) 马斯洛需要层次理论的基本要点

人是一个一体化的整体，不能孤立地、不分主次地研究人类的需要。人类的基本需要按照出现的先后顺序，由低到高可以分为五个层次，即所谓需要层次。

(1) 生理需要，是指对于食物、水分、氧气、性、排泄和休息等的需要。这些需要在所有需要中占绝对优势。马斯洛认为，生理需要是人的最基本、最强烈、最明显的需要，只有在生理需要得到满足之后，才会有其他的、更高级的需要。

(2) 安全需要，是指对于稳定安全，社会秩序，未来保障，免受恐吓、焦躁和混乱的折磨等的需要。如果生理需要相对充分地得到了满足，就会出现安全需要。

(3) 归属和爱的需要(也称社交需要)，是指要求与他人建立情感联系，如需要朋友、爱人或孩子，渴望在团体中与同事间有深厚的人际关系等，若社交需要得不到满足，则会使人产生孤独感和精神压力。在生理需要和安全需要都很好地得到了满足后，归属和爱的需要就会产生。

(4) 自尊需要，它可分为两类：一是希望有实力、有成就、能胜任、有信心，以及要求独立和自由；二是渴望有名誉或威信、赏识、关心、重视和高度评价等。自尊需要的满足使人充满信心，认为在这个世界上自己是有价值的、生活是有意义的，自尊需要一旦成为驱动力，就将具有持久的干劲。这些需要一旦受挫，就会使人产生自卑感、软弱感、无能感。

(5) 自我实现的需要，就是促使自己的潜能得以实现的心理需要。这种需要是希望自己越来越能成为所期望的人物，完成与自己能力相称的一切。例如，音乐家必须演奏音乐，画家必须绘画，这样他们才感到最大的快乐。但是，为满足自我实现需要所采取的途径是因人而异的。自我实现需要的产生有赖于前述四种需要的满足。

2) 马斯洛需要层次理论的主要观点

(1) 需要层次是一种动态理论。任何一种需要浮现于意识中，都取决于更具优势需要的满足或不满足状况。占优势的需要将支配一个人的意识，并自行组织去充实机体的各种能量；不占优势的需要则被减弱，甚至被遗忘或否定。当一种需要被平息，另一种更高级的需要就会出现，转而支配意识生活，并成为行为组织的中心，而那些已满足的需要就不再是积极的推动力了。

(2) 人类的需要是一种似本能需要。似本能的基本需要是一种内在的潜能或固有趋势。这种似本能需要在某种程度上是由体质或遗传决定的。因此人类的需要，即使是最基本的对食物的需要，也与动物有很大区别。似本能需要只有在适宜的社会条件下才会顺利表现出来。需要层次越高，其表现和满足就越依赖于外部条件；需要层次越高，与本能的区别就越鲜明，似本能的性质也就越突出；需要层次越高，其变异性、可塑性也就越大。

(3) 人类的需要可分为高级需要和低级需要。生理和安全需要为低级需要，自尊需要和自我实现的需要属于高级需要，归属和爱的需要起着过渡的作用。人的需要由低级到高级逐渐发展，自我实现的需要是人类的最高需要，是人类独有的，但不是每一个成熟的成年人都能自我实现。马斯洛认为,一个健全的人首先受"发挥和实现自己最大潜力与能量"这种需要所激励,在很大程度上能自己鞭策自己。

(4) 低级需要直接关系个体的生存(也称匮乏性需要)。如果这种需要得不到满足,个体将出现疾病或危机,如盐或食物的匮乏都会导致疾病。越是高级的需要,对于维持纯粹的生存也就越不迫切。但高级需要也不是与人的健康毫无关系的。这种需要的满足能使人健康、长寿、精力旺盛,产生更深刻的幸福感、宁静感,以及内心生活的丰富感。因而,高级需要也称为成长性需要。

马斯洛把人类的需要看成是一个组织的系统。并按优势出现的先后排列成一个系列,较系统地探讨了需要的性质、结构、发生、发展,以及需要在人生中的作用。他的理论得到了广泛的认可,尤其是在从事实践工作的管理中,该理论揭示了需要—激励—行为的关系,强调了人的不同层次的需要对动机的激发和影响作用。但这一理论忽视了社会环境对人的影响,也忽视了意识对动机的作用;强调了个人的发展,忽视了个人对社会的责任和义务。

借鉴需要层次理论的积极方面,则应该研究和掌握员工的需要结构,诱导员工高层次的需要。员工一旦具有符合组织利益的职业期待,就应提供相应的培训条件,使员工迸发出巨大的工作热情。

2. X 理论和 Y 理论

麦格雷戈概括了两种相互对立的动机理论:X 理论和 Y 理论。

X 理论推崇"经济人"假说,认为人天生是懒惰的,生活的目的就是追求物质方面的满足;人是不负责任、没有志向的,在允许的条件下,会消极怠工。因此这一理论强调工作动机的激励应当采用外源性的激励因素,如经济报偿等。

Y 理论是后期比较流行的理论。这种理论认为人是自我实现的人,工作是人们的一种需要,员工只有通过工作才能实现自我价值;员工能够自我监督和控制,能主动承担责任,具有创造精神。因此,这一理论强调工作动机的激励应当采用内源性的激励因素,如工作挑战性、自主性等。可见,这两种理论所涵盖的激励因素也是不全面的。

3. 激励—保健理论

赫兹伯格提出了工作动机的激励—保健理论(也称双因素理论)。这一理论认为,个人与工作是一种基本关系,个人对工作的态度在很大程度上将决定其成败。赫兹伯格总结出,工作满意与不满意并不是或此或彼、二择一的关系。满意的对立面不是不满意,满意的对立面是没有满意。也即令人满意的因素虽然被去除,并不一定会导致员工不满意,同样,令人不满意的因素虽然被去除,并不一定会导致员工满意。为此,赫兹伯格区分出了激励因子和保健因子。激励—保健理论认为,工作动机的激励应当从两方面入手。保健因素起防止人们对工作产生不满的作用。激励因素是影响人们工作积极性的内在因素。激励—保健理论具有一定的科学性,它启示我们:要调动和保持职工的积极性,首先要注意具备和改善保健因素,但更重要的是利用激励因素去激发职工的工作热情、充分调动其积极性。其次,激励—保健理论可用来指导奖金工作。要使奖金成为激励因素,必须让奖金与经营好坏，以及部门、个人的工作成绩挂起钩来。

虽然这一理论被广泛地应用于管理实践当中，但还是遭到了大量的批评，批评意见如下。

(1) 理论提出时的研究方法存在问题，没有考虑人的归因方式。
(2) 忽视了收入、地位、人际关系等保健因子对人的激励作用。
(3) 许多人指出这一理论更适合于解释工作满意度，而不是真正的激励理论。
(4) 这一理论认为工作满意度与生产率存在关系，但缺乏实证研究的支持。

5.2.2 当代的激励理论及应用

早期的激励理论虽然广为人知，但都经不起严密推敲。当代的激励理论有一个共同的特点，就是都有确凿的支持性材料，当然也不是不可辩驳。

1. ERG 理论

奥尔德弗在马斯洛提出的需要层次理论的基础上，提出了 ERG 理论。他的这一理论认为人有三种核心需要：即生存(Existence)的需要、相互关系(Relatedness)的需要和成长发展(Growth)的需要，因而这一理论被称为 ERG 理论。生存的需要与人们基本的物质生存需要有关，它包括马斯洛提出的生理需要和安全需要。第二种需要是相互关系的需要，即指人们对于保持重要的人际关系的需要。与马斯洛的社交需要和自尊需要分类中的外在部分是相对应的。最后，奥尔德弗把成长发展的需要独立出来，它表示个人谋求发展的内在愿望，包括马斯洛的自尊需要分类中的内在部分和自我实现需要中所包含的特征。

除了用三种需要替代了五种需要以外，与马斯洛的需要层次理论不同的是，奥尔德弗的 ERG 理论还表明：各种需要可以同时具有激励作用，多种需要可以同时存在。这与马斯洛主张的低层需要满足是高层需要的先决条件有所不同，而且 ERG 理论蕴涵了"挫折—退化"观点。马斯洛认为当一个人的某一层次需要尚未得到满足时，他可能会停留在这一需要层次上，直到获得满足为止；而 ERG 理论则认为，当一个人在某一更高等级的需要层次受挫时，那么作为替代，他的某一较低层次的需要可能会有所增加。例如，如果一个人社交需要得不到满足，可能会增强他对得到更多金钱或更好的工作条件的愿望。与马斯洛需要层次理论相类似的是，ERG 理论认为较低层次的需要满足之后，会引发对更高层次需要的愿望。

需要层次理论和 ERG 理论具有一定的共同性，这些理论所涵盖的激励因子在一定程度上是相互包容的。但是，ERG 理论强调员工个体差异，认为多种需要可以同时作为激励因素而起作用。管理措施应该随着人的需要结构的变化而做出相应的改变，并根据每个人不同的需要制定出相应的管理策略。

2. 三重需要理论

麦克里兰提出了三重需要理论，认为个体在工作情境中有以下三种主要的动机或需要。

(1) 成就需要。具有成就需要的人，对工作的胜任感和成功有强烈的要求，同样也担心失败。他们乐意甚至热衷于接受挑战，往往为自己树立有一定难度而又不是高不可攀的目标；他们敢于冒风险，又能以现实的态度对待冒险，绝不会以迷信和侥幸心理对待未来，而是通过认真的分析和估计；他们愿意承担所做工作的个人责任，并希望得到所从事工作的明确而又迅速的反馈。这类人一般不常休息，喜欢长时间、一心一意地工作，并从中得到很大的满足，即使真正出现失败也不会过分沮丧。

(2) 权力需要。具有较高权力欲望的人对影响和控制别人表现出很大的兴趣，这种人总是追求领导者的地位。因此，这些人常常表现出喜欢争辩、健谈、头脑冷静、善于提出问题和要求，喜欢教训别人等。进一步细分，经营者权力又可分为个人权力和职位权力。前者只由个人行使，后者需要与组织共同发展，自觉地接受约束，从体验行使权力的过程中得到一种满足。

(3) 归属需要。这是指人对建立友好亲密的人际关系的愿望。较高层次的人多具有友谊或归属的需要，他们通常从友好的人际交往中得到欢乐和满足。归属需要是保证社会交往和人际关系和谐的重要条件，因此管理者把这种需要看得比权力需要还重要。

这一理论认为，工作动机的激励需要考虑这三种需要的强烈程度，以便提供能够满足这些需要的激励措施。例如，成就动机高的人更希望能够独立负责工作，承担适度的风险以及及时得到工作情况的反馈。在此环境下，他们可以被高度激励。但高成就需要者并不一定就是一个优秀的管理者。高归属需要者渴望友谊，喜欢合作而不是竞争的环境，希望彼此之间能够沟通与理解。最优秀的管理者都是权力需要很高而归属需要很低的人。

3. 目标设置理论

目标设置理论是近来研究最多、影响最大的一种激励理论。美国马里兰大学管理学兼心理学教授洛克在研究中发现，目标本身就具有激励作用，目标能把人的需要转变为动机，使人们的行为朝着一定的方向努力，并将自己的行为结果与既定目标相对照，及时进行调整和修正，从而实现目标。

1) 目标设置理论的基本模式

目标有两个最基本的属性：明确度和难度。

从明确度来看，目标应该是明确的、具体的，明确的目标可使人更清楚怎么做，付出多大的努力才能达到目标。目标设定得明确，也便于评价个体的能力。从难度来看，目标要具有挑战性，必须通过努力才能完成。绩效是目标的效果，由目标的难度和目标的明确性组成，它与目标的难度呈线性关系。当把目标难度和明确度结合起来进行研究时，研究者发现人们对于明确的、有挑战性的目标完成得最好；而对于模糊的、有挑战性的目标，如告诉被试者"请尽力做得最好"，被试者完成的成绩呈中等水平；而模糊的、没有挑战性的目标导致最低水平的成绩。

2) 目标设置理论的扩展模式

在目标设置与绩效之间还有其他一些重要的因素产生影响。这些因素包括对目标的承诺、反馈、自我效能感等。

(1) 承诺。承诺是指个体被目标所吸引，认为目标重要，持之以恒地为达到目标而努力的程度。个体在最强烈地想解决一个问题的时候，最能产生对目标的承诺，并随后真正解决问题。当人们认为目标能够达到，而达到目标又有很重要的意义时，对目标的承诺就加强了。近来的研究发现，激励对产生承诺的作用是很复杂的。一般来说，对于无法达到的目标提供奖金只能降低承诺。对于中等难度的任务给予奖金最能提高承诺。

(2) 反馈。目标与反馈结合在一起更能提高绩效。目标给人们指出应该达到什么样的目的或结果，反馈则告诉人们哪些地方满足了标准，哪些地方尚有待改进。

反馈是组织里常用的激励策略和行为矫正手段。另外，反馈的表达有两种方式：信息方式和控制方式。信息方式的反馈告诉被试者任务完成得如何，这表明被试者可以控制自己的行为和活动。因此，这种方式能加强接受者的内控感。

控制方式的反馈则强调外界的要求和期望，如告诉被试者必须达到什么样的标准和水平。使被试者产生外控的感觉——他的行为或活动是由外人控制的。用信息方式表达反馈可以加强被试者的内部动机，可以使被试者最好地完成任务。

(3) 自我效能感。自我效能感就是个体在处理某种问题时能做到什么程度的一种自我判断。自我效能感越高，对自己在一项任务中获得成功的能力就越有信心。因此，在困难的情况下，自我效能感低的人更容易降低努力程度或放弃；相反，自我效能感高的人会在活动中克服困难、清除阻碍。自我效能感高的人对消极反馈的反应是更加积极努力，而自我效能感低的人面对消极反馈则会降低努力程度。

4. 强化理论

1) 强化理论的内容

斯金纳的强化理论也是应用很广的一种工作动机激励理论。这一理论认为行为的结果对行为本身有强化作用，是行为的主要驱动因素。这是一种行为主义的观点，认为当人们做出某种行为后，若看到所希望的结果，这种行为就会重复出现；当行为的结果不利时，这种行为就会减弱或消失。这就是环境对行为强化的结果。

强化有四种类型：正强化(积极强化)、负强化(消极强化)、自然消退(忽视和惩罚)。

(1) 正强化。正强化是奖励那些符合组织目标的行为，以便使这些行为得以进一步加强，重复出现从而有利于组织目标的实现。这是用某种有吸引力的结果对某一行为进行奖励和肯定，以期在类似条件下重复出现这一行为。

(2) 负强化。负强化是惩罚那些不符合组织目标的行为，以便使这些行为削弱，甚至消失，从而保证组织目标的实现。这是预先告知某种不合要求的行为和不良绩效可能引起的后果，从而减少和削弱不希望出现的行为。

(3) 自然消退。取消正常强化，对某种行为不予理睬。

(4) 惩罚。惩罚是用某种带有强制性的、危险性的结果来消除某种行为重复发生的可能性。正强化的科学方法是：应使强化的方式保持间断性，间断的时间和数量也不固定，亦即管理人员应根据组织的需要和职工的行为状况，不定期、不定量地实施强化。负强化的科学方法是：要维持其连续性，对每一次不符合组织目标的行为都应及时地给予处罚。

2) 强化理论的应用

(1) 经过强化的行为趋向于重复发生。所谓强化因素，就是会使某种行为在将来重复发生的可能性增加的任何一种"后果"。例如，当某种行为的后果是受人称赞时，就增加了这

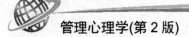

种行为重复发生的可能性。

(2) 要依照强化对象的不同采用不同的强化措施。人们需要的不同,强化方式也不同。例如,有的人更重视物质奖励,有的人更重视精神奖励,应区分情况,采用不同的强化措施。

(3) 小步子前进。对于人的激励,首先要设立一个明确的、鼓舞人心而又切实可行的目标,只有目标明确而具体时,才能进行衡量和采取适当的强化措施。同时,还要将目标进行分解,分成许多小目标,完成每个小目标后都及时给予强化,这样不仅有利于目标的实现,而且通过不断的激励可以增强信心。

(4) 及时反馈。所谓及时反馈,就是通过某种形式和途径,及时将工作结果告诉行动者。要取得最好的激励效果,就应该在行为发生以后尽快采取适当的强化方法。一个人在实施了某种行为以后,即使是管理者表示"已注意这种行为"这样简单的反馈,也能起到正强化的作用;如果管理者对这种行为不予注意,这种行为重复发生的可能性就会减小以至消失。

(5) 正强化比负强化更有效。在强化手段的运用上,应以正强化为主;同时,必要时也要对坏的行为予以惩罚,做到奖惩结合。

5. 公平理论

公平理论最初是由美国心理学家亚当斯提出来的。它是研究人的动机和知觉关系的一种激励理论。

1) 公平理论的内容

公平理论认为,个人总是将自己的付出和所得与相关的他人进行比较,如果他们感到自己的收入低于应得报酬,则工作的积极性将会降低,如果他们认为自己的收入高于应得报酬,则会激励他们努力工作以使自己的报酬合情合理。也就是说,人能否受到激励,不但受他们得到了什么而定,还要受他们所得与别人所得是否公平而定。

这种理论的心理学依据,就是人的知觉对于人的动机的影响很大。他们指出,一个人不仅关心自己所得所失本身,而且还关心与别人所得所失的关系。他们是以相对付出和相对报酬全面衡量自己的得失。如果得失比例和他人相比大致相当时,就会心理平衡,认为公平合理,心情舒畅;如果比别人高则令其兴奋,是最有效的激励,但有时过高也会使人心虚,不安全感激增;如果低于别人会产生不安全感,心理不平衡,甚至满腹怨气,工作不努力、消极怠工。因此,合理的分配常是激发人在组织中工作动机的因素和动力。

2) 公平理论的模式(即方程式)

$$Q_p/I_p = Q_o/I_o$$

其中:Q_p代表一个人对所获报酬的感觉;I_p代表一个人对其所做投入的感觉;Q_o代表这个人对某比较对象所获报酬的感觉;I_o代表这个人对比较对象所做投入的感觉。

3) 不公平时的心理和行为

当人们感到不公平待遇时,在心里会产生苦恼,呈现紧张不安,导致行为动机下降,工作效率下降。个体为了消除不安,一般会出现以下一些行为措施:通过自我解释达到自我安慰，主观上造成一种公平的假象，以消除不安；更换对比对象，以获得主观的公平；采取一定行为，改变自己或他人的得失状况；发泄怨气，制造矛盾；暂时忍耐或逃避。

6. 期望理论

弗鲁姆(Victor H. Vroom)率先提出了形态比较完备的期望理论模式。

1) 期望理论的内容

人之所以能够从事某项工作并达成组织目标，是因为这些工作和组织目标会帮助他们达成自己的目标，满足自己某方面的需要。弗鲁姆认为，某一活动对某人的激励力量取决于他所能得到结果的全部预期价值乘以他认为达成该结果的期望概率。用公式可以表示为：

$$M = V \times E$$

其中：M 代表激励力量，是指调动一个人的积极性，激发出人的潜力的强度；V 代表目标效价，是指达成目标后对于满足个人需要其价值的大小；E 代表期望值，是指根据以往的经验进行的主观判断，达成目标并能导致某种结果的概率。

弗鲁姆的期望理论辩证地提出了在进行激励时要处理好三个方面的关系，这也是调动人们工作积极性的三个条件。第一，努力与绩效的关系。人们总是希望通过一定的努力达到预期的目标，如果个人主观认为达到目标的概率很高，就会有信心，并激发出很强的工作力量；反之，如果认为目标太高，通过努力也不会有很好的绩效时，就会失去内在的动力，导致工作消极；第二，绩效与奖励的关系。人总是希望取得成绩后能够得到奖励，当然这个奖励也是综合的，既包括物质上的，也包括精神上的。如果他认为取得绩效后能得到合理的奖励，就可能产生工作热情，否则就可能没有积极性；第三，奖励与满足个人需要的关系。人总是希望自己所获得的奖励能满足自己某方面的需要。然而由于人们在年龄、性别、资历、社会地位和经济条件等方面都存在着差异，他们对各种需要得到满足的程度就不同，因此对于不同的人，采用同一种奖励办法能满足的需要程度不同，能激发的工作动力也就不同。

2) 期望理论的应用

对期望理论的应用主要体现在激励方面，这启示管理者不要泛泛地采用一般的激励措施，而应当采用多数组织成员认为效价最大的激励措施，而且在设置某一激励目标时应尽可能加大其效价的综合值，适当加大不同人实际所得效价的差值，加大组织期望行为与非期望行为之间的效价差值。在激励过程中，还要适当控制期望概率和实际概率，加强期望心理的疏导。期望概率过大，容易产生挫折，期望概率过小，又会减少激励力量；而实际概率应使大多数人受益，最好实际概率大于平均的个人期望概率，并与效价相适应。

5.2.3 激励理论在实践应用中的问题

综观上述种种激励理论，所有的模型都有其合理的一面，在实践中也有应用，但也都有其片面性，没有一种可以包含所有激励因子、适用于不同行业的激励模型，而且不同动机激励理论的侧重点和适用的具体条件也都是不尽相同的。

(1) 激励—保健理论似乎更适合管理人员、专业人员和高层白领的工作动机激励。

(2) X 理论可能更适合那些简单、机械、不需要很多创新性、挑战性低的行业和工作岗位，如组织内层级较低的工作。而 Y 理论可能更适合那些工作本身对个人具有很大吸引力，能够体现个人的能力和才华的工作，如高层管理工作。

(3) 目标设置理论应用的前提是必须能够对员工的工作设定明确的、可测量的目标和要求。但某些工作，如科研工作，又很难设定明确的工作目标。

(4) 强化理论只注重个体行为的效果。对于团队作业来说，团队的配合比个体的努力更为有效，所以这种理论很难应用于团队管理。另外，这一理论也不适合那些很难观测具体工作行为的工作，如律师、CEO 等。

因此，在特定的组织环境中进行工作动机的激励，应当充分考虑诸多相关的因素。而行业因素对于工作动机的激励同样具有非常重要的意义。这是因为，组织所属行业的特性在很大程度上会影响组织内部有关员工激励的管理实务。例如，传统的加工和制造业生产取向明显，比较容易推行计件工资制；而高新科技行业的工作结构化较低，研发取向明显，薪酬制度应该更多地考虑员工的能力和素质。

[案例]

安利制胜的另类法宝——人性化的激励制度

一家经国家三部委批准的直销公司，安利(中国)有着先进的销售人员激励制度，由此产生的销售人员忠诚度使安利的全球化市场战略的宏伟目标得以实现。

安利销售人员的嘉奖制度，是对优秀员工激励制度的完美诠释。帮助销售人员相信自我、挑战自我和成就自我，使得安利的骨干销售队伍固若金汤，并由此提升了顾客满意度和忠诚度，从而使员工更加明白努力工作是为了什么。

无论是享有"购物天堂"美称的香港，还是"欧洲之花"的巴塞罗那，都可以看见不同肤色的安利销售人员的身影，这就是安利施行的"旅游研讨会"激励法。旅游形式的产品、销售技能研讨会使销售人员既丰富了知识，增加了阅历，又陶冶了情操，放松了身心。而在安利团队旅游中享受的那份尊荣，有着独自旅游无法体验的快乐。每个参加过这种活动的销售人员，回来后都无不更加勤勉地工作。

安利公司的专业知识培训很有特色，并富有成效。首先，它要求每个安利产品的营业代表要有展示自我的勇气，并熟悉产品的性能、性价比演示及其独有的销售主张。安利的培训不仅仅是聆听，更多的是销售人员的自我展示，是销售人员锲而不舍的精神和良好的心理承受能力。安利为每一位即将成为产品销售代表的培训对象，在将来的具体工作中会遇到的一些问题做了预见性分析，并为他们提供了客观的解决、借鉴方法，免除了他们在解答客户咨询时难以周全的尴尬。同时，通过这种不间断的延续性培训，无形中增加了整个销售团队的凝聚力。

安利公司认为，销售代表的精神面貌是企业的一面镜子，销售代表的销售技巧和热情在很大程度上决定了产品的市场占有率，尤其在一般日用消费品市场上表现得更为突出。在这个过程中，销售人员应该能看到自己的明显进步，激发他们不断完善自我的决心和信心。

ERG 理论正受到安利公司的关注，根据中国的实际情况，安利将销售代表的需要分为三类：生存需要，即生理及安全方面的物质需要；关系需要，即人际关系及与社会结构有关的方面；成长需要，即与个人进步及成长有关的方面。这些需要能否得到满足，将影响销售代表的忠诚度。

安利公司给予销售代表的不仅仅是他们对于物质上的渴望，更给了他们对事业和精神上的追求。安利公司对销售代表忠诚度的维护，不只是单纯依赖加薪和升职，更通过公司独有的凝聚力及人文气息感染他们，让他们觉得公司不再是为了薪金和职位而拼杀的战场，更是关怀他们成长的"家庭"。

激励的目的是追求利润的最大化和建立一个具有凝聚力的团队以吸引并留住优秀的人才。高工资、高奖金、晋升机会、培训、优厚的福利等方法只是满足人性最初期、最原始的本性。能唤起人最光辉、最有价值、最宝贵的忠诚与创新的还是包容与信任，这是不能被冷落更不能放弃的最好的绿色激励。

人的激励机制可分为三个层次：物质激励、荣誉激励、个人价值激励。物质激励也就是较为直观的工资、奖金、福利，它讲究的是价值的对等。荣誉激励包括授予称号、颁发证书及奖状等。因此，荣誉激励最理想的是用在宏观舆论的导向与宣传上。个人价值激励则是人的最高追求，也是最成熟的境界。这种激励就是信任和包容。通俗地讲，信任就是把人当成人看；包容就是体谅、理解和唤醒人内心良知的工具及过程。

[案例评析]

信任他人，不仅能有效地激励人，更重要的是能塑造人。在这样的境界中，人性的本能驱使自己要维护这一方相互信任的净土，这是物质激励无法达到的。

资料来源：王德清，陈金凤. 现代管理案例精析[M]. 重庆：重庆大学出版社，2004.

习　题

一、名词解释

动机　需要　行为　激励　需要层次理论

二、思考题

1. 通过本章所学的内容，全面分析激励的策略和方法具体有哪些。
2. 如何评价马斯洛需要层次理论。
3. 不同动机激励理论的侧重点和使用的具体条件都是不尽相同的，简要分析激励—保健理论、X 理论和 Y 理论、目标设置理论及强化理论。

第 6 章　群体心理与管理

群体是一种社会现象。在人类社会活动中，人们不能脱离人群单独存在。"物以类聚，人以群分"。尤其是在社会化大生产专业分工协作高度发达的今天，个人与群体、组织、社会的联系和制约更加密切，社会更加需要群体的力量来实现个人无法达到的目标。因此，研究群体是管理心理学的一个重要内容。本章的主要内容如下。

- 群体的概念与特点。
- 群体的凝聚力、士气与高效率。
- 群体人际关系的障碍与克服。
- 群体的冲突与调适。

6.1　群体的概念、特点及非正式群体

6.1.1　群体的概念及分类

1. 群体的概念

群体也称团体，是指人们彼此之间为了一定的共同目的，以一定方式结合在一起，彼此之间存在相互作用，心理上存在共同感并具有情感联系的两人以上的人群。社会群体的形成是在人类社会早期阶段，整个社会发展水平极为低下时，人们共同活动的群体形式最初是以血缘关系为纽带的原始群、血缘家庭和家族，以及稍后出现的以地域关系为纽带的村社等。它们都是人类发展的初级社会群体形式。随着社会分工的发展，阶级的出现，人们之间的社会关系以及人们的社会活动日趋复杂，社会群体为适应社会及社会成员的需要逐渐形成并发挥作用。但这时人们的社会关系和共同活动的形式还是以初级社会群体为主。人类社会进入工业社会以后，社会生产力飞速发展，社会分工越来越细，社会生活和社会关系越来越复杂，初级社会群体在很多方面已无法适应社会发展和社会活动的需要。因此，完成特定目标和承担特定功能的社会群体的大发展就成为近代社会发展的必然趋势。

作为群体结合在一起的人群，与由于时间和空间上的某些因素偶然聚合在一起的人群不同，群体具有以下特点。

(1) 群体成员之间具有一定的共同目标。这个目标是群体成员之间都能相互意识，并且为了实现这一目标，其成员相互作用、共同努力，群体也通常会制定一系列规范，在此基础上产生以群体活动为主体的共同活动。长期存在的群体往往还有自己的价值观、态度倾向与行动方式。

(2) 群体是组织化的人群，具有一定结构。群体是由至少两个人或两个以上的人组成的，成员是相对固定的，群体内每一个成员，都在群体中占据一定的位置，并执行着一定的角色，有一定的权利和义务，并且领导或协作成员去实现群体的目标。

(3) 群体成员具有群体意识和归属感。群体成员之间相互依存、彼此认同，在心理上都能意识其他成员的存在，也能意识自己是群体中的一分子，在思想、感情、心理上建立起密切的联系，并存在一定的相互作用与相互影响。

(4) 群体是一个开放的系统，对每一个群体来说，不仅自身要与周围环境进行物质、人员、信息的交换，而且还根据与其他群体的关系，在更大的范围内和更高的水平上与外界环境进行各种形式的交换。一个群体如果绝对地自我封闭，那它的生命也就终止了。

偶然聚合的人群是没有共同目标和隶属感，没有结构与社会角色分化的。社会心理学家莱茨曼等人称这类人群为聚合体。例如，路口等绿灯过街的人群、电影院中的观众和飞机上的乘客，都属于这种非群体性的人群聚合体。不过，聚合体也可以转化为群体。被劫持的飞机上的乘客，为了一个共同的制伏罪犯、求得生存的目标，可能会很快分化成为一个结构化的群体。

2. 群体的分类

群体的分类很复杂，按照不同的标准可以对群体作出不同的分类。

1) 正式群体和非正式群体

正式群体是由组织结构确定的、职务分配很明确的群体。成员之间的关系由正式的规章制度作出详细和具体的规定，如军队、政府机关。非正式群体既没有正式结构，也不是由组织确定的联盟，它们是人们为了满足社会交往需要在工作环境中自然形成的。成员之间比较自由、松散，如业余活动团体。

非正式群体通过满足其成员的社会需要而发挥作用。交往比较频繁，员工之间这种相互作用的非正式群体，对员工的行为和绩效的影响也是很重要的。

2) 命令型、任务型、利益型、友谊型群体

命令型和任务型群体多见于正式组织中，而利益型和友谊型群体多见于非正式组织中。

命令型群体由组织结构规定，并由直接向主管报告工作的下属组成。例如，学校校长和他管辖的教师组成的命令型群体。

任务型群体也是由组织结构决定的，是为完成工作任务而聚合在一起工作的人。任务型群体不仅局限于直接的上下级关系，还可能跨越直接的命令关系。例如，一个学生犯了错误，校长、教导主任、班主任经过沟通，组成了一个任务型群体，都对该学生进行了批评教育。任务型群体可以由来自组织中各个部门、各层次的人组成，因此任务型群体不一定是命令型群体。

利益型群体是大家为了一个共同关心的目标而走到一起来的群体。例如，为增加福利而结合在一起，组成一个群体，以实现他们共同的目标。

友谊型群体是交往中的成员由共同的特点和爱好吸引而形成的群体。这种群体往往在工作之外形成，共同特点可能是年龄相近、观点相似等。

3) 大团体、小团体和小小团体

人数众多，成员之间无法直接接触、认识和交往的团体叫大团体。民族、阶级、政党、学校等团体都是大团体。小团体与大团体的根本区别在于小团体的成员是处于面对面的关

系，进行直接接触和交往。小团体规模的上限一般在20~30人。学校中的班级、工厂中的工会小组等就是小团体。在小团体中成员之间的交往、接触是没有限制的，但他们之间的交往频率和亲密度是有差别的。在小团体中那些交往更频繁、更亲密的小圈子称为小小团体。它的人数一般在2~7人。

4) 隶属团体和参照团体

隶属团体是指个体为其正式成员的团体。参照团体是指为个体提供如何评价自己的价值观、信念、行为和目标的团体。参照团体并不总是个体所属的团体，它可能是个体想加入的团体。例如，一些大学生把已经考取研究生的同学作为他们的参照团体，他们以研究生为榜样来塑造自己的行为。在人的社会生活中，参照团体是不可少的。因为每个人都被社会期待着去担当许多不同的角色。参照团体就成为人们观察世界其他部分的依据。

除了上述几种分类外，还可以根据人们的活动内容区分出工作团体、闲暇团体、政治团体、经济团体、军人团体、宗教团体等；可以根据团体的亲密程度区分出首属团体和次属团体；可以根据团体的发展水平区分出聚合体、团体、集体等。

6.1.2 群体的心理特点及行为特征

1. 群体的心理特点

群体心理是指群体成员在群体活动中共有的、有别于其他群体的价值、态度和行为方式的总和，它是在群体成员的共同活动中，互相影响、互相作用下形成的，是群体成员同社会发生各种联系过程中所产生的心境、情绪、认识和反应。群体心理的来源是个体心理，但它不是个体心理的简单相加。群体心理一旦形成，就会成为群体成员心目中共有的评价和情感体验，进一步影响群体成员的行为。群体对个体的影响具有以下四种心理特点。

(1) 群体的归属感。群体各成员之间相互作用，行为表现一致，同一群体一致对外，彼此都体会到同属一个群体，这就是归属感。群体受到外界压力时，这种归属感表现得更为强烈。

(2) 群体认同感。群体成员对一些重大的原则性问题，往往都保持共同的认识和评价，这就是认同感。这种认同是潜移默化的，尤其是在对外界情况不明时，群体对成员的影响更大。

(3) 群体角色感。一个人在群体内长期所处的角色，会使人逐渐形成一种特有的惯性心理，使其言行举止和思维方法都打上"角色"的烙印。

(4) 群体的力量感。当一个人表现出符合群体规范的行为时，群体就会对其赞赏和鼓励，强化其行为，使其增强了力量感。

2. 群体规范及其作用

1) 群体规范的概念

群体规范是指群体中每个成员认同和必须遵守的言行的标准。为了保证群体的一致性，每个群体都必须确定自己的言行标准，群体规范有正式规范和非正式规范之分。所谓正式规范，是指存在于正式群体中，并且往往是用成文的正式法规，由上级或群体中其他成员监督执行的，如各种规章制度、守则等，违背者要根据情节轻重，由正式群体给予批评、警告、处分等。非正式规范不是明文规定的，而是成员中约定俗成、默契信守的行为标准，如风俗、传统等。这种规范虽然不是正式规定的，但能被每个成员意识到，并自觉遵守，如果违背了往往会受到舆论的谴责，或他人的冷淡。非正式规范不仅存在于非正式群体中，而且也存在于正式群体中。非正式规范可能和正式规范一致，也可能不一致，如食堂正式规定的午饭时间是12点，但人们习惯于11点45就去食堂了。在这种情况下，一般人们是按照的是非正式规范行为而不是按正式规范行为。

群体规范具有一种公认的社会力量，引导和限制个人的态度和行为，通过群体规范不断内化人的心理尺度，使个体在社会化过程中发挥作用。

2) 群体规范的形成和功能

群体规范的形成受模仿、暗示、从众(在群体中当个人与多数人的意见和行为不一致时，个人放弃自己的意见和行为，表现出与群体中多数人相一致的意见和行为，这种现象就叫从众。从众也就是我们日常俗语中所说的"随大流"。)等社会心理因素的影响。群体规范会形成一种无形的压力，约束着群体成员的行为，而这种约束并未被人意识到。

群体规范的功能如下。

第一，群体支柱功能。严格的被成员认同的群体规范，使群体的关系更加团结紧密。也就是说，群体规范是一切群体得以维持、巩固和发展的支柱。

第二，评价标准的功能。群体规范一旦被成员认同，就会成为群体成员行为规范的参照标准，并用这一标准来衡量评价他人是非。

第三，行为导向功能。群体规范告诉成员什么情境下应该怎样行为，不应该怎样行为，促使成员按照规范进行活动。

第四，惰性功能，即群体规范有保守的功能。群体规范会制约成员行为，使成员言行标准化，整齐划一，因此对一切偏离规范的行为都要限制，并且将其重新规范进来。这种作用体现为多数成员对偏离规范的成员采取排斥的态度。但是，群体规范代表的是多数人的意见，反映的是中等水平，不论是特别先进的还是特别落后的都被视为异端，都受到排斥。这就出现了群体中打击先进的现象。因此，这是一种惰性的、保守的功能。

上述功能在群体中的正式规范和非正式规范中都有不同程度的表现，并且非正式规范比正式规范表现得更为明显，这是因为非正式规范与人际关系有密切的联系。因此，管理者应该更加重视研究非正式规范的形成和作用。

3. 群体的行为特征

群体成员的行为趋向构成了群体的行为特征。

(1) 助长倾向。这是指当他人在场或和他人一起活动时，个体行为效率有提高的倾向。也就是说，在群体中，个人的工作有增质增量，干得又快又好的倾向。产生这种情况的原因有三点：第一，多数人一起活动，个人有被他人评价的意识，从而增强动机，提高了兴奋水平；第二，和他人一起工作可以互相模仿，改进方法；第三，和他人一起工作可以减少因单调、枯燥、孤独而造成的心理疲劳。

(2) 顾虑倾向。这是指个体在大众面前感到不自在,感到拘谨,从而影响行为效果。产生这种作用的原因有两个:第一,他人在场的外在刺激分散了个人的精力集中,起到干扰的作用;第二,被他人评价的意识过强,会产生焦虑,从而涣散了精神。顾虑倾向因人而异,一般来说,性格内向的人明显,外向的人不明显。

(3) 标准化倾向。个人对事物的知觉、判断以及工作的速度,在独处时差异很大,但在群体中,其个体差异明显变小,趋于同一目标。

(4) 服从行为。这是个体按照社会要求、团体规范或别人的意志而做出的行为。这种服从一方面是在群体的影响下服从的,另一方面是对权威的服从。

6.1.3 非正式群体

1. 非正式群体的概念

非正式群体是相对于正式群体而言的。正式群体是指为了达到与组织任务有明确关系的特定目标,根据编制、章程或其他要求正式成立的群体。而非正式群体是指那些以个人之间的好感和喜爱为基础而结成的朋友、同伴等带有鲜明情绪色彩的关系。非正式群体是不定型的、多样的、多变的。

2. 非正式群体形成的原因

非正式群体的形成可能有以下四种原因。

(1) 兴趣爱好相同。有共同兴趣爱好的人有共同语言,容易结成非正式群体,如自发组成的球迷协会、书法协会等。

(2) 利益和态度观点一致。非正式群体对人、事、物的认识看法相同,有共同的追求,他们会因产生"合得来"的感觉而组织在一起。

(3) 地理位置相近。发生相互作用的频率高,信息和感情交流的机会多,容易形成非正式群体。

(4) 生活背景、经历、年龄相近。相近的背景、经历和年龄的人有相同的感受,容易沟通理解,从而形成非正式群体。

3. 非正式群体的特点

(1) 自发形成。组织中除了存在着为了实现组织目标而明确规定各成员相互关系和职责范围的正式群体之外,还存在着非正式群体。这种非正式群体是自发形成的,它的作用在于维护其成员的共同利益,使之免受其内部个别成员的疏忽或外部人员的干涉所造成的损失。为此非正式群体中有自己的核心人物和领袖,有大家共同遵循的观念、价值标准、行为准则和道德规范等。

(2) 依靠情趣、情感、共同的需要等因素来维持。非正式群体就是组织成员在共同工作的过程中,由于抱有共同的社会感情而形成的非正式团体。例如,在一家企业里,在同一车间的同事之间,或者在兴趣相同的人之间,或者因职务关系接触较多的人之间,有各种各样的来往,从而会形成各种各样的群体,这是很自然的事。这些人的往来,不是按照正常的隶属关系进行的，这是非正式群体的重要特征。

(3) 具有强有力的群体规范。非正式群体的规范是不成文的、无形的，但它从非正式群体成员的共同利益、需要、情趣和爱好出发，规范群体成员的行为、调节群体内部的关系，往往比正式群体的规范更具有约束力。

(4) 具有自卫性、排他性和相对不稳定性。非正式群体是由共同的利益形成的，为了维护成员的利益，具有排他性和自卫性。同时，由于群体成员之间没有固定的一致的行为规范，与正式群体相比，还具有相对的不稳定性。

4．非正式群体的作用

从管理者的角度出发，相对于正式群体来说，非正式群体的作用有积极的一面，也有消极的一面。

1) 积极作用

(1) 安定的作用。成员在情绪上得到满足，感到愉快。在遇到挫折时得到心理支持，保持情绪上的稳定。

(2) 加强意见沟通。非正式群体关系中的成员意见沟通畅通而快速，对正式沟通起到拾遗补阙的作用。

(3) 舆论的作用。一切舆论都起源于非正式群体，非正式群体中的舆论对个人的约束力特别大。

(4) 解决困难。成员之间交往密切，了解情况细致，能及时发现问题，相互之间感情深，愿意提供帮助，并且能集思广益，无论是工作上的或生活上的困难，一般都能帮助解决。

(5) 教育作用。成员之间感情融洽，沟通中没有心理障碍，来自非正式群体中的说服往往事半功倍。

2) 消极作用

(1) 抵触作用。如果非正式群体和正式群体的目标是矛盾的，那么非正式群体就会起到抵制正式群体目标的作用，成员会表现出对工作任务持消极甚至拒绝的态度和行为。

(2) 影响工作效率。如果安排不当，成员热衷于非正式群体的活动，上班时间打牌、聊天等，就会影响工作。

(3) 传播谣言。谣言通常是在非正式群体里传播的，而且谣言也经常发源于非正式群体。

5．对非正式群体的管理

1) 正视和重视非正式群体的存在

不能忽视和否认正式群体中存在的非正式群体。第一，非正式群体的存在是一种客观现象，又是一种普遍现象，因为正式群体不可能满足人的一切需要。第二，非正式群体与正式群体之间不必定是矛盾的，处理得好还会有利于正式群体的建设。第三，非正式群体对人的影响较大，甚至会超过正式群体。因此，对组织中的非正式群体应十分重视。

2) 利用非正式群体的积极性

第一，利用非正式群体的凝聚力来增强正式群体的团结。第二，通过非正式群体的首领来完成一些工作任务。第三，利用非正式群体来传达信息。

3) 针对不同性质的非正式群体采取不同的管理方法

第一，鼓励并支持积极的非正式群体。对与正式群体目标一致的非正式群体予以支持。第二，引导和改造消极的非正式群体。对虽然不是与正式群体对抗，但也没有起积极作用，而起消极作用的非正式群体，如把成员的大量精力和时间引向娱乐消遣，或搞一些不利于成员身心健康的活动，管理者应给予正面的引导，使其健康发展。对于那些与正式群体相对立的，有严重破坏作用的非正式群体要认真解决，应改造，或取缔。但在具体的做法上要慎重，处理不当会造成严重的后果。

6.2 群体的凝聚力、士气和工作效率

6.2.1 群体的凝聚力

1. 群体凝聚力的概念

群体凝聚力是指群体对个体成员的吸引力，或使群体成员愿意留在群体内的力量，也指成员之间的吸引力。它表现为成员对群体的认同感、归属感和力量感。群体凝聚力的高低，在很大程度上决定着群体行为的效率和效果。如果这种吸引力达到一定强度，成员之间协调一致，彼此赋予一定的价值时，这个群体就具有较高的凝聚力。相反，成员互不信任，对群体不认同，甚至人心涣散，那就表明群体的凝聚力很低。

2. 影响群体凝聚力的因素

(1) 群体成员在一起的时间。如果你很少有机会看到他们，或没有机会与他们交往，那么你多半就不会被其吸引。因此，人们在一起的时间长短，影响相互的凝聚力。

群体成员在一起的机会取决于他们之间的物理距离。地理位置越接近，群体成员的关系越亲密。

(2) 加入群体的难度。加入一个群体越困难，这个群体的凝聚力就可能越强。例如，经过几轮激烈的竞争才能进入这个群体，这一群体由于共同的经历增强了群体成员之间的凝聚力。

(3) 群体规模。群体规模越大，群体的凝聚力就越小。随着群体规模的增大，群体成员之间的互动变得更困难，群体保持共同目标的能力也相应减弱。群体内部再产生小集团一般也会降低整个群体的凝聚力。

(4) 群体成员的性别构成。女性的凝聚力量高于男性。对此一个合理的假设是，与男性相比，女性与自己的朋友、同事、伙伴竞争较少，而合作较多，这样就有助于女性群体凝聚力的增强。

(5) 外部威胁。如果群体受到外部攻击，群体的凝聚力会增强。在群体外部竞争十分激烈的情况下，或在群体生死存亡的紧急关头，群体的凝聚力也会增强。

(6) 以前的成功经验。如果群体一贯有成功的表现，就容易建立起群体合作精神来吸引和团结群体。例如，成功的公司与不成功的公司相比，更容易吸引和招聘到新员工。

6.2.2 群体的士气

1. 群体士气的概念

与群体凝聚力相联系的是群体士气。群体士气是指群体所具有的一种高昂斗志状态，表明群体为完成工作任务时的积极进取态度和顽强奋斗的精神。群体士气就是群体成员普遍表现的态度，反映一个群体的精神状态，是决定群体取得绩效大小的基础。一个群体有高昂的士气，就可以迸发出巨大的力量；反之，则会失去战斗力。

2. 影响群体士气的因素

(1) 目标相同。士气就是群体成员的一种群体意识，代表一种个人成败与群体成就相关的心理状态，这种心理是个人目标与群体目标协调一致时才能发生的。

(2) 合理的经济报酬。有时合理的经济报酬代表一个人在组织中的成就、贡献和社会地位，因此经济报酬和奖励一定要合理，否则会挫伤员工的积极性，降低士气。

(3) 工作满意感。这是指工作本身能够令人满意，这种满意包括符合个人兴趣、爱好、能力，具有一定的挑战性，有利于施展个人的才干。

(4) 管理者良好的品质和风格。管理者的品质和风格对下属的工作态度影响很大。管理者如果具有比较民主、关心员工的疾苦、善于听取员工的建议和意见、以身作则等品质或风格，那么他所管理的团队大多士气高昂；反之，则人心涣散，影响工作效率。

(5) 群体和谐。一个士气高昂的群体，必然是一个高凝聚力的群体。成员之间彼此认同、相互关心、相互体谅的群体士气较高。

(6) 好的工作环境。适宜的工作环境对人的身心健康具有重大影响，只有具备了健康的身体和好心情，才能提高工作效率。

6.2.3 群体凝聚力、士气与工作效率的关系

1. 群体凝聚力与工作效率的关系

研究表明，群体凝聚力与工作效率之间存在两种相反的关系。也就是说，凝聚力并不是在任何条件下都对工作效率有积极的影响，有时也会有消极的影响，决定的因素是对凝聚力的方向性的引导。

(1) 无论凝聚力高低，积极诱导都能提高工作效率，而且凝聚力高的群体，工作效率更高；消极的诱导明显地降低了工作效率，而且凝聚力高的群体，工作效率更低。也就是说，高凝聚力的群体比低凝聚力的群体更容易受诱导因素的影响。

(2) 群体凝聚力越高，其成员就越遵循群体的规范和目标。因此，如果群体倾向于努力工作，那么高凝聚力的群体的工作率就会更高。但是，假如群体的凝聚力很高，却倾向于不认真工作，结果就会大大降低工作效率。可见群体规范是决定群体凝聚力与工作效率的重要因素之一。

(3) 对群体进行积极引导是关键的因素，管理者必须在提高凝聚力的同时，提高群体的工作标准和规范水平，加强对群体成员的积极引导，克服消极因素，使群体的凝聚力真正成为促进工作效率的动力。

2. 群体士气与工作效率的关系

群体士气与工作效率有密切的关系，但士气与工作效率之间不是简单的对应关系。管理者如果以严格的方式管理员工，可能会出现高的工作效率，但员工士气低落，这种情况下的高效率不可能维持太长时间，员工的不满和抱怨不断增加，工作效率随后就会下降；管理者如果只关心员工的需要，协调群体成员之间的关系，而忽视了工作目标和任务的完成，就会造成一团和气地怠工，这种管理将导致高士气、低工作效率；如果工作目标与员工的需要趋于一致，群体能接受组织的目标，就能出现高士气、高工作效率的状况。因此，管理者既要关心员工的需要，调动员工的积极性，又要把员工的积极性引导到工作中，提高工作效率。

总之，群体士气是高工作效率的必要条件，但不是充足条件。也就是说，士气低落不可能有高的工作效率，而高的士气也不必然会带来高的工作效率，但低的士气绝不会有高的工作效率。

6.3　群体人际关系

6.3.1　人际关系概述

1. 人际关系的概念

从广义上来看，人际关系是指人与人之间的关系，包括社会中所有的人与人之间的关系，以及人与人之间关系的一切方面。显然，此种定义没有揭示出人际关系的特殊性。从狭义上来看，人际关系是人与人之间通过交往与相互作用而形成的直接的心理关系。它反映了个人或群体满足其社会需要的心理状态，它的发展变化决定于双方社会需要满足的程度。从历史上来考察，人际关系是同人类起源同步发生的一种极其古老的社会现象，其外延很广，包括朋友关系、夫妻关系、亲子关系、同伴关系、师生关系、同事关系等。人际关系受生产关系和政治关系的制约，是社会关系中较低层次的关系；同时，它又渗透在社会关系的各个方面，是社会关系的"横断面"，因而又对社会关系具有反作用力。它直接影响着人们的心理环境和社会环境。每个个体都生活在各种各样现实的、具体的人际关系之中。一言以蔽之，人际关系是指人与人在相互交往过程中所形成的心理关系。

2. 人际关系的形成

每个人都具有人际关系的需要，这些需要分为三类。

1) 包容的需要

这是指希望与别人建立并维持和谐关系的欲求。基于这个动机产生的待人行为特征有交往、沟通、参与、融合等。

2）控制的需要

这是指在权利上与别人建立并维持良好关系的欲望。其行为特征是：运用权力、权威，以超越、影响、控制、支配他人，使他人依附于自己。

3）感情的需要

这是指在感情上与他人建立并维持良好关系的欲望。其行为特征是：爱慕、亲密、同情、友善、热心、照顾等，在遭受挫折时，则表现出憎恨、厌恶、冷淡等特征。

3．群体中人际关系的表现

在群体或组织中，人际关系主要表现为以下三种形式。

1）管理者与被管理者之间的关系

在工作状态下，管理者与被管理者是上下级关系，除此之外，还可能是朋友或其他关系。在人格上管理者与被管理者应该是完全平等的，但事实上管理者与被管理者之间存在着一定的矛盾和冲突，需要在工作中不断地完善。

2）员工与员工之间的关系

员工与员工之间除了工作上的同事关系外，还有个人关系，有的比较亲密、友善，有的存在矛盾和冲突，需要在管理中教育和引导。

3）管理者与管理者之间的关系

管理者与管理者之间应该是分工合作、相互支持、相互尊重的关系，但由于管理者之间观念、个性、认识等不同，不可避免地会在工作中出现矛盾、分歧，并影响工作。因此，管理者之间的关系也不能忽视。

4．人际关系在管理中的重要作用

人际关系在管理中的重要作用主要表现在以下三个方面。

1）人际关系影响群体凝聚力和工作效率

凝聚力是群体工作得以发挥效率的前提，而良好的人际关系是群体凝聚力的基础。人际关系的好坏，直接影响员工的工作积极性和经济效益。如果员工之间关系融洽，工作上共同协作，那么群体凝聚力增强、士气提高，员工就能焕发出工作积极性和工作热情。

2）人际关系影响员工的自我发展和自我完善

个体在自我发展的过程中，既要受到外部环境的影响也要受到人与人之间关系的影响。研究表明，良好的人际关系常会导致一种社会助长作用。建立良好人际关系，就是要鼓励员工互相学习，取长补短，加速员工的自我发展和自我完善。

3）人际关系影响精神文明的建设

人际关系实际上体现的是一种社会关系、伦理道德关系等。人际关系也是精神文明建设的一个重要组成部分。员工之间相互尊重、相互信任、相互帮助，精神文明程度就高；反之，就会影响精神文明的建设。

6.3.2 人际关系的类型

从不同的角度可以对人际关系做出不同的分类。了解人际关系的特点，对管理者协调人际关系有十分重要的意义。

(1) 和谐稳定型。这是一种最亲密的人际关系。双方经过长期交往之后达到认识一致，并彼此有深刻的了解，感情融合达到一定水平，在工作、生活中行为配合默契时表现出的人际交往状态。这种人际关系，和谐是前提，稳定是它的突出特点。这种关系一旦形成，便会经受住患难、危险的考验，共渡难关。

(2) 互需互补型。这也是一种健康亲密的人际关系，在交往中，彼此从对方身上找到弥补自身不足的因素，又使自己体验到需要满足的愉悦，从而形成双方互相依赖、依恋的交往关系。这种交往是以双方互相取长补短为前提的，在工作群体中同事关系如能达到此种形态，则工作配合协调默契，工作效率提高。

(3) 互酬互惠型。这也属于一种比较和谐的人际关系，但这种关系更多地带有功利色彩，缺乏感情基础。因此，这种人际关系的亲密程度就差了许多。在交往中，互酬是维持关系的基础，彼此对于对方的功利需要是交往关系的前提。一旦需要消失，交往关系也就终止。现实生活中，"用得着是朋友，用不着是陌生人"就是这种人际关系形态。

(4) 僵持排斥型。交往双方在交往中由于认识上的分歧或感情上的不满，或者因为交往行为不便(如怕别人非议、行为方式不协调等)，而使双方不愿相见，害怕接触，而使交往停止。在现实中这种人际关系很多，打破僵持局面对建立群体和谐的人际关系有重要的意义。

(5) 冲突型。这种人际关系已到矛盾激化至不能相容的地步。交往双方彼此已结下很深的成见而急于"摊牌"，感情上相互排斥达到仇视、厌恶的地步，使正常交往很困难，甚至交往会扩大分歧。这种人际关系无论对工作、对群体、对个人都是不利的。

6.3.3 群体人际关系的障碍与克服方法

群体人际关系出现障碍的原因是多方面的，如信息沟通不畅、组织结构不合理、管理层办事不公正等。在人际交往过程中，出现一些困难或不适应是难免的，但如果个体的人际关系严重失调，人际交往时常受阻，就说明存在着交往障碍。

1. 常见的人际交往障碍

1) 认知障碍

认知障碍在人际交往中表现突出而常见。一种是由于客观环境的限制不能够全面接触社会，了解人的整体面貌，在人际交往中常又带有理想的模型，然后据此在现实生活中寻找知己，一旦理想与现实不符，则产生交往障碍，出现心理创伤。另一种是以自我为中心。人际交往的目的在于满足交往双方的需要，是在互相尊重、互谅互让、以诚相见的基础上得以实现的。而有的人常常忽视平等、互助这样的基本交往原则，常以自我为中心，喜欢自吹自擂、装腔作势、盛气凌人、自私自利，从不考虑对方的需要，这样的交往必定以失败而告终。

2) 情感障碍

情感成分是人际交往中的主要特征,情感的好坏决定着交往者今后彼此间的行为。情感障碍具体体现在以下三个方面。

(1) 嫉妒与自卑。嫉妒是一种消极的心理品质,表现为对他人的长处、优点心怀不满,报以嫉恨,乃至行为上冷嘲热讽,甚至采取不道德的行为。嫉妒容易使人产生痛苦、忧伤情绪,攻击性言论和行为,导致人际冲突和交往障碍,如有的人在竞争中失败,转而恶语中伤他人。

自卑是一种过低的自我评价。自卑的浅层感受是别人看不起自己,而深层的体验是自己看不起自己。有自卑心理的人在交往中常常缺乏自信,畏首畏尾,遇到一点挫折便怨天尤人;如果受到别人的耻笑与侮辱,更是甘咽苦果、忍气吞声。实际上,自卑并不一定是能力低下,而是凡事期望值过高,不切实际,在交往中总想把自己的形象塑造得理想完美,惧怕丢丑、受挫或遭到他人的拒绝与耻笑。这种心境使自卑者在交往中常感到不安,因而将社交圈子限制在狭小的范围内。

(2) 自负。自负在人际交往中往往表现出傲气轻狂、居高临下、自高自大,过于相信自己而不相信他人,只关心个人的需要,强调自己的感受而忽视他人。与同伴相处,高兴时海阔天空,不高兴时大发脾气。与熟识的人相处,常过高地估计彼此的亲密程度,进而使对方产生心理防卫而疏远。无论是自卑还是自负,都会导致交往障碍。

(3) 孤僻。孤僻表现为孤芳自赏、自命清高,结果是"水至清则无鱼,人至察则无徒",待人不随和,与人不合群。另一种是由于行为习惯上的某种怪僻使他人难以接受。由此从心理上和行为上与他人隔开,自己将自己封闭起来。

3) 人格障碍

人格障碍也是一种常见的人际交往障碍。所谓人格,是指人在各种心理过程中经常地、稳定地表现出来的心理特点,包括气质、性格等。人格的差异带来交往中的误解、矛盾与冲突,人格不健全可直接造成人际冲突。例如,不同气质类型的人对同一问题的处理方式不一样,胆汁质的人性情急躁,言谈举止不太讲究方式,这会使抑郁质的人常感委屈和不安,造成双方的互相抱怨和不满。而相同性格类型的人(同是内向性格或同是外向性格)也很难相处融洽。

2. 常见人际交往障碍的克服方法

每个人在交往中都会或多或少地出现这样或那样的问题,改善人际关系,加强人际交往,对人们的工作、学习、生活和心理健康都有重大意义。

1) 提高认识,掌握技巧

管理者要注意引导员工不断调整自己的认知结构,对人际交往形成一种积极的、准确的认识,而不要把人与人之间的关系视为尔虞我诈。同时,加强交往技巧的培养,促使交往双方达到心理相容。为此,在人际交往中应尽可能地做到以下四点。

(1) 肯定对方。人类普遍存在着自尊的需要,只有在自尊心被高度满足的情况下,才会产生最大程度的愉悦,才会对人际交往中对方的态度、观点易于接受。因而在交往中首先应肯定对方、尊重对方,这就使人际交往成功了一半。例如,有些事情先征求对方的意见,本来对方是不乐意的，但由于诚恳地征求对方意见，最后对方就同意了。因为人人都希望得到他人的尊重，不愿被他人忽视和遗忘；善意的提出建议，会使人感到是在真心实意地帮助他，这样会使彼此的关系融洽。

(2) 真诚热情。人际交往中，不但需要充沛的热情，还要坦诚言明自身的利益，才会显得真诚而又合情合理。这样，自然会得到对方的接纳，为成功交往架起一道桥梁。在日常生活中要学会指出对方身上积极的微小变化；记住一些对方"特别的日子"，如结婚纪念日、生日、参加工作的时间等，这样做能让对方认为你是一个细心的、热情的人，也愿意主动与你交往。

(3) 引导对方谈得意之事。人都希望被他人肯定，也希望大家认可自己。引导对方谈得意之事，在对方畅所欲言时，也就在对方心中留下你很善解人意的好印象。

(4) 主动与人打招呼。有些人并不是清高，而是没有主动与人打招呼的习惯，结果使人产生疏远、冷漠之感。主动与人打招呼，会使别人改变对你的看法和印象，认为你是一个随和、开朗的人，这有利于良好人际关系的形成。

2) 充分实践，加强沟通

良好的人际关系是在交往中逐步形成和发展起来的。只要注意加强锻炼，就一定能提高交往能力。

良好的人际关系有赖于相互了解，相互了解有赖于彼此思想上的沟通，因此要常与人交谈，交换看法，讨论感兴趣的事情等。这样，可以表达自己的喜怒哀乐，降低内心压力，在沟通中求得主观世界与客观世界的平衡，有益于身心健康。在沟通时，语言表达要清楚、准确、简练、生动，还要善于聆听，做到耐心、虚心，把握好谈话技巧，才能吸引和抓住对方。

此外，一个人在不同场合扮演着不同角色，如在阅览室是读者，在商店是顾客等，在交往活动中，如果心理上能经常地换位思考，体会自己处在对方情境中的心理状态，就能理解对方的感情和行为，从而改善自己待人的态度，这也是培养交往能力的好办法。

3) 培养良好的交往品质

(1) 真诚。"人之相知，贵在知心"。真诚的心能使交往双方心心相印，彼此肝胆相照，真诚的人能使交往者的友谊地久天长。

(2) 信任。美国哲学家和诗人爱默生说过："你信任人，人才对你忠实。以伟大的风度待人，人才表现出伟大的风度"。在人际交往中，信任就是要相信他人的真诚，从积极的角度去理解他人的动机和言行，而不是胡乱猜疑，相互设防。信任他人必须真心实意，而不是口是心非。

(3) 克制。与人相处，难免发生摩擦冲突，克制往往会起到"化干戈为玉帛"的效果。但克制并不是无条件的，应有理、有节，如果是为一时苟安，忍气吞声地任凭他人的无端攻击、指责，则是怯懦的表现，而不是正确的交往态度。

(4) 自信。俗话说"自爱才有他爱，自尊而后有他尊"。自信也是如此，在人际交往中，自信的人总是不卑不亢、落落大方、谈吐从容，而绝非孤芳自赏、盲目清高。自信是对自己的不足有所认识，并接受他人的劝告与帮助，勇于改正自己的错误。培养自信要善于"解剖自己"，发扬优点，改正缺点。

(5) 热情。在人际交往中，热情能给人以温暖，能促进人与人之间的相互理解，能融化冷漠的心灵。

6.4 群体冲突

群体冲突管理是管理者为了实现组织目标而对群体冲突的消除、控制、激发和利用的过程。在充分认识和了解群体内部冲突的原因后，管理者应该采取及时有效的措施消除冲突。有效的群体冲突管理包括破坏性冲突的防范和良性冲突的激发利用。

6.4.1 冲突概述

1. 冲突的概念

冲突的含义很广，包括人们内心的动机斗争，即内心的冲突，也包括人与人之间的争论、争吵等。从心理学的角度来看，冲突是指两个或两个以上的社会单元在目标上互不相容或互相排斥，从而产生心理上或行为上的矛盾。

人们的心理冲突可能在不同的水平上发生。一个人可能会在面临两种互不相容的目标，而感到左右为难，这就是个体内的冲突；冲突也可能在群体内的不同人之间发生，如两个人对同一问题的认识不同，而发生冲突；此外，群体和群体之间也会发生冲突，如一个单位的两个部门之间或两个单位之间发生冲突。

2. 关于冲突的不同观念

既然群体冲突是不可避免的，那么如何看待群体冲突就成为研究者和实践者争论的焦点。传统冲突理论认为，冲突是不利的，冲突只会给组织造成消极的影响，消除群体冲突就成为管理者们的目标。人际关系观点认为，既然组织所面临的冲突是在所难免的，我们就应该理智地对待冲突，承认其对组织的发展也具有积极的价值和合理的成分。相互作用观点则认为，适当的冲突能够使组织保持旺盛的生命力，因此鼓励冲突。

冲突具有破坏性和建设性的两重性，正如管理学家麦格雷戈说的："冲突的潜力渗透在各种人类关系之中，这种潜力既是一种破坏的力量，也是一种健康、成长的力量……没有一个团体能够是完全协调的……因为如有这样的协调，团体的发展将是一句空话。"因此，冲突的有效管理是管理者把群体冲突的处理视为提高组织活力的关键，积极主动地对待群体冲突不仅是在理论上认识到冲突的两重性，更重要的是在实践中利用群体冲突的建设性作用，不断增进组织的健康发展。

6.4.2 群体冲突的原因

群体冲突是群体行为的正常表现形式，引起冲突的原因是多种多样的。

(1) 目标的设置不同。许多时候，群体冲突都是因为各自之间的行为目标存在差异。由于目标不一致而导致个别部门出现冲突。

(2) 群体行为规划时间上的不同。高层次群体侧重于长期的行为,而低层次群体则关心短期行为。因为对工作时间认识上的不同,就会引起冲突。

(3) 信息掌握和理解的不同。在组织的不同层次的不同群体,对于信息的拥有程度和理解不同,也会成为冲突的根源。

(4) 群体成员的构成不同(主要是指人力资源)。人的素质、知识、经验等背景因素的差异会引起多种冲突。

(5) 价值和利益认识上的不同。本位主义的思想导致人们在价值和利益判断上的利己主义,从而产生的冲突。

(6) 组织权利的分配与均衡。任何群体都试图使自己处于组织中的有利地位,这关系到群体的生存力量和对组织的影响力,也关系到群体成员的自我价值。

(7) 沟通障碍。由于组织中,群体与群体之间,个人之间的沟通渠道不畅,影响了人们对各种问题的认识和理解以及信息的传达,从而导致了冲突的产生。

(8) 变革造成的结果。发生在社会、组织中的任何变革都可能带来各种各样的冲突。

(9) 组织气氛与组织文化。不和谐的组织气氛和组织文化使冲突行为成为组织或群体的特征之一。

(10) 组织结构不合理。组织结构的设计不合理使群体处于明显的冲突地位。

(11) 对资源的竞争和分配。任何物质、人员、信息等的竞争和分配,都可能引起冲突。

总之,引起冲突的原因很多,在此就不一一列举,而在管理工作中,必须认真加以分析,有效地控制群体冲突。

6.4.3 群体冲突的调适

1. 群体冲突的解决方式

不同的冲突的解决方式不尽相同,不同的管理者面对冲突也会采取不同的方式。没有哪一种方式是绝对有效的,冲突的解决必须与发生的实际情况相结合。通常,群体冲突的解决方法有以下几个,管理者可选择其中一个或将几个方法结合使用。

(1) 回避法。在冲突发生后可能选择的一种消极处理办法。当解决冲突的条件还不成熟,需维持现状或可以通过隔离减少接触时,管理者可以等待机会给予解决或者通过时间推移,其本身逐渐地加以调整。其前提是,只要这种冲突没有严重到损害组织的效能。此方法适合解决产生的原因不确定、偶发性大,双方不存在利益之争的冲突。

(2) 内省法。管理者引导冲突各方仔细分析冲突的利益、风险和代价,通过内心的反省,找到自己行为中的错误,重新调整行为以解决冲突。在冲突主体较为成熟和理智时,这种方法结合沟通,即管理者有意识地让冲突双方交换自己的观点、思路,避免对对方的错误认知,发现双方目标的一致性,是很好的解决冲突的方法。

(3) 各部门中将指定的代表组织到一起解决谈判严重争端,谈判中双方应努力找出对方和己方的真正需求和目标,挖掘共同点,避免非赢即输的局面,争取"双赢"。

(4) 促成合作法。管理者有意识地让冲突各方协作完成某一活动,以增加了解,发现合作的好处以及相同的愿景。管理者可以建立需要各部门合作来实现的最高目标,提醒双方的最终目标和共同使命，当大家发现部门的目标紧密相连时，就会公开共享资源和信息，从而改善团体关系，解决冲突。

(5) 权威解决法。动用上级领导或组织权威迫使双方服从裁决以解决冲突。其优点是只需要花费很短一段时间，且至少会作出某种决定，而不是简单地回避问题。其缺点是它并不能改变对合作的态度，可能只是处理一时的问题，矛盾得不到根本解决。

(6) 第三方参与法。当冲突激烈并且持续时间较长时，产生的负面影响很大，此时，可由组织外部的顾问与双方部门代表进行调解。这些顾问多为人类行为的专家，其措施和建议多可得到双方认可。第三方主要活动如下：重新建立沟通、加强双方理解、进行教育提高认识、确定并解决冲突来源(单方或双方)。其缺点是顾问可能对企业的了解不够深入，同时花费的费用也较高。

(7) 轮换培训法。部门成员离开本部门到其他部门工作时，可以采用临时的培训和工作轮换或永久的工作轮换。这种方法适合于不太激烈的冲突。其用来减少冲突的时间很慢，且成本较高，但对整个企业组织的合作精神及文化融合有很大促进作用，同时可防范破坏性冲突的产生。

2. 良性冲突的激发

当企业内部冲突太少时，则会阻碍创新，也容易使错误的决策得不到及时改正，导致企业经营失败。因此，冲突太少时，管理者应运用一定的技巧，诱导、引发良性冲突。

(1) 引入良性冲突机制，避免陷入群体思考的陷阱，在动态有序中取得冲突管理的最佳效果。

(2) 运用沟通，通过真诚的正式或非正式沟通，直接诱发员工的良性冲突，从而为改进企业的管理作出决策。

(3) 进行组织变革。传统企业组织结构容易诱发破坏性冲突，将传统的控制式组织转变为新型的有利于良性冲突产生的扁平化网状组织结构，从而提升企业管理水平。同时，增加企业组织间的相互依赖性，使产生良性冲突的内在可能性大大增加。

(4) 引入竞争，增强企业创新能力。有意识地加大企业竞争力度，鼓励创新，创造有利于冲突管理创新的政策环境，强化创新的管理职能，积极鼓励和支持职工参与创新策略的执行，制造冲突的重要诱因。

(5) 进行人事变动。引进外部人才或内部调动，加大组织成员的性别、受教育程度、年龄等结构异质性，通过概念、思想、经验和观念的冲击，激发有益的冲突。更换高层管理人员，给组织注入新鲜的血液和精神。

(6) 有目的地招聘或任命"吹毛求疵者"，以树立组织的对立面，激发良性冲突。

(7) 经常反思企业组织的流程，加以改进或进行流程再造。

[案例]

架起组织内部员工沟通的金桥

摩托罗拉公司曾以生产寻呼机和手提电话而著称，在通信业内可谓是"大哥大"。也许有人还记得摩托罗拉寻呼机的广告语："摩托罗拉寻呼机，随时随地传信息。"摩托罗

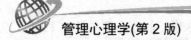

拉的产品成为人们相互沟通、传递信息的友好使者，好似无数座无形的沟通之桥架设于芸芸众生之间。那么，摩托罗拉自己内部员工之间的沟通又如何呢？

摩托罗拉早就认识到意见沟通的重要性，并不断实践和完善沟通制度。摩托罗拉的管理者注意到不同职位的人需要不同的沟通方式。上司要求下级向他报告，同级希望和同级分享，下级需要上级的指示。配合组织结构，依据信息流通的方向，沟通系统可分为上行沟通、下行沟通和平行沟通。摩托罗拉的沟通系统因此分为三个部分：一是每月召开的员工协调例会(上行沟通)；二是每年举办的主管汇报会(下行沟通)；三是每年举办的员工大会(平行沟通)。

摩托罗拉公司施行员工协调例会制度。在公司的总部、各分部、各基层都组织员工协调例会。员工协调例会是标准的上行沟通途径。公司内共有几百个这样的组织。如果在沟通过程中，有些问题不能在基层协调例会上得到解决，则会逐级反映上去，直到有圆满答复。

摩托罗拉公司的下行沟通形式是主管汇报会。它类似于管理层的述职报告会，所不同的是，述职报告会面对公司董事会，主管汇报会面对全体员工。主管汇报会每年举办一次，公司管理层经过一年的工作，把经营的成果和当前的问题整理成报告，对员工做个交代。

员工大会也是比较有特色的，它是一种平行沟通方式，如在部门经理与部门经理之间，科员与科员之间进行。员工大会不同于员工协调例会，提问一定要有一般性、全局性，私人问题禁止提出，对提问一律尽快解答。

除以上正式沟通外，公司还开辟了一些非正式的沟通，如不定期地举办野餐会，了解熟悉每一个员工。沟通是协调和处理人际关系冲突的一种重要而有效的方法。

[案例评析]

在该案例中，作为通信行业曾经的佼佼者，摩托罗拉公司的沟通体系建设得非常好，通过该沟通体系的建设，在制度上实现了上行沟通、下行沟通和平行沟通的顺利通达，为避免冲突的发生起到了积极的预防作用，也为企业的发展奠定了重要的基础。

资料来源：王德清，陈金凤．现代管理案例精析[M]．重庆：重庆大学出版社，2004．

习　题

一、名词解释

群体　群体心理　非正式群体　群体凝聚力　群体士气　冲突

二、思考题

1. 简述群体的特点。
2. 群体凝聚力、士气与工作效率之间有怎样的关系？
3. 人际关系在管理中的重要作用主要表现在哪几个方面？
4. 简述引起群体冲突的原因以及解决这些冲突的方式。

第 7 章　组织与组织结构理论

组织、群体、个人三者是分不开的整体。个人不能孤立地存在，作为一个社会成员，必然要工作、生活在一个特定的组织环境之中。组织是描述人类社会中一定社会群体及其活动的范畴，在管理学中，它被认为是决定管理目标实现程度的重要条件。对于组织及其行为的研究相当广泛，在这里，我们仅对组织的定义、结构、文化、发展等内容作介绍，本章我们从以下方面来了解组织。

- 组织的概念及分类。
- 组织的结构及功用。
- 有关组织的古典、近代和现代理论。

7.1　组织概述

7.1.1　组织的概念与分类

1. 组织的概念

组织一词源于希腊文 ORGANON，意思是"工具""手段"。因此，我们通常所说的组织，有时是指它的名词形式，即组织是由两个或两个以上的个人为了实现共同的目标而结合起来协调行动的有机整体；有时是指它的动词形式，即组织是通过设计和维持组织内部的结构和相互之间的关系，使人们为实现组织的目标而有效地协调工作的过程。

传统的组织理论着重从组织的内部来说明其特征，把组织看成是与外界隔绝的封闭系统结构，所以认为组织是为了达到某些特定的共同目标，通过各部门劳动和职务的分工合作和不同等级的权力与职责的制度化，有计划地协调一群人的活动。它包含四层意思：①组织必须具有共同目标；②没有分工与合作不能称其为组织；③组织要有不同层次的权力与责任制度；④组织的功能作用在于协调人们的活动以实现共同目标。

现代的组织理论把组织看成是一个开放的社会技术系统，在此，开放性被认为是现代组织的重要特征，包括以下三种含义。

(1) 组织是一个开放的系统，是结合人力、物力，应付内外环境的一种结构。组织与社会环境不断地进行材料、能源和信息的交换，从而不断变革和发展。

(2) 组织不仅包括结构层次、技术等静态结构，而且包括心理、社会和管理等动态结构，是一个复杂的社会技术系统。

(3) 组织是一个完整的结构系统，组织系统建立在各子系统相互依存的基础上，离不开与环境的相互作用。因此，组织整合了各子系统与外界环境之间的关系，是一个具有集合性、相关性和环境适应性的有机整体。

由此可见，在组织理论中，组织多被认为是一种"结构"，一种"系统"，而不单单是一种"过程"。组织的关键要素不是一个建筑、一套政策、一种程序或活动，而是人及其相互关系的构成。组织是无形的，是特定的群体为了共同的目标，按照特定原则通过组织设计，使得相关资源有机组合，并以特定结构运行的结合体。它所具有的特点是：目标的一致性、原则的统一性、资源的有机结合性、活动的协作性、结构的系统性。

2. 组织的类型

组织可以根据不同的标准进行分类，较为通用的分类观点有如下几个。

1) 根据组织的目标分类

(1) 互益组织，如政党、工会、团体、俱乐部等。

(2) 工商组织，如企业、银行等。

(3) 服务组织，如学校、医院、社会机构等。

(4) 公益组织，如政府组织、研究组织等。

2) 根据组织是人为设定还是自发形成分类。

(1) 正式组织。正式组织是为了有效地实现组织目标而明确规定组织成员之间职责范围和相互关系的一种结构。其一般具有如下特点：①专业分工性；②统一的规范性；③权威性；④秩序性；⑤职位的可替代性；⑥相对的稳定性；⑦物质的交换性。

(2) 非正式组织。非正式组织是人们在共同工作或活动过程中，由于共同的兴趣、爱好，以共同的利益和需要为基础，自发形成的团体。其一般具有如下特点：①组织是自发形成的；②基于特定的心理需要；③没有明确的组织目标；④没有明确的成文制度和规划，组织结构往往有水平集团、垂直集团、混合集团三种基本形式。

3) 根据个人与组织的关系分类

这种分类有两个标准：其一，从运用权威和权力的程度来说，可分为功利性组织(如企事业单位等)、规范性组织(如学校、医院等)和强制性组织(如监狱、劳教所等)。其二，按个人参与组织活动的程度分类，可分为疏远型组织(心理上未加入组织，属于强制力量)、精打细算型组织(计较个人利益，以自身代价作为付出的标准)和道义型组织(个人目标与组织目标一致)。

4) 根据组织的性质分类

按这种分类方式，组织可分为政治组织、经济组织、文化组织、群众组织和宗教组织等。

7.1.2 组织的功用

组织的功用主要通过组织结构和组织运行体现出来，合理而有效的组织对于企业目标的实现、组织成员需要的满足，具有十分重大的意义。

(1) 组织结构是组织运行的基础。组织中的层次、部门划分，岗位设置，职权规定，人员配备等方面的合理性，都会使每个成员了解自己在组织中的工作地位和关系以及与他人的隶属关系；明确自己工作任务的职责和权利、义务，从而正确运用职权，合理处理各种关系，提高工作效率。人员优化，各环节、各层次安排合理必然是高效组织的最大特点。没有一个好的组织结构，组织运行就会处于无序状态，也就不会有好的组织功能了。

(2) 组织不仅要有合理的结构，更要能有效地运行。组织运行的效果和效益能够反映出组织结构的合理与否，促使组织结构的调整和改善，使组织成员的职责范围更加明确合理，更好地适应组织的变化和发展。同时，组织在运行的过程中已自然地将许多单个劳动者有效地组织起来进行协作，充分发挥了集体的能量。也使每个成员充分认识自己所进行的工作对达成组织目标的重要作用，增强自我激励，更好地完成工作任务，在组织目标实现的同时也满足了成员的需要。

因此，高效的组织不仅可以有效促进工作效率的提高、组织目标的实现、企业竞争力的提升，而且还可以满足每个组织成员的不同需求，将个人需要与组织需要更好地结合。如果一个企业的组织结构不健全，办事效率低，必然影响员工士气，成为组织目标实现的阻碍。

7.1.3 组织结构

1. 组织结构的含义

组织具有整体性，任何组织都是由许多要素、部分、成员，按照一定的联结形式排列组合而成的。一个组织，除了有形的物质要素外，在各构成部分之间，实际上还存在着一些相对稳定的关系，即纵向的等级关系及其沟通关系，横向的分工协作关系及其沟通关系。这种关系构成了无形的构造——组织结构。组织结构是组织中各成员为实现组织目标，进行分工协作，在职务范围、职责、权力等方面形成的结构体系，也称组织中的各因素相互联结的框架，直接决定组织中正式的指挥系统和沟通网络的效率，影响着组织中个人的心理、行为及社会方面的功能。这一定义表明：①组织结构的目的是实现组织目标；②组织结构包括了层级数和管理者的管理幅度，体现了成员之间分工协作的关系；③组织结构包含了职、权、责一整套系统，能促使有效沟通与合作。

2. 组织结构的形式

常见的组织结构形式有直线式、职能式、直线职能式、矩阵式、事业部式等。

1) 直线式的组织结构

直线制是最古老的一种组织结构形式，是以统一指挥和直接管理为中心建立起来的。在这种结构中，权力从组织上层指向基层，一切管理工作均由组织最高领导直接指挥和管理，不设专门职能机构。这是一种垂直领导的组织结构形式。其特点在于组织中的各种职位、职权、职责均按垂直系统直线排列，形成自上而下的等级系列，上级指令层层下达，直接管理下属，同一层次的机构和人员之间不发生任何领导关系。

这种组织结构的优点是：结构简单、不复杂，权力集中于一个人身上，控制幅度宽，上下级关系清楚，政令统一，决策迅速，效率高。但是，这种组织结构正规化程度低，缺乏专业化的分工，管理工作简单粗放；成员之间和组织之间的横向联系差，阻碍组织合作；

权力高度集中，易受个人素质等方面影响，难以保证决策不出现失误，增加了组织的风险性，也不利于后备管理人员的选拔。因此，直线式的组织结构一般只适用于规模较小，管理任务比较简单的组织系统，而且若要采用这种结构形式，必然要求组织领导者具备较高的素质和能力。

2) 职能式的组织结构

职能式组织结构是在上级组织的领导下，相应地按专业分工设立一些职能部门，各职能部门直接由上级领导负责，并在其业务范围内对下级有指挥、协调、监督、控制的权力。这种结构要求上级主管把相应的管理职责和权力交给相关的职能机构，各职能机构就有权在自己的业务范围内向下级发号施令。

这种组织结构的优点是：实行专业化分工，使管理的业务联系更加直接和具体，也可以提高组织成员的主动性和积极性；由于管理工作比较精细，各级管理者分工明确，因此能减轻直线领导人员的工作负担，使其能有更多的精力考虑组织战略性的重大问题。但缺点也很明显：这种结构要求各部门分别听命于不同上级，妨碍了必要的集中领导和统一的指挥，形成了多头领导；另外，各职能机构分工界限不可能十分清楚，各自容易从各自的专业和利益出发，从而影响相互协调，整体观念下降，容易造成管理秩序混乱，管理效能低下。

3) 直线职能式的组织结构

直线职能式的组织结构是直线式的组织结构和职能式的组织结构的综合。它在设置横向职能机构的同时又设置垂直领导的机构，垂直机构直接从最高层接受命令，完成直线领导下达的任务。职能机构不能直接向垂直机构发布命令。

这种组织结构的优点是：综合了直线式指挥统一、组织稳定和职能式专业化分工的优点，既保证了集中统一的指挥，又能发挥各种专业人员业务管理的作用。但是其也有缺点：各职能单位自成体系，不重视信息的横向沟通，工作易重复，造成效率低下；领导的决策指挥与职能部门的建议有不一致的可能，这会使得下级无所适从等。

4) 矩阵式的组织结构

矩阵式的组织结构是一种多元化的结构，是对职能部门化和产品部门化两种形式的融合。它是在直线职能式组织结构的基础上，增加一种横向的任务管理系统。其主要特点是：纵向管理系统按照"指挥—职能"关系进行管理，横向管理系统遵循"任务—目标"进行管理。横向管理系统中为完成任务临时设置任务小组，其成员是临时抽调，在行政归属上仍然是原职能部门成员，他们直接向本职能部门的主管领导者负责，任务完成后即回到原部门。在矩阵式的组织结构中，完成任务所需的人力、物力、财力等均由横向任务负责人统一管理，纵向垂直系统给横向系统提供各种必需条件。

这种组织结构的优点是：加强了横向联系，有助于各种活动的协调，使组织比较灵活；具有较大的机动性，人力、物力有较高的利用率；各种专业人员为了一个目标互相帮助，共同完成同一任务，相互激发，思路开阔，有利于各种专业人员的高效配置，也有利于人才的培养。其缺点是：成员不固定在一个位置，有时责任心不够强，遇到临时任务易产生短期行为；另外，人员受双重领导，出了问题有时难以分清责任。

5) 其他组织结构

(1) 事业部式的组织结构。在欧美、日本的大型企业中多采用事业部式的组织结构，这是一种分权制的组织结构。它是指在一个企业内部对具有独立产品市场、独立责任和利益的部门实行分权管理。其基本特征是：实行明确分工，能较好地调动经营管理人员的积极性，发挥他们的主动性和创造性，保证公司获得稳定的利润；重视产品研究和技术开发；生产专业化水平高；通过事业部门独立生产经营活动，能为公司不断培养出高级管理人才。但是，这也就相应地要求事业部的管理者不仅是素质较高的专业人员，而且要具有很高的驾驭和控制能力，避免因事业部之间竞争激烈，而发生内耗。

(2) 多维立体式的组织结构。多维立体式的组织结构是在矩阵式组织结构基础上的进一步发展，它借用了数学上的概念，除了使垂直的纵向和水平的横向关系得到统一外，还在第三轴上取得了协调，这是系统理论在管理组织结构中的具体应用。这种管理体制，能使事业部和职能部更好地取得协调，并考虑到地区等因素，能及时、准确地开展业务活动。

(3) 模拟性分散结构。这一结构的特点是，人们借用"模拟"这一研究自然界的方法来研究某个现象或某个过程，但这种研究并不是直接针对现象或过程本身，而是先设计一个与该现象或过程相似的模型，通过对模型的研究来间接研究该现象或过程，从而取得某些成果。这种结构适用于一些大型的公司或企业，可把公司或企业分为若干"组织单位"，模拟独立经营，独立核算的性能，这些"组织单位"有自己的职能机构，享有尽可能大的自主权，目的是要调动它们生产经营的积极性，达到改善经营管理的目的。

(4) 团队结构。这是将团队作为协调组织活动的主要方式，是目前组织工作活动最流行的组织结构。这种结构将决策权下放到工作团队员工手中，要求员工既是全才又是专才。团队结构突破了部门界限，能使组织更好地适应环境的变化，在组织内部建立合作、协调的机制，更好地培养员工的团结协作精神，发挥整体优势，有效地增强了组织的灵活性。

每一种合理的组织结构，相对于一定的条件来说，都有其优越性，而当条件发生变化时，它的合理性就会逐渐丧失。因此，世界上没有也不可能存在适用于一切情况的十全十美的组织结构。每一种类型的组织结构都有其优点和缺点，相对于某一组织特定的条件来说，必定有一种更有利于提高管理效率的最佳的组织结构。

3. 有效组织结构的特点

1) 责任制的落实

责任制是组织结构中的核心问题。明确组织中每个成员的责任分工，是提高组织效率的前提。只有责任到人，才能使每个成员承担一定的职能，进而促使相互协作，形成一个相互连接的有机整体，为有效完成组织任务，提高效率打下基础。

2) 集中控制，分权管理

这也是当今国内外企业发展的主要趋势，指的是尽可能地让更多的组织成员参与组织决策，高层领导者及管理者集中领导(控制)，分权管理，使成员享受到"主人翁"的信任感。

3) 良好的心理契约

心理契约是在组织与组织成员互动关系的情境中，组织成员对于相互之间责任与义务

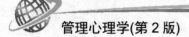

的信念系统。它强调组织成员对于组织责任和自己责任的认知。具有良好的心理契约，有利于促进上下级之间、同级之间良好的关系，还体现了成员对组织的了解，因而有利于组织目标的实现。

4) 组织成员角色结构

组织结构中人与人、工作与工作之间交互、重叠，每个人除担任职位上的角色之外，还必须起到连接作用，与上下级、同级相互沟通、相互影响。

5) 有效的信息沟通

信息是组织结构的中枢神经，贯穿组织结构的每个环节。有效的信息沟通可以促使组织高效运转，及时了解环境变化，增强组织适应能力，使组织朝着优化的方向变革。

7.2 组 织 理 论

从历史发展的进程来看，在将近一个世纪里，组织理论的发展经历了三个阶段：古典组织理论、近代组织理论和现代组织理论。古典组织理论是把组织看成一个封闭的系统，强调正式组织的作用，强调组织目标、劳动分工、等级系列等，着重研究组织内部资源利用、规章制度、决策等因素与生产效率的关系，重视工作与物，而忽视人。近代组织理论的中心思想和特征是一种以人为中心的组织理论，强调人际关系与信息沟通，主张通过沟通和共同影响来促进员工参与组织管理。现代组织理论则把组织看成是开放的理性模式，开始认识到组织外部环境对组织内部结构和管理起着决定性的作用。强调组织是个社会性的组织，关注其他分系统及其相互关系，强调人在组织中的中心地位。

7.2.1 古典组织理论

著名社会学家韦伯(M. Weber)在1910年提出了古典组织理论——官僚模型，被称为组织理论之父。他认为，"官僚"是指各种复杂组织具有的某些特点和规范，官僚结构是大规模组织中最理想的模型，这一模型主要有七个特点。

(1) 明确规定的职权等级制度。组织中的各种岗位和职务都必须按照职权等级制度来组织，每个下级都由一个上级控制，且必须服从上级，这属于明文规定，不可改变。

(2) 分工明确。组织中每个人的工作都细化到各种基本作业，所以职责范围相当明确。

(3) 规范化。这主要是指组织内的各项事务都用规章制度的形式规范下来，每个成员都必须遵守。

(4) 将"德才"作为选择和提升职员的标准。这是指各岗位人员必须通过正式考试和专门培训竞争上岗，使能力与职位要求相匹配。

(5) 摒弃个人情感因素。这是指官僚组织是按照正式程序和规章制度行事，不考虑个人情感和个性因素。

(6) 管理权与所有权分离。行政人员是管理专才，但并没有资料、财产的所有权。

(7) 各项决定、法规都有法定公式及程序系统，并以书面形式记载。

在这种结构中,每个成员都必须依靠自己技术上的能力获得具体的职位和职权,每个职位都在明确的职权等级制度中,组织靠规章、制度来加以管理,体现了合理、合法的职权观点。但也曾受到一些学者的批评,认为有以下一些不足。

(1) 韦伯对官僚组织的分析偏于静态研究,过分强调了机械式正式组织的功能和层级等级体制。这将影响其成员的个性,使组织陷于僵化,缺乏应变的灵活性与弹性,也使组织变成一个不注重成员感情、缺乏人情味的团体,从而影响人际沟通,削弱组织人员的主动性、积极性和创造性,阻碍目标实现。

(2) 这一理论偏重于对组织内部形态和管理结构的分析,是极为机械的封闭式组织结构,缺乏组织和组织环境相互关系的探讨,这是传统组织理论中存在的共同问题。而事实上,客观世界的各种系统,都是与周围环境有着相互依存和相互作用的开放系统,绝对的孤立系统客观上是不存在的。

总之,古典组织理论的特点在于把人看作是机器的附属物,强调的是等级、命令和服从,并且用一种封闭模式的观点来对待组织,忽视了人的因素和环境的作用。

7.2.2 近代组织理论

近代组织理论(新古典组织理论)也称行为科学组织理论,其主要代表人物是斯科特(W. G. Scott)。他以科层结构为基础,又吸取了心理学、社会学、行为科学关于"群体"的观点,对古典组织理论做了一定的修改和补充。

近代组织理论在组织形态、管理权限等方面都有不同的特点:在组织形态上,倾向于扁平形的组织结构以更好地推行分权,主张部门化和部门专业化;在集权与分权的关系上,主张分权,使组织成员能更多地参与决策以提高积极性。

近代组织理论的一个重要特征就是更注重人在组织中的作用,强调社会集团对组织效率的重要性,开始了对组织成员的行为的深入研究。巴纳德提出了非正式组织的概念,主张员工参与管理,并认为只有下级理解和接受行政命令时,权力才能成立,它应同时符合组织目标和个人利益。以梅奥为首进行的霍桑试验得出职工是"社会人"而非"经济人"的结论,认为企业中存在着非正式组织,新型的领导能力在于提高职工的满意度。

近代组织理论中具有代表性的理论成果还包括:马斯洛的需要层次理论;赫茨伯格的双因素理论;麦格雷戈的X理论与Y理论等。近代组织理论强调了以人和情感为中心的管理,但如同古典组织理论一样,依然把研究重点放在管理对象上,而忽略了对管理者的研究。

7.2.3 现代组织理论

1. 霍曼斯(G. Homans)的社会系统模型

社会学家霍曼斯运用系统的概念,对社会群体进行了实际的研究,提出了一个社会系统模型。这个模型既适合于小群体,也适合于大群体,其结构如图7-1所示。

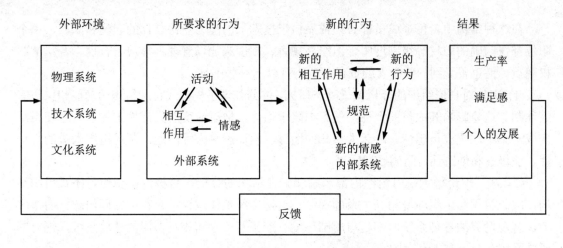

图 7-1 霍曼斯的社会系统模型

他认为,任何一个社会系统都存在于以下三种外部环境之中。

(1) 物理环境,是指自然的和社会的物质环境,包括工作场所、气候、设施布局等。

(2) 文化环境,是指人类物质文明和精神文明所构成的环境,包括社会规范、目标、价值观等。

(3) 技术环境,是指为完成任务所凭借的手段,包括知识、能力、技术手段等。

他提出了内部系统的概念,认为组织是由具有相互依存关系的内部系统和外部环境系统构成的,内部系统表现在群体中形成的新规范、态度和活动方式,由非正式组织引起。两个系统任何一个发生变化都会引起另一个系统的变化。

这一模型有以下五个关键成分。

(1) 活动,是指人们的工作活动或工作任务。

(2) 相互作用,是指人们之间发生的行为、心理沟通和交往。

(3) 情感,是指人们在活动或相互作用中,表现出来的积极与消极的情感以及价值观、态度、信念等。

(4) 所要求的行为,是指正式群体或组织规定的活动、相互作用和情感。

(5) 新的行为,是指正式群体或组织所规定的行为之外的活动、相互作用和情感。

霍曼斯认为,三种外部环境决定着社会系统中人们的活动、相互作用以及由此产生的情感,这三个要素即构成社会系统(相当于正式组织)。内外两个系统都与外界环境相互依赖,环境的变化会引起正式组织和非正式组织的变化;反之,也是一样。

这一组织模型的优点是:揭示了组织中部门之间、部门与环境之间的相互关联的关系,为组织管理实践提供了指导建议;提出了活动、相互作用、情感等分析单元,为更深入地分析组织中社会心理现象以及更精确的组织模型奠定了基础。但是,从一定的角度或条件来看,任何模型都存在缺陷,这一模型从行为主义心理学观点出发,将情感也归结为人的行为,如果从科学心理学的角度出发则存在异议。

2. 卡恩(R. L. Kahn)的角色组模型

这一理论将社会心理学中的角色组概念运用到组织当中,认为正式组织中的每个成员都占有一定的职位，担任一定的角色，都有不同的外界期望和自我期望。当一个人在执行组织角色的任务时，也就同时扮演了某个期望角色，这时他就成为中心人物，而必然要有其他成员同他联系和协调工作，这就构成了一个角色组，而整个组织就可以看成是一个由许多重叠相连的角色组构成的集合体。

角色组成员的行为可能会发生以下状况。

(1) 角色冲突。角色组中的不同成员，对中心人物有着不同的期望，当这些期望不能同时实现时，必然会产生角色期望冲突，造成心理距离拉大。

(2) 角色不清。这是指角色组成员没有向中心人物提供他们的期望或完成角色任务所必需的情报资料，因此中心人物不知道该怎样处理和应对。这种角色不清会造成各种角色无所适从，人际关系混乱。

(3) 角色负担过重。由于角色组成员对中心人物有着不同期望，中心人物在有限的时间和较高的要求方面没有能力达到，因此易使中心人物产生内心焦虑，也使其他成员对中心人物产生失望心态。

上述三种状况都会引起个体心理上的紧张、焦虑，从而导致行为上或逃避现实或排除困难，影响目标的实现程度。为此，卡恩强调管理者要充分关注角色组成员的职位、角色期望，对冲突的应对方式等变量的相互关系，最终达到中心人物能有效地协调各角色的关系，共同实现组织目标的目的。

3. 其他组织理论

从20世纪60年代开始，经济学、社会学等学科研究者也对组织理论的发展做出了重要的贡献，在组织理论中越来越注重权变性、系统性，重视信息处理、人际关系，在这里我们做简要介绍。

汉南(Hannan)和费瑞曼(Freeman)以社会学为基础，首先从环境决定组织结构的角度，提出了总体生态理论。其认为，组织变革的主要机制是一个达尔文式的自然选择过程。当一个组织在总体水平上不能适应环境变化时，将会被新的、适应性强的组织所取代。进入20世纪80年代，威廉姆森(Williamson)的交易费用理论又从经济学角度对组织，特别是管理者加以诠释。其认为，人具有不可信赖的特性，企业中的管理者也同样，为了个人利益可以损害集体组织的利益，所以要对他们进行控制。他还指出多事业部制是控制这种行为的有效途径。随着知识经济的到来，社会经济生活发生了重大变化，组织结构理论也面临着重大挑战。在组织理论中兴起了流程再造概念，即重新思考，彻底翻新作业流程，以使成本、服务等方面获得改善，这些可以通过裁减不必要的部门和层次，让员工更多地参与决策来实现。

无论哪种组织理论模式，其目的都是为了发挥整个组织的功能，实现组织目标，使企业获得更大的利润，但每种理论又各有利弊，在组织运行、发展和变革中，要结合自身实际作为参考。

[案例]

布瓦蒙多是一家生产表壳的工厂，马赛尔·巴布是其创办者。1940年法国战败后，由于在瓦伦斯找不到机械工，巴布到街上招募了许多人，这些人年龄都在30岁以下。他主动提出教他们制造表壳，前提是他们同意和他一道寻找一种"废除雇主和雇员界限"的组织结构。这样，就创造了布瓦蒙多工作公社。

公社的最高权力集中在全体成员大会，大会每年召开两次。只有一致通过的决议才对成员有约束力。全体成员大会选举一名公社主席，他不仅是技术上合格的人，也是一个带头人，一个榜样，一个教育人、爱人、无私、乐于为人服务的人。他拥有全部行政权力，任期三年，之后，他回到原来的工作岗位。主席对全体成员大会有行使否决的权力。如果大会不想放弃决定，就得举行信任投票。如果主席得不到一致的信任票，他就得选择：要么与大会意见保持一致，要么辞职。全体大会选举议事会委员，其任务是给公社主席提建议，委员任期一年，在议事会内，部门经理和八名委员及公社主席一起组成管理委员会，委员会每周开会一次。公社内的一切负责岗位，包括部门经理和工头，都完全通过"双重信赖"来指定。全体成员每周举行一次碰头大会，其目的在于使每个人知道公社内正在发生的事情，并使大家保持联系。

布瓦蒙多有两大部门：社会部和工业部。工业部的组织结构为：由最多10人组成技术组；几个组构成一个科或一个车间；几个科或车间组成一个部。每组的成员都一致对科或车间负责，几个科或车间对部负责。社会部处理技术性问题之外的一切活动。

公社最主要的特色之一是成立了邻居小组，由五六个住处邻近的家庭构成，选举产生组长，不定期地在某一家庭聚会，提出问题，就不满意的事情发表意见，或提建议，会议细节全部记录，送交公社主席，由他进行汇总归纳，然后由各个部门的负责人来回答。

[案例评析]

组织与管理是相互依存、不可分割的两个概念。缺少了组织，管理就无"用武之地"；缺少了管理，组织就失去了生存与发展的内在机制，就会消亡。而适合组织发展的组织结构是组织存在的基础，它决定着组织功能的发挥程度。因此，有效的管理就要做到使组织结构、类型、环境相互配合、相互适应。

资料来源：张康之，李传军. 一般管理学原理[M]. 北京：中国人民大学出版社，2005.

习 题

一、名词解释

组织　组织结构　古典组织理论　近代组织理论

二、思考题

1. 根据不同的标准可以将组织分成哪些不同的类型？
2. 组织的功用主要通过组织结构和组织运行体现出来，合理有效的组织对于企业目标的实现和组织成员需要的满足具有十分重要的功用。请运用本章所学的知识详述该功用。
3. 简述霍曼斯社会系统模型的关键成分。
4. 简述卡恩的角色组模型。

第 8 章 组织设计与组织文化

在对组织的含义、结构及理论了解的基础上,我们需要知道如何建构合理的组织结构,从哪些方面着手,包括哪些内容。这些问题的答案都将在这一章揭晓。

此外,组织文化也是组织生存和发展的一个重要组成部分,它是组织与内外部环境相互作用的结果,不同的组织文化对组织有着不同的深刻影响,因此我们也将其作为一个重要内容在本章详细介绍。本章的主要内容如下。

- 组织设计的影响因素。
- 组织设计的原则及程序。
- 组织文化的特征、内容、意义、创造等。

8.1 组 织 设 计

组织设计的对象是组织活动和组织结构,它是为了有效地实现组织目标,把责任、权力、利益等进行合理配置和组合的过程。其主要解决管理组织纵向的层次划分和横向的部门划分;任务、职责、权力的确定;人员的配备、分工;具体的结构形式等问题。

8.1.1 影响组织设计的因素

组织设计是一项比较复杂的系统工程,进行组织设计首先要了解影响组织设计的各种要素,主要包括以下四个。

1) 组织战略

组织战略是实现组织目标的各种行动方案、方针和方向选择的总称。它决定了组织运营的范围以及组织成员和组织外部人员的关系,决定了一个组织区别于其他组织的目的和竞争性技巧。在组织结构与战略的关系上:一方面,战略制定需要考虑企业组织结构的现实;另一方面,一旦战略形成,组织结构应相应调整,以适应战略实施的要求。

战略选择的不同,会在两个层次上影响组织的结构:其一,不同的战略要求开展不同的业务活动,这会影响管理职务的设计;其二,战略重点的改变,会引起组织的工作重点及各部门在组织中重要程度的改变,因此要求对各管理职务及部门之间关系作相应的调整。

2) 组织技术

组织技术是一种转换过程,是把输入资源转化为最终产品或服务的机械力或智力的过程。查尔斯·佩罗认为,可以根据任务的多变性及任务的可分析性程度,将技术分为常规型和非常规型。通常情况,任务没有多变性而具有可分析性,可采用常规型技术,这多被高度复杂化、规范化、集权化的组织采用;而任务具有较高的多变性则采用非常规型技术,适用这种技术的组织也多为正式化程度较低、结构形式较灵活的组织。此外,还有人将技

第8章 组织设计与组织文化

术分为单件生产技术、批量生产技术和连续加工生产技术等。

无论采用何种技术分类，目的都是要将技术类型与组织结构形式匹配、吻合。由于组织活动需要利用技术，以及反映技术水平的手段来进行，而组织技术及设备水平也必然影响组织活动，亦影响内容划分、职务设置及素质要求。因此，组织技术是组织设计与组织有效性之间的调节器，具有不同技术类型的组织应采用不同类型的组织结构，即使是组织中的不同部门也应根据本部门的技术特点采用不同的结构类型。

3) 组织规模

组织规模可以用不同的标准来衡量，如资产总额、人员数量等，但无论如何衡量，大型组织的结构必然比小型组织的结构要复杂得多，规模的变化必然意味着组织结构的变化。这是因为，组织规模的扩大或缩小，必然改变组织内部分工，造成组织部门和职务的变更，组织结构随之改变。具体地讲，若组织规模扩大，则要求分工细化，组织中的部门、职务数量随之增加，相应的组织垂直管理层也会增加，这加大了协调的难度，高层领导者不得不分权。一般来说，组织结构与规模呈正相关，但规模到了一定程度后，对组织结构的影响程度将逐渐减弱。因此，组织设计必须与组织实际所处发展阶段相结合。

4) 组织环境

组织环境主要是指组织外部环境，即影响组织发展的一切客观事物。组织设计的目标之一就是要使组织内部结构特征与外部环境性质相适应。组织环境中影响组织的变量主要有三个方面：①环境变化的快慢程度，即组织所处环境是经常变动还是相对稳定，相对稳定的环境自然对组织有利；②环境中影响组织的因素数量，若影响组织的因素不多，则说明外部环境比较简单，对组织有利；③管理者对于环境因素所掌握的信息量，如果管理者对影响组织的重要环境因素有详尽的信息资料，那么就能较准确地预测环境变化，做好控制措施。这是组织环境中最重要的变量。如果环境不确定性高，决策者就无法确切把握外部环境变化的方向和程度，这对职务与部门设计、各部门关系以及组织结构总体特征设计都会造成重大影响，给组织活动带来较大的风险性。

8.1.2 组织设计的基本原则

在各种不同的管理组织中，组织设计没有一个固定的模式，但是，许多研究和探索总结出了组织设计必须遵守的一些内在规律，即在组织设计时，应该遵循如下原则。

1) 任务目标原则

组织目标是组织运行的基准和方向，因此组织结构形式的设计必须满足组织目标的需要。也就是说，要做到机构服从任务，形式服从目标，只有组织中的每一个部门都有特定的任务，并都围绕组织目标，这种组织设计才是合理的、恰如其分的。这就要求组织机构要以事务为中心设机构、设岗位、设职务、设人员，做到人与事务的高度统一。无论是管理部门的设置，还是管理层次的划分，都应符合目标的要求。由此可见，组织任务和目标实现的好坏是衡量组织设计是否正确有效的最终标准。

2) 分工协作原则

这一原则要求，组织结构的设置要实行专业分工的原则，机构之间分工要合理，不能过细,以免造成机构增多、人力浪费、责任不明、职能交叉等现象,降低管理的专业化程度,影响管理的质量和效率。在实行合理分工的同时,又要重视部门之间的协作与相互配合,加强它们之间的横向联系,使各机构及其各项管理工作能协调一致,以发挥管理的综合、整体效率。

3) 权责对等原则

顾名思义,这一原则是要求职权与职责必须相互一致。组织中的每一个职位都有相应的权力和应担负的责任,在什么职位上,有多大的权力,就必须承担多大的责任。为了能够完成其职责,又不至于滥用权力,就要求职权与职责对等。职权过大易产生滥用权力的官僚主义,职权过小会影响管理人员的积极性、主动性、创造性,进而影响职责的完成。因此,在组织设计中,要构造合理的组织结构,明确规定每一管理层次、部门、岗位的职责范围和相应的管理权限。

4) 指挥统一原则

组织体制和机构的设计应保证组织的各级机构以及个人接受指挥的统一性,即每个下属应当而且只能由一个上级主管直接负责,只能向自己的直接领导报告工作,不能越级报告工作;每个部门或管理人员也只能指挥其直接领导下的部门或个人,不能越级指挥。保证命令的统一,避免指挥的分散和多头,防止因下属面临多个主管相互冲突的要求或优先处理的要求而导致混乱局面的发生。

5) 精干高效原则

管理机构必须精干才能做到高效,机构臃肿,效率必然低下。组织设计也必须力求减少管理层次,精简管理机构和人员,以提高管理效率。具体地说,就是要因事而异、因职配人,尽量减少管理层次,使人员配备精干,信息传递畅通,决策准确及时。避免管理学中所说的"帕金森效应",即"管理系统的多级职位金字塔膨胀上升而导致管理效率低下"的出现。

6) 层幅适当原则

组织设计必然关联到管理层次及管理幅度。管理层次是指组织指挥系统的等级或纵向结构层次;管理幅度是指管理者有效领导部属的人数,是组织的横向结构。二者密切相关,一般来说,管理层次与管理幅度呈反比例关系,即幅度宽对应层级少,幅度窄对应层级多,管理层次与管理幅度的反比关系决定了两种基本的组织结构形态:扁平结构形态与锥形结构形态。扁平结构是指管理层次少而管理幅度宽的一种组织结构形态。锥形结构又称直式结构,是指管理层次较多而管理幅度较窄的高、尖、细的金字塔式的组织结构形态。两者各有其优缺点。决定管理幅度的因素有:管理素质、管理内容、管理条件和管理环境。

7) 部门化原则

将具有相似内容的工作合成一个单位就是部门化。组织设计很大一部分是将管理职能部门化,部门是组织的细胞,部门设置直接关系着组织的运作和绩效。一般来说,组织设计中经常关注的部门化原则有:职能部门化、产品部门化、区域部门化、过程部门化、顾客部门化。职能部门化是根据生产、销售、人事等职能来划分部门或单位;产品部门化是根据产品类型实现部门化;区域部门化是按其所在地点来划分组织部门和管理组织活动;过程部门化是依据生产过程划分部门;顾客部门化是把顾客类型或服务内容作为部门化的依据。

8.1.3 组织设计的基本程序

组织设计是组织工作的基本责任，主要解决管理组织纵向的层次划分和横向的部门划分；任务、职责的确定；人员的分配等方面的问题。组织设计必须经历一定的程序，具体如下所示。

(1) 明确组织目标。目标是进行组织设计的基本依据，目标不同，相应的组织结构也就不同，如果没有目标，组织设计就失去了意义。因此，明确组织目标是进行组织设计的前提条件。

(2) 工作的划分。任何组织系统的目标、工作都具有不同层次的一致性，应在目标的指引下确定必要的工作内容。对于企业的工作，一般分为作业工作和管理工作两类，作业工作的划分可以进一步明确组织单位和部门；管理工作则将管理工作内容具体分工和落实。

(3) 确定管理组织结构。这是指完成组织纵向管理层次划分和横向管理部门划分，形成交错的组织结构网络。组织部门和层次的划分主要受组织规模、管理幅度、业务性质等因素的影响和制约。部门和层次的划分没有也不可能有一个固定模式，每个组织都应以自身实际情况来确定。

(4) 确定职责权限。组织部门及层次确定后，就要依此规定各岗位的职务以及相应的职责和权限，决定集权和分权的程度，适当授权，以更好地调动各级管理人员和组织成员的积极性和主动性。

(5) 决定人事配备。根据工作性质对工作人员素质的要求，选择和配备适当人员，并要不断对他们进行有计划的培训，使其工作态度、管理知识水平等方面更适合职务的需要。

(6) 检测和评估反馈。针对组织设计后的运行情况，进行必要的控制，根据反馈信息，及时进行调整、再设计。

以上六个步骤构成组织设计的一个循环，组织依据此循环不断地改善组织结构，完善组织设计。

8.2 组织文化

文化原为人类学的基本概念，是指社会中的特定人群所共有的一种习惯性的心理状态，这种心理状态由该人群所形成的共同价值观、共同信念以及特有的行为方式构成。组织文化是一个组织在长期发展过程中所形成的组织成员共同具有的价值观、信仰和道德规范的总和，它贯穿于整个管理系统之中，影响着组织行为并造就某种行为模式。

8.2.1 组织文化的特征及意义

1. 组织文化的特征

一般来说，组织文化具有如下特征。

(1) 组织文化具有鲜明的民族特色。民族性是任何文化都具有的基本特征。组织文化是建立在国家传统的民族文化基础上，是社会文化影响、渗透的产物。不同的社会、不同的民族，组织文化都具有各自鲜明的特色。

(2) 组织文化作为一种精神和心理状态而存在。组织文化根植于组织发展过程中，是组织成员价值观、信念、习惯等的提炼和结晶，它会在组织成员中产生心理定式，通过对人们心理、思想的渗透影响来改变人们的行为。组织文化一般是很难用条文准确、完整地表现出来的。

(3) 组织文化具有相对的稳定性。组织文化是组织成员普遍认可的观念、精神、习惯等的总和，经历了组织长期的发展和与周围环境的磨合、适应，已经成为一种客观存在，在相当长的一段时间内不会改变。

(4) 组织文化具有整体性。这主要表现在组织文化作用的整体效应上。组织文化不仅确定了整个组织的风气，而且必然影响领导行为、组织、控制等各项管理职能的实施方式，具有广泛的渗透性。

(5) 组织文化具有独特性。组织文化是受组织特定的发展阶段、内外环境等因素影响而形成的，每一组织所处环境不同，自身目标不同，必然使组织之间存在很大的差异，组织文化作为组织性质特定的反映形式，也必然独具个性。

(6) 组织文化具有非强制性。组织文化是一种观念形态，它是通过组织成员共同形成的价值观、行为标准来使人们产生内在激励，自觉从事组织活动，而非像组织规章一样带有强制性。

此外，组织文化还具有历史发展性、社会性、层次性、动态性等特征，这里就不一一详述了。

2. 组织文化的意义

组织文化对组织运行来说，其影响力是全方位、全过程的。它对现代组织管理具有重要意义，具体表现如下。

(1) 组织文化具有强烈的渗透性，它将组织的价值观纳入每一个成员的态度体系当中，不仅激励成员愿意主动为组织奉献，而且能将不同阶层、背景的人组合在一起，将组织内成员聚合起来，使每个成员对组织具有认同感，从而增强了组织的凝聚力；它为不同的组织成员提供了共有的言行举止标准，可以有目的地引导成员，使成员自觉约束自身行为，从而提高成员行为的一致性，组织文化可以说是对组织成员的一种有效的组织控制。

(2) 组织文化包含价值观念、道德规范、行为准则、习惯、传统等多种因素，因而对组织信誉、组织形象等会产生质的影响。组织文化所具有的区别在于其他组织的价值体系、行为模式塑造了组织独特的形象。强劲的组织文化有助于提高组织承诺，增强组织的认可程度，提高组织的整体素质，树立良好的组织形象。

(3) 组织文化遵循宏观的社会文化要求，并随之变化而变化发展，所以组织也会处于一种动态的变革和发展中，组织文化使组织运行具有时代性。随着知识经济的到来，人本主义思潮的兴起，人、人的知识和能力的作用日益突显，要求组织文化必须是学习型的、创造型的，这使得组织越来越关注人才的开发和创新能力的培养，关注高科技含量的技术手段，关注高素质的员工队伍。组织只有适应这种要求才能长远发展下去。

8.2.2 组织文化的内容与分类

1. 组织文化的内容

组织文化的内容可分为两类，一类是显性的组织文化，另一类是隐性的组织文化。两者的区别主要体现在组织文化的形式上。

1) 显性的组织文化

所谓显性内容，就是指那些以精神的物化产品和精神行为为表现形式的，通过人的直观感觉器官能感受到并符合组织文化实质的内容。它主要包括组织的制度文化、行为文化、物质文化三部分。

(1) 制度文化。制度文化是组织成员外加的行为规范，是组织为实现自身目标对组织成员的行为给予一定限制的文化，带有强制性的约束。但是，并非所有的规章制度都是组织文化的内容，只有那些激发职工积极性和自觉性的规章制度，才是组织文化的内容。

(2) 行为文化。行为文化主要是指在组织管理、教育宣传、人际关系、文娱体育等活动中产生的文化现象。它是组织哲学、组织价值观、道德规范的折射。再好的组织哲学、组织精神或价值观念，若不能有效地付诸实施，就无法被职工所接受，也就无法成为组织文化。

(3) 物质文化。物质文化是组织文化在物质层次上的体现，是由组织成员创造的产品和各种物质设施等构成的器物文化，如组织标志、工作环境等。

2) 隐性的组织文化

显性的组织文化内容是组织文化的重要组成部分，但它们只是组织精神的外化，组织文化的根本内容是隐性的组织文化。这是一种精神文化，是组织在建立和发展过程中受一定的社会文化背景、意识形态的长期影响而形成的一种精神成果和文化观念。它主要包括组织哲学、价值观念、组织目标、道德规范、组织精神等方面。

(1) 组织哲学。这是组织成员在世界观和方法论的一般观点基础上，通过实践活动所形成的对组织本质及其辩证发展的观念体系。组织哲学是组织最高层次的文化，它主导、制约着组织文化向其他内容的发展方向。

(2) 价值观念。这是组织成员对社会事务和个人是否具有价值以及价值大小的总的看法和根本观点，包括组织存在的意义和目的，组织各项规章制度的价值和作用，组织中人的各种行为和组织利益的关系等。

(3) 组织目标。这是组织所要达到的目的，也是组织成员努力的方向。切实且具有挑战性的目标可以激励组织成员的工作热情和创造性。

(4) 道德规范。组织的道德规范是组织在长期的活动和实践中形成的，人们自觉遵守的道德风气和习俗，它尽管不具备法律那样强有力的约束性，但具有强烈的感染力。

(5) 组织精神。这是组织成员在长期的实践活动中，在组织哲学、价值观念和道德规范的影响下所形成的一种群体意识。它反映了全体成员的共同认识和共同追求，包括强烈的团体意识、社会责任感等。

2. 组织文化的分类

对于组织文化的分类，不同的分类标准有着不同的结论。世界各国的研究将组织文化的各种类型全面展示了出来。有人将组织文化划分为人和型、挑战型、创业型、守成型、发展型、技术型、智力型、主导型和服务型九类；而库克和赖佛特则把组织文化划分为人文关怀型、高度归属型、相互同意型、传统习惯型、依赖型、规避型、反对型、权力取向型、内部竞争型、力求至善型、成就取向型和自我实现型12类。在管理学角度，较受关注的是桑南菲尔德(J. Sonnenfeld)提出的组织文化类型理论。因为在他的理论中，各种文化特点鲜明，有助于了解组织文化的差异，而且他认为具有一类特点的组织文化较易吸引具有相同或相似特点的人来组织工作，有助于进一步认识组织文化与组织成员匹配的重要性。他的四种类型的组织文化如下。

(1) 学院型。具有学院型文化的公司是为那些想获得好的新工作，并希望得到提升和发展的人准备的地方。在这里他们能不断成长、进步。这种公司喜欢雇用年轻的大学毕业生或研究生，公司为他们提供大量的专门培训，然后指导他们在特定的职能领域内从事各种专业化工作。

(2) 俱乐部型。这类公司非常重视归属感、忠诚感和承诺。在这类公司中，资历是非常关键的因素，年龄和经验也都至关重要。与具有学院型文化的组织相比，这种组织的管理人员大多要培养成知识渊博的通才。

(3) 棒球队型。具有这类文化特征的组织提倡冒险、革新和创新。这种公司给员工充分的自由，根据员工的工作成绩付给他们报酬。由于公司对工作出色的员工予以巨额奖酬和较大的自由度，因此员工一般都拼命工作。

(4) 堡垒型。堡垒型文化的组织更着眼于组织的生存，围绕这一主要宗旨，组织的各项活动都以保护现有资产，维持正常运行为基点，相应的给予员工的保障偏少。

桑南菲尔德认为，许多组织都不是单一的具有一种文化特征，而是混合型的组织文化，而且随着组织的发展和内外部环境的变化，组织文化也存在相互的转化和变更。

8.2.3 组织文化的创造与维系

任何一个组织的文化都如同组织结构一样，需要根据组织环境的变化不断地创新，以更好地发挥组织文化的功能，而一种文化一旦被创造出来，就需要采取措施进行维系。

1. 组织文化的创造

组织文化的创造可以从多方面着手，但基础是组织习惯。无论是组织精神、价值观念还是道德规范，它们的形成都是习惯的结果。例如，在联想集团，员工平常用的打印纸、复印纸都是用过一面的纸，在经济效益上，仅此一项联想每年就会节约几十万元甚至几百万元的纸张费用。从管理学角度来讲，这就是培养一种非常好的组织习惯——节约的习惯。节约的意识逐渐植根于每一个员工的头脑中，并通过日常工作的强化、积累，形成统一的企业行为规范。行为规范的不断积淀、升华，最终形成新的组织文化。因此，组织习惯的培养是组织文化创造最基本的途径。

在现代企业发展中，以人为中心的理念是组织文化创新的核心。在产品、服务等众多理念中，以人为中心的理念是最重要的。人是组织文化的中心，组织文化创新与人密切相关，组织目标、价值观、组织精神、组织形象等其他组织文化内容都围绕"人"这个中心变化。因此，组织应时时将"以人为中心"作为组织文化创新的核心内容。

2. 组织文化的维系

组织一旦形成一套运作的文化就会试图去维护它，如甄选程序、绩效评估标准、各种训练与生涯发展活动、升迁制度等。这些都可以保证组织成员与组织文化相适应。在组织文化的维系中，以下三个方面起着重要作用。

(1) 甄选。组织选拔人才的标准是与职位需求相应的知识、技能等素质，当拥有知识技能的专业人员在达到标准后，最后的决定就是是否符合组织文化(价值观)的要求。借着甄选的程序，一方面可以确保员工与组织的恰当匹配；另一方面可以筛除那些与组织价值观存在冲突的人员，避免对组织核心价值观的威胁，使组织文化可以持续维系下去。

(2) 管理者。通过管理者的言行，组织会树立一个规范然后贯穿组织，他对维系组织文化起着一种榜样作用。

(3) 组织的社会化。由于新员工并不熟悉组织文化，因此组织必须协助其适应此文化，这种适应过程可称为社会化过程。这一过程大致可分为三个阶段：首先是职前期，是新成员在加入组织之前所具有的经验，它决定成员在甄选时能否洞察主选人的要求，因而也在一定程度上决定他是否能被录取；其次是遭遇期，这是新员工的价值观与组织价值观念相遇，成员可以从中发现自己与组织之间的差距；再次是蜕变期，这是十分明显且持久的变化，从遭遇期到蜕变期，社会化的作用十分巨大。至此，新成员被组织成员所接受，对工作适应，认同组织目标。社会化过程的方法多种多样，要根据组织的特点，采取适当的方式。

[案例一]

绿叶服装公司是一家私营服装企业，业主李叶担任公司经理。开业之初，公司招聘了六名员工，除了一人当秘书兼会计、李叶兼任设计师外，其余五人并没有严格的分工，服装的设计、加工、供销等业务，哪个环节需要，他们就参与哪个环节。这样，公司经营开展得非常顺利，规模也迅速地扩大。三年后，公司员工增加到 120 名。尽管如此，公司却依然没有建立正式的组织结构。但李叶已发现公司的运行明显不如开业之初有序了，以至于经常出现原材料不足、产品交货延迟等问题。这使他感到困惑不解。于是，他请来了管理咨询公司的张博士。在对公司进行了仔细的调查后，张博士帮助李叶设计、构建了适合本公司特点的组织结构。不久，公司的运作又恢复了有序的状态。绿叶服装公司的发展经历告诉我们，设计、构建恰当的组织结构是一个组织发展过程中不可缺少的管理工作。

[案例评析]

  组织文化对组织运行来说，其影响力是全方位、全过程的。它对现代组织管理具有重要意义，案例中的李先生公司壮大后依旧没有建立一个缜密的组织结构，结果导致公司一度恶性循环，的确值得我们每一位管理者深思。

资料来源：王晓君. 管理学[M]. 北京：中国人民大学出版社，2004.

[案例二]

<h3 align="center">别具一格的文化个性</h3>

  1975年，保罗·艾伦和比尔·盖茨合伙创建微软公司。产品是微软BASIC，雇员为3人，当年收入16 000美元。1977年在日本推BASIC。1982年，在英国建立欧洲分部。1986年，微软在NASDAQ上市。1986年上市后，经营利润率持续保持在30%以上。到1995年，年收入已达59亿美元，拥有大约200多种产品，约17 800名雇员。微软控制了PC软件市场中最重要的部分——操作系统的80%~85%。没有哪一个与计算机或信息技术有关的行业和用户不受到微软及其产品的影响。

  微软公司令人吃惊的成长速度，引起世人的广泛关注。透过辉煌业绩，我们不难发现其成功不仅在于科技创新和优异的经营管理，更重要的是创设了知识型企业独特的文化个性。

  微软从最早卖程序设计语言，到出售操作系统，再到向零售店出售各种应用软件产品，从国内到国外，不断获得发展。但微软始终保持着公司早期结构松散、反官僚主义微型小组文化等特性的基本部分，从而与顾客更接近，更了解市场的需要。

  面对市场和技术方面的挑战，微软总是奉行最基本的战略，向未来进军。它拥有出色的总裁和高级的管理队伍，以及才华过人的雇员，拥有高度有效和一致的竞争策略和组织目标，组织机构灵活，产品开发能力强、效率高。微软人有一种敢于否定自我，不断学习提高的精神。当然，在其优点和成绩之后也潜藏着很多弱点，但微软正是在克服弱点和发挥优势的过程中不断向前发展的。

[案例评析]

  微软公司的成功之道中，很重要的就是企业的文化创新，比尔·盖茨如一股永不枯竭的源泉，不断地释放着个人的魅力。随着时代的发展，时代对文化的要求在发生变化，企业文化也应按照时代的需求赋予新的内容，或更新或变革或重塑，否则，只有死路一条。正所谓"穷则思变，变则通，通则达，达则久矣。"

资料来源：代凯军. 管理案例博士评点[M]. 北京：中华工商联合出版社，2000.

习 题

一、名词解释

组织设计　组织文化

二、思考题

1. 组织设计是一项比较复杂的系统工程。请简述影响组织设计的主要因素。
2. 简述组织设计的基本原则和基本程序。
3. 简述组织文化的特征、内容和意义。

第 9 章　组织变革与发展

组织是一个开放的系统，所以不可避免地会处于一种多因素变化的复杂环境中，组织要想生存和发展，就必须不断变革，以适应环境的变化，促进组织发展。因此，组织变革与发展是组织运行过程的必然趋势。本章的主要内容包括：

- 组织变革的目标、特点、措施
- 组织变革与员工心理的相互作用
- 组织发展的含义
- 团队的概念、特点及建设

9.1　组织变革概述

现代社会的组织是一个开放系统，它与整个社会环境相互作用、相互影响，不断与外界环境进行信息和能量的交换，而外界环境总是不断变化的，有时相对稳定，有时变化较大。为了适应这种变化，组织也就需要随之不断调整和变革，否则将失去活力，难以生存和发展。

组织变革是组织为实现组织目标，依据其外部环境和内部情况的变化，对组织人员、技术、制度、理念等组织元素进行有意识的调整、修正和发展的过程。它是保持组织内部动态平衡，提高组织应变发展能力的手段，对维系组织生存，促进组织健全发展具有重要意义。

组织调整和变革，包括调整组织结构，调整组织内各要素之间的关系，变革组织内部的运行机制，变革组织内部与外部环境之间的相互作用的方式等等。在调整和变革中，组织不断地淘汰那些过时的、陈旧的、不适宜的东西，使自己始终保持生机和活力，实质上是维持了组织的稳定。

9.1.1　组织变革的目标与特点

1. 组织变革的目标

组织变革是组织发展的必然趋势，组织希望通过变革朝着理想的方向发展，变革所要达到的目标如下。

(1) 通过组织变革，实现组织与环境的适应。

任何一个组织都处于复杂的社会环境中，离不开与外界环境能量、物质、信息的交流与沟通，而外界环境总是不断变化，组织作为社会大系统中的一个元素，无法控制外部环境。所以，只有调整内部结构，改善管理办法，才能适应不断变化着的环境。

(2) 通过组织变革，完善组织结构，优化管理能力，增强组织社会心理效应，提高组织效能。

当组织现状与组织目标之间出现差距时，组织变革就发生了，变革往往涉及各个方面，关系整个组织全局，不是一两个部门或单位可以实现的。因此，变革必须进行统筹协调，考虑到员工的心理和行为方式，从而使组织能够适应社会实践的要求，满足社会发展的需要。否则变革就失去了意义，这样的组织也会被淘汰。

2. 组织变革的特点

(1) 组织变革是一个过程，在这一过程中，要受到组织自身发展阶段和状况、管理环境等多方面因素的影响和制约。但是，变革又会给组织带来新的血液、新的生机，它在组织中起到"承旧启新"的作用。

(2) 组织变革是组织发展的重要环节，组织发展是组织系统的变革过程，发展带来的是组织根本性的改善和进步，而变革却不一定会使组织不断成熟，变革是一种手段。

(3) 现代社会组织变革已深入到各个领域，具有许多新的现代特点，如变革周期不断缩短、变革内容不断深刻，组织变革正在进入一个新纪元。

9.1.2 组织变革与员工心理

任何组织都不是一个绝对独立、封闭的系统，它与社会环境不断地相互作用、相互影响。而组织所处的环境是复杂而多变的，这些复杂而多变的环境对组织不断地提出变革的要求。所以说，环境变化是组织变革的主要原因，需要正确认识组织与环境之间的关系。

组织环境包括外部环境和内部环境两个方面。

组织的外部环境包括：国家政治、经济政策的调整；政治体制的改革；市场需求的变化；民主与法制的健全与破坏；国际政治与风云变化；科学技术的进步；市场竞争方式的多样化；原料及能源供应的变化；人才与劳动力的短缺或过剩等。组织是从属于社会大环境系统中的一个子系统，外部环境变了，整个组织必然要进行相应的变化，外部宏观环境的任何一个因素都可能引起组织内部的调整和变革。

然而，一个组织的外部环境是无法控制的客观实际的变化，组织本身无力控制外部环境，只能主动适应。而为了更好地适应，就必须进行组织本身的自我改革，即改变组织的内部环境。也正如唯物辩证法所指出的，一切事物的变化都有内因和外因，内因是根据，外因是条件，外因通过内因起作用。组织变革的基本根据也是来源于组织内部因素的要求和推动。

组织的内部环境包括：组织目标、人员素质、技术水平、人际关系、管理方式等，而员工的工作态度、工作期望、个人价值观念等心理因素是这一环境中的主导，因为这些因素的变化，会使组织的目标、结构、权利体系得到修正，最终影响着组织的变化。

管理学家华尔顿对作为内部环境的员工主观心理需求做了专门研究，发现在员工期望与组织实际情况上至少存在下列六种矛盾，需要改革组织。

(1) 组织工作的简单化、专业化与员工期望获得的挑战性和自我成长需要之间的矛盾。

(2) 组织以等级层次、地位差异为特征的管理与员工平等待遇要求之间的矛盾。

(3) 组织强调物质报酬，忽略员工其他需要与员工重能力发挥，重自尊、责任之间的矛盾。

(4) 组织长远利益与员工当前需要的矛盾。

(5) 组织强调理性、不注重情绪与员工关注情感面的矛盾。

(6) 组织的高度竞争性设计与员工竞争力减弱的矛盾。

矛盾是事物变革和发展的动力。员工需要的不断扩大和期望值的不断提高，反映出员工自身素质、价值观念的提升，这是组织变革的基本原动力。但是在组织变革的实践中，员工也不免存在一些阻碍变革的心理障碍：如对新的改革措施不信任，担心会威胁自身的不安全感；心理上的惰性使得对新事物有着或多或少的抗拒和排斥；变革冲破了原有的习惯，由此造成对改革的抵触情绪；人际网络的惯性平衡会随变革打破，担心带来人际关系的变动等。这些依赖、保守、习惯性的心理或存在于个人身上，也或存在于某些群体中，成为组织变革的阻力。

综上所述，员工的社会心理状态是影响组织发展与变革的重要力量。组织在变革的过程中，要把握好员工心理，结合内外部环境的实际情况，合理、恰当地实施变革。

9.1.3 组织变革的措施

组织变革的措施，要根据组织内外部环境的状况和变革要求来采用。具体地讲，组织变革可以从以下几个方面着手。

1) 通过改变结构来实现变革

改变组织结构即调整和重新组织，这主要包括：部门重组、合并；建立必要的规章制度；协调各部门的工作；调整管理幅度和管理层次；给各层次管理人员与职工部分自主权等。这种变革方法见效快，常常可以使组织发生根本性的变化。

2) 改变人的行为态度

改变人的行为态度，包括改变员工的认知结构、动机、情感态度以及各种能力技能等，这不仅包括人的心理过程、个性特征，也包括为改变人的行为态度需要的沟通管理技术条件。人是活动中最重要的因素，任何变革最终都得通过人来完成，因此，改变人的行为态度等心理因素以实现组织变革，是比改变组织结构和技术更重要，也更易见效的措施。

3) 改变技术

改变技术，主要是改变组织完成任务所用的方法和设备。新技术、新工艺、新设备的引进和使用，科学管理方法的采用，都有助于实现组织变革的目标。

4) 改变外部环境

改变外部环境在于调整和控制影响组织发挥作用的外部条件。组织不能单纯地去适应外部环境的迅速变化，而是人们要主动地控制和改变外界环境，以便创造新的环境，这有利于组织目标的实现。例如，开辟新的市场，加强外部信息资料的输入以及改变周围的社会舆论影响等。

由于组织变革存在着各种各样的阻力,因此,变革措施所包括的就不单单是针对变革对象的方法、手段,还应包括消除阻力的策略、办法,以保证变革的顺利实施。

消除组织变革阻力的办法同样也应因时因地而异,但是构筑对变革的信任和信心是克服任何阻力的出发点。以下策略可供参考。

1) 加强沟通,鼓励参与

心理学研究表明,人们对某事越了解,参与程度越大,他越会把此事当作自己的事处理,会减少许多不必要的麻烦。如果组织成员了解有关组织变革的信息,并能参与变革的相关设计和讨论,那么变革自然就容易进行。因此,在变革过程中,组织上下沟通渠道应畅通无阻,组织成员能随时了解组织目前所面临的各种状况。这可以使成员产生共同的认识、共同的责任感,减少抵制。

2) 提倡相互尊重、理解

管理者要相信大多数人是拥护变革的,即使是成员中存在的心理障碍也可以通过动员、教育来消除。因此,管理者应把变革的原因、措施、步骤和预期的结果告诉组织成员,信任下级、尊重下级,这将改变成员对变革的看法和态度。

3) 合理安排变革进程

这实质上是要求变革的进程与人们接受新事物的心理过程相统一。因为变革带来的必然是焕然一新,而每个人接受新事物都有一个过程,如果变革进程过快,则会给下级带来紧迫感,影响正常的工作程序,不自然地产生抵触。所以,领导和管理者要给组织成员留有适当的接受和适应的时间,以保证变革成果的稳定。

4) 利用群体动力

利用群体的威望、目标、规范和群体的内聚力来改变个体的行为方向,培养强烈的归属感,使个体把群体看作是自己的群体,当群体支持变革时,个体也就会支持变革。

5) 强制方法

方法包括变革前给成员施加外部压力,使其感到变革的迫切性;变革过程中,对一些太过保守的抵制者实施压制和威胁等。

9.2 组织发展

9.2.1 组织发展概述

组织是一个随环境变化而变化的开放系统。随着社会的发展,科技的进步,人们的意识在变化,组织也在不断变化中发展。

1. 组织发展的含义及其与变革的关系

组织发展是指为了有效实现组织目标,根据组织内外环境的变化,通过长期的规划和努力,运用管理科学和行为科学的知识,改善和更新人的行为、人际关系、组织结构及组织管理方式等的过程。

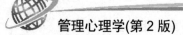

任何一个组织都是由三个系统组成的：①技术或工作系统，包括工作流程、技能、工作角色分派等；②管理或行政系统，包括组织结构、政策、规章、奖惩制度等；③人文系统，包括文化、价值、成员动机、领导方式等。组织发展是这三个系统相互作用的结果，其中，人的发展是组织发展的核心。只有三个系统合理配合、协调发展才能够保持整个组织的平衡。

组织发展是组织应用管理科学与行为科学知识和技术来改进组织，使其能够适应内外环境的变化，提高组织效能和竞争力的过程。而组织变革是依据组织内外部环境的变动，对组织各元素进行调整、改变和创新。组织变革的目标是使组织各元素与环境变化相适应，以此来促使组织更好的发展，是组织发展不可缺少的重要环节。变革侧重在"手段"，而发展是一种"过程"。

2. 组织发展的特点

(1) 组织发展是一个动态系统。组织的各种活动不是孤立的，而是相互联系的。这包含两方面的含义。一方面，组织内外部环境十分复杂，特别是外部环境有许多不可知因素，因此，不仅需要考虑到组织内部各部门之间由于相互影响而带来的多种效应，而且要对外部环境中的因素做出准确描述。另一方面，组织活动的主体——人的相互作用。组织发展改变了成员原有的行为方式、态度、心理状态，协调了成员关系，作为一个动态的过程，它既解决了当前存在的问题，还使成员获得了解决与管理将来可能出现的问题的能力。

(2) 目标和计划是组织发展的重要内容。目标是发展的方向，计划是发展的纲领。让组织成员更多地参与目标和计划的制定和实施是组织发展的一个重要方面，这能够激发组织成员的成就动机，提高积极性，增强责任感，也有利于资源的合理利用和配置。

(3) 组织发展是以有计划的再教育手段来实现变革的策略。规范是形成行为的基础，通过教育使人们抛弃那些不适应形势发展的旧规范，建立起新规范，从而达到组织发展的目的。而规范的基础是组织成员的价值观念和态度体系，因此，组织发展还包括改变个人的态度、技能、组织气氛、信息交流等。

9.2.2 组织发展趋势——团队

随着知识经济时代的到来，竞争日趋紧张激烈，市场需求愈加多样化，在很多情况下，单凭个人能力已很难完全处理各种信息和关系并采取有效行动，这就要求人们进一步相互合作来解决错综复杂的问题，团队应运而生。

1. 团队的概念

所谓团队，是指为了实现组织目标，由一些志向相同、团结和谐并负有共同责任的人组成的群体。团队中的成员有着共同的目标，并都为了这个目标而努力。团队不仅强调个人的工作成果，而且也强调团队的整体业绩，往往团队的集体成果要超过成员个人业绩的总和，因此，许多人都认为团队是管理的最佳组织形式。

团队同群体是密切相关的。群体是为了实现特定目标，由两个或两个以上的个体所组成的集合体，成员之间存在特定的社会、工作关系。群体分为正式群体和非正式群体。正式群体是指由组织结构确定的，职务分配明确的群体，在很多情况下，它所指的就是正式组织；非正式群体与正式群体相反，是那些既没有正式结构，也不是由组织确定的联盟，它是人们在相互交往中自发形成的，成员之间一般有着相同的利益、观点、信念、习惯等。当群体成员发展出一种对群体的高度认同时，群体便可称为是一种团队。因此，所有的团队都是群体，但是群体并不一定都是团队。

团队的核心是共同承诺，成员齐心协力，共同承担集体责任。只要团队目标切实可行、具有挑战性，就能激发团队无穷的能量。工作团队是因组织的某项关联工作而使各成员联合起来组成的集体。优秀的工作团体与团队一样，具有能够一起分享信息、观点和创意，共同决策以帮助每个成员更好地工作，同时强化个人工作标准的特点。但是工作团体常常与组织结构相联系，又过于强调个人目标和责任，工作团队的目标只是个人目标的简单总和，这些都将阻碍集体能量的充分发挥，工作团队不会有如同团队那样由于团队成员共同努力、共同工作所带来的增值效应。

2. 团队的特点

团队被普遍认为是凝聚力和创造力最有效结合的方式之一，已越来越被现代企业和组织所关注和采用，成为组织管理的基础形式。它具有如下特点。

(1) 团队目标具有高度的一致性和可行性。团队目标的制定是团队成员共同讨论、协商的结果，每个成员都参与目标的制定，并将目标逐步细化、具体化，成为行动的纲领。团队的共同目标是一种意境，是成员自觉奉献的动力。每个成员都能够深刻理解目标，形成共同的认同感，无论遇到任何困难，这一目标都是成员行动的方向。

(2) 团队具有集合性。团队是知识、技能的集合体，在这个集体中，团队成员之间知识、能力相互补充、结合，使团队具有无穷的能量，并且通过团队学习的方式提高团队知识容量和运用知识的水平，使团队形成独特的知识能力体系，从而保障了团队的有效运行。

(3) 团队具有凝聚力。这种凝聚力表现在：团队成员为了共同的目标齐心协力，努力工作；在工作中相互配合，相互支持，相互信任，关系融洽；成员为了共同的承诺，都对团队绩效负责，勇于承担责任。这使得团队功能最大化地发挥。

(4) 团队行为具有统一性。团队成员根据目标要求，需平等地分担工作任务，并就各自的工作内容取得一致。此外，团队还需要在制定工作进度、解决矛盾冲突以及如何做出或修改决策等方面，达成共识。

(5) 短小精悍，反应迅速。团队通常人数较少，规模不宜过大，避免了组织中烦琐的机构、层次，因而更加灵活，能够迅速把握时机和变化，相机而动。

3. 团队的类型

组织管理中，根据目标及任务的特点，可以将团队划分为问题解决型团队、自我管理型团队和跨功能型团队。

1) 问题解决型团队

问题解决型团队(problem-solving teams)是为了达到某特定目标而临时建立起来的一种团队。它一般由来自同一部门的 5~20 个工作人员组成，他们每周用几小时的时间碰头，讨论如何提高产品质量、生产效率和改善工作环境等问题。当问题解决后,这个团队也就解散了。

20世纪80年代开始,在日本与美国的管理中,广泛采用一种问题解决型团队——全面质量管理,也叫质量圈(quality circle),这种团队由员工及主管人员共同组成,主要解决质量问题,具有一定的代表性。

2) 自我管理型团队

自我管理型团队(self-managing work teams)是独立自主的团队,它不仅注意问题的解决,而且能执行解决问题的方案,并对工作结果承担全部责任。这种团队在调动成员参与决策的积极性方面有明显优势。

它承担着以前自己的上级所承担的一些责任,一般可以控制工作节奏,决定工作任务的分配,甚至选拔团队成员等。这样,管理者的重要性就下降了,给管理者的工作带来了很大的挑战。

3) 跨功能型团队

跨功能型团队(cross-functional teams)是由同一层级、不同工作领域的工作人员组成的,他们的目的是完成组织指定的某一特定任务,因而需要跨部门,集合不同工作领域的员工集思广益,共同完成。由于团队成员的多样性,因此有利于组织内信息交流,群策群力,开发创造性方案。

由于团队划分的标准不同,因而也就会有不同的类型。但无论如何划分,各种类型的团队都在通过发挥自身优势达到改善组织绩效水平,提高组织创新性,增强组织适应性等目的,组织应结合实际将团队优势最大限度地发挥。

9.2.3　如何建设高绩效团队

作为一个团队,提高业绩是它的主要目标,所以衡量高绩效团队的主要标准也是工作任务的完成情况和目标的实现情况。要获得高业绩,那么这个团队必然要相应地具有一些优秀品质和特点,如团队具有独立自主的权力,对于团队成员的选拔等问题不必接受上级命令安排;团队成员具有和谐的人际关系,能相互辅助,达到一种默契;几乎所有成员都具备基本必需的技能,能够将任务整合等。

要建立一支高绩效的团队,需要把握和控制以下几个相关方面,这对建立高绩效团队有很大帮助。

1) 团队的规模

一般来说,团队的规模应短小精悍,如果成员过多,则会影响成员间的沟通、协作与相互信赖,损害团队的凝聚力,从而给任务的完成带来巨大的障碍。

2) 团队成员的能力

团队成员的各种才能是团队有效运行的基础前提,这些能力包括各种基本技能、决策能力、人际能力等。当然,这不是要求每个成员都是"全能"的,而是要求团队是各种专长的统一体,这是团队完成任务,应对各种情况的必要条件。

3) 对共同目标的认同

团队共同目标是所有成员努力和贡献的动力，所以，团队成员应花费充分的时间、精力来讨论、制定他们共同的目标，并深刻领会，一旦目标为成员所接受，将起到指引、推动的作用。

4) 统一的规则

如同组织一样，团队也需要规则的约束，这不仅可以使团队成员习惯内外规范化，而且有利于责任的明确，使成员清楚个人的责任和共同的责任，建立起责任心，同时还可以作为考评的依据之一。

5) 合理分配角色，培养信任感

团队的主要力量来自于成员的相互配合，相互补充，这些的获得，需要从两方面着手：一方面，根据个人的优势和喜好，安排最适合的位置，这样才能促使他们发挥最大的贡献；另一方面，培养成员间的相互信任感，只有这样，才能增强团队凝聚力，使个人才能尽可能地发挥出来。

6) 建立绩效评估体系

团队绩效评估是对团队工作的反馈，团队可以依此调整目标和人员分配，更好地完成任务。它还是对成员工作和努力程度的评价，是奖惩的主要依据，适当的奖励和惩罚可以激励人的工作热情和工作干劲，减少工作失误。因此，建设高绩效的团队，不可以缺少完善的评估体系和相应的奖惩制度。

一个成功的团队是组织管理的最佳方式之一，但这并不意味着每一个组织或在任何情况下都需要团队。如果对于团队没有具体的业绩要求，那么建立一支团队也是没有实际意义的。而如果团队不能有效地得以利用，则将会造成时间和精力上无谓的浪费。因此，组织不要盲目随流，要时时处处从自身的实际出发。

[案例]

BS公司是一家著名的中美合资企业。近年来，随着中国改革开放步伐加快，市场经济发展迅速，该公司面临市场竞争的严峻挑战，进一步激励士气，降低成本，提高生产效率，已是当务之急，为此，公司领导决定移植美国BS母公司的团队模式。这是一个大胆的决定，因为这种新型的管理模式是否适合中国公司还是一个未知数。公司领导客观分析了美国BS公司当年所面临的内外环境，发现与今天的BS中国公司有许多相似之处。

20世纪60年代，美国BS公司面临科学技术飞速发展，劳资关系发生变化，国际竞争空前激烈，而企业内部利润降低，市场占有率下降，产品结构急需调整，环保等社会责任日益增加等问题，这些剧烈的内外环境变化，要求企业必须作出相应的调整和变革，以求得生存和发展。70年代初，美国BS公司大胆推行完全由员工参与的新型管理模式——团队。参与式和命令式是两种不同的管理模式，代表了两种不同的管理思想，美国BS公司非常艰难地跨出了这一步，从无到有，由点到面，如今各种团队活跃在每个生产车间，为公司的各项管理注入活力。团队成员主动参与生产管理的多项活动，从计划的制订、实施到生产控制，他们还积极参加各项管理课题研讨，在整个生产管理过程形成一种集思广益、群策群力、共克难关的良好氛围。这一管理模式的变革，使公司生产效率大幅度上升，市场占有率逐年扩大。如今的 BS 美国公司已发展成为世界著名的大公司。据此，BS 中国公司决定派三名生产部经理赴美进行专题考察与培训。并对公司管理现状进行调查研究，在分析中美企业在管理上的差异之后，根据推行工作管理小组的 7 项先决条件，在小范围内试点推行团队模式。

两个月后，生产部 C 生产线工作管理小组正式宣告成立，12 名成员均是工作性质相同或接近的基层工作人员，有车间主任、操作工人、设备维修人员、品质管理人员、技术支持人员。他们通过定期的会议首先围绕如何降低 C 产品的损耗问题展开专题研讨。

由于东西方在管理上的差异，原先计划经济模式下的管理思想、管理方法、管理行为对中国员工还有一定的影响，员工的薪酬与福利制度和西方企业相比差距还比较大。12 名成员(除一名车间主任外)还缺少系统的训练，还没有完全建立团队的意识和责任感。因此，团队的实效与管理者原先的预想有一定的差距。但是，这种尝试对公司的发展积累了经验，为公司的变革和发展奠定了基础，有利于公司更好地适应内外环境的变化。

[案例评析]

近一个世纪以来，随着科技进步、信息技术的发展，市场竞争日趋激化，社会环境变化迅速。为了组织的生存，为了更有效地利用资源，最大程度地实现组织目标，组织必须不断地进行变革。变革与发展已成为当今社会各种组织发展战略的重要组成部分。

资料来源：周菲. 管理心理学. 北京：清华大学出版社，北京交通大学出版社，2005.

习　　题

一、名词解释

组织变革　组织发展　团队

二、思考题

1. 简述组织变革的目标、特点及措施。
2. 组织在变革过程中是否需要考虑员工的心理？应如何考虑员工的心理？
3. 建立一支高绩效的团队是每个组织的愿望，那么建立高绩效团队需要把握和控制哪几个方面的因素呢？

第 10 章 领导概述

领导及领导者的行为是管理心理学中的一个重要课题。领导及领导者的作用是关系组织效率与效益的主要因素,甚至关系到组织的生死存亡。

本章从领导的基础概念入手,介绍如下方面的内容:
- 领导的含义、类型与职能
- 领导的素质与影响力

10.1 领导的内涵

10.1.1 领导的含义

1. 什么是领导

对于领导的含义,历来有不同的解释,各种理论从不同的角度或侧面来诠释领导。例如,斯托格狄尔(R. M. Stogdill,1950)在《领导、成员和组织》中认为:"领导是对一个组织起来的团体为确立和实现目标所进行的活动施加影响的过程。"而坦南鲍姆(R. Tannenbaum)等在《领导:职权范围》中认为:"领导是在某种条件下,经由意见交流的过程所实行出来的一种为了达成某种目标的影响力。"

可见,斯托格狄尔是将领导看成某一"过程";坦南鲍姆是把领导看成一种"影响力"。而对于领导的理解又何止这些?还有的认为领导是一种艺术或是一种权力,领导是一种行为……但各种不同的解释中也有相同的因素,即都涉及"行为"。所以一般认为,领导是一种行为和影响力,是指引和影响个人或组织,在一定的条件下实现组织目标的行动过程。其中实行指引和影响的人就是领导者。这种行动过程实质就是领导者依据组织内的实际情况,行使组织所赋予的权力,实行监督和控制,运用领导技能,采取正确的领导方式和领导行为,带领全体员工高效率地去实现组织目标。

2. 领导与领导者的关系

领导是一种行为过程,是人与人之间相互关系的一种形式。领导者是指实施领导行为的主体,是组织中的一种角色。但它们是相互依存的。首先,领导行为过程体现了领导者与被领导者的关系,包含了领导者与被领导者的行为,否则就不成其为领导;其次,领导过程通过领导者的行为体现出来,那么领导者本身的素质、领导技能、领导方式等必然对整个领导行为有所影响,关系到组织目标的实现程度;再次,领导行为是一个动态过程,处在特定组织环境中的领导者必然受到被领导者与环境因素的制约,它们之间的关系可以用函数公式来表示:领导=f(领导者,被领导者,环境)。没有领导者就谈不上被领导者,也就没有了领导行为。反过来,没有领导行为,作为领导行为主体的领导者也就无从谈起了。

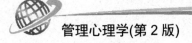

3. 领导与管理

领导与管理是相互区别又相互联系的。

从行为方式来看，领导和管理都是一种在组织内部通过影响他人的协调活动实现组织目标的过程；从权力的构成看，两者也都是组织层级的岗位设置的结果。所以，领导具有管理的计划、组织、控制的一般属性，在实现组织目标上，两者都不可或缺，都具有重要作用。

领导与管理的区别主要表现在以下几点。

(1) 管理是由领导者或非领导者通过计划、组织、控制等，实现组织目标的行为过程，而领导是由领导者指引和影响个人或组织，在一定条件下，实现期望目标的行为过程。所以二者的实施主体不同，在实施范围上，管理要大一些，领导要小一些。

(2) 领导具有全局性、超前性，而管理具有局部性、现实性。领导者的任务是解决组织中带有方向性、全局性的问题，表现在为组织活动设置目标、开拓局面等方面；管理者的任务是解决具体有关效益和效率上的问题，表现在为组织活动选择方法、建立秩序等方面。

(3) 领导贯穿于管理的各个阶段，在整个管理过程的各个阶段层次上，领导活动表现为独立的职能——组织、调动、监督、检查等，不必过问细节。

(4) 在组织中，管理者包括各部门、基层的领导人，从事管理工作职能的人员等，所以在人数上要多于领导者。

10.1.2 领导的类型与职能

按照领导的广义和狭义分类，有领导个体和领导团体；按照领导的权威基础分类，有正式领导和非正式领导；按照领导活动的层级分类，有高层领导、中层领导和基层领导；按照领导活动领域分类，有政治领导、行政领导、业务领导和学术领导等。

领导属于管理活动的范畴，是组织管理的一个方面。组织领导的作用应该体现在：实现组织目标，并在实现过程中尽可能地满足组织成员和所有相关方的需要。没有坚强有力的领导，没有管理有方的领导，组织就无法实现目标。领导的职能归结起来主要是处理"三大关系"，即与人的关系、与事的关系以及与时间的关系。

1) 处理与人的关系

首先，做领导工作就是做人的工作。在任何一个组织的所有资源中，人力资源是第一位重要的。现代组织管理强调的人力资源管理应是"以人为本"的管理。领导工作就是通过一系列的措施了解、掌握人的各种需要，从而有目的地引导、指挥和协调人的行为，千方百计地调动人的积极性，以实现组织目标。

领导行为在处理与人的关系上主要通过约束机制和激励机制来实现。

首先，为了实现组织目标，组织应该根据环境的需要，制定规章制度，来统一组织成员的思想和行为。这些规章制度对组织成员具有约束性。作为领导者和管理者应该在制定和落实规章制度方面充分发挥领导作用，建立健全制度体系，为实施各种制度创造和维护合适的环境，同时要适时更新各种制度的内容，使之保持实际性和可操作性。

其次，合理运用激励机制也是"管人"的重要方面。激励机制关系到对人的物质鼓励和精神鼓励，能够使员工的需要得到满足，从而愿意为组织贡献力量，与组织共同发展。

2) 处理与事的关系

在一个组织中，为了达到整体的组织目标，各个阶层、部门都需要进行大量的工作，而领导者也需要制定各项决策和具体策略、掌握运营的主要过程和结果、指挥组织层次和控制系统的运营……使各项工作有条不紊地进行。这些事务的处理是领导的第一职能。

在这些领导工作过程中，领导者既不能成为空洞的口号、路线、纲领的鼓吹者，脱离实际，疏于督察，也不能事无巨细，事必躬亲，影响对全面工作的指导和监督。这就要求领导者和管理者具备较强的领导能力和组织技巧。

3) 处理与时间的关系

领导与时间的关系主要表现为两个层面。

第一个层面，领导者和管理者需要根据既定计划，合理安排个人和组织的时间，根据轻重缓急的原则有条理地安排个人和组织的各项活动，从而充分有效地利用时间，在一定的时限内完成任务，实现组织目标。能否把握现在，充分合理地组织调配各种资源，领导和监督下属按照时间表的要求做好每一件工作，是对领导者和管理者最起码的要求。

第二个层面，领导要高瞻远瞩，才能保证组织的持续发展。所以预测未来，走在时间的前面，规划好各种进程，也是领导与时间关系的重要方面。

领导者是组织中致力于实现领导过程的人，所以，如果将领导职能细化于领导者的身上，可以具体表现在以下几个方面，它们切实地体现了上述三种关系。

(1) 制定组织经营战略。这是领导者要抓的头等大事。经营战略指明了组织持续发展的根本大计，为组织成员提供了统一行动的共同纲领，也是组织成员共同前进的强大动力。

(2) 建设领导集体。建设一支事业心强、团结一致、懂经营、会管理、在员工中有威望的领导班子是决定组织发展方向、程度的大事。它直接影响着战略目标的制定、组织管理的实施、组织成员的调配等重大方面。

(3) 进行组织设计。"组织"是组织管理的一项基本职能，是有效管理的重要手段。如果只抓经营战略，而不管组织是否科学合理、精干高效，经营战略就难以贯彻实施。

(4) 处理各种关系。包括组织内部成员之间的沟通和协调，也包括组织外部良好的社会关系，如组织同大众传媒、同社会公众等多方面的社会关系。

(5) 应对临时重大危急事件。组织内、外部环境无时无刻不在发生急剧变化，组织领导者要根据经验和预测，对于各种可能发生的危机事件，提前做好应急方案，当事件发生时，要临危不惧、采取果断措施，最大程度地减少组织损失。

从上述领导职能可以看出，由于在组织目标的实现过程中，"人"是最主要的因素，所以，领导者的职能也关键体现在与人的关系上，一个领导者如果仅仅缺乏某方面的知识或技能，并不对他的领导工作产生决定性的影响，可以通过别的渠道进行弥补；但如果领导者不具备沟通、协调能力，不善于发挥激励功能，必然影响整个组织的生机和活力，组织目标自然难以实现。

组织有正式组织和非正式组织之分，领导者也有正式与非正式之别。非正式领导者并

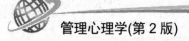

没有正式职权，却能以个人的影响力与魅力去影响他人，他是一位实际上的领导者。如果他赞成组织目标，则可以带动组织成员执行组织的各项任务。所以，作为领导者，最基本的职能是运用心理机制，提高被领导者接受和执行组织目标的自觉性；激发被领导者实现组织目标的热情；提高被领导者的行为绩效。

10.2 领导的素质和影响力

10.2.1 领导的素质

素质，是现在用得比较多的一个词语，也是提高人的价值，培养、使用和衡量人才的重要标准。素质一词原是生理学和心理学概念，是指个体先天解剖生理特点，主要指神经系统、脑的特点以及感觉器官和运动器官的特点。随着素质教育理论研究的深入，素质的概念发生了变化：素质不仅指自然品质，也包括社会品质，它是自然性和社会性的辩证统一，它是在先天禀赋基础上，经过与后天环境相互作用而形成的内在的较为稳定的身心组织结构的要素、特征或属性。它是人的一种较为稳定的属性，能对人的各种行为起到长期的、持续的影响甚至决定作用。

领导者的素质是指领导者应具备的基本品质和条件。在一个组织里，需要各方面的人才，为了达成组织目标，不仅要充分发挥每个人的积极性，更要发挥集体的综合素质。作为一个领导者，不仅应该具有一个普通人的一般素质，还应具有一个领导者的特殊素质。具体来讲，领导者的素质包括以下几个方面。

1) 政治思想素质

政治素质和思想素质是领导者应具备的最基本和首要的素质。政治素质主要指领导者的基本政治立场、政治观点、政治态度等；思想素质是指领导者的思想方法、思想感情、思想作风、思维品质等方面的总和。

不同的时代、不同的社会意识形态、不同的国家，对领导者的政治、思想素质都会有不同的要求。在我国社会主义初级阶段，合格领导者的政治素质主要包括：有鲜明的政治态度和坚定的政治立场，坚持四项基本原则，坚持改革开放；以毛泽东思想、邓小平理论、"三个代表"重要思想、科学发展观、习近平新时代中国特色社会主义思想为指导；坚持全心全意为人民服务；有严明的政治纪律性；有高度的政治觉悟和政治责任心；有能够判明大是大非的政治敏锐性与鉴别力；有良好的政治品质，正确对待权力，坚持民主集中制；坚持"三个有利于"的标准；有高尚和远大的理想。

领导者的思想素质主要指：坚持辩证唯物主义的世界观和方法论；坚持解放思想、实事求是的思想路线，一切从实际出发；全面、发展地看待问题，理论联系实际；反对官僚主义、主观主义、教条主义、形式主义；紧跟时代步伐，把握发展趋势，要有改革和创新意识；崇尚科学，以人为本；忠实于自己的工作和事业，有事业信念和信心；坚持真理，修正错误。

2) 法律道德素质

法律是国家按照统治阶级的意志制定，并由国家强制力保证实施的行为规范的总和。是一个人必须遵守的外在行为准则。道德是指生活在一定历史条件下的人们，对实践活动过程中必然产生和形成的人际关系、利益分配、法律制度和思想行为等进行价值判断、价值追求、价值选择、价值实现的总和，是人们行为活动的规范或行为的准则，是调整人与人之间、人与社会之间关系的行为规范的总和。它依靠社会舆论的力量，依靠人们信念、习惯、传统和教育的力量来维持。法律道德素质决定一个领导者的内在人格，对领导者行为的实施程度和成效具有重大意义。

领导者的法律素质是指：要有知法、懂法、守法、护法的法律意识，还要把法律意识转化为自觉依法行使权利和履行义务的法律行为，在领导活动中，树立法制观念，遵守行业各项规范，懂得以法律手段维护自身和组织的合法权益。

领导者的道德素质主要是：遵守社会公德，爱国爱民；励精图治、自强不息；不谋私利、光明磊落；团结合作、顾全大局；做人诚实正直，办事公正。

3) 知识能力素质

知识、能力素质是领导者的力量源泉。丰富的理论知识和专业技能是领导者活动的基本条件。随着知识经济的到来，知识智力的作用日趋重要，对领导者的科学文化知识和理论的要求也越来越高，我国领导者应该具备的知识素质是：要学习和掌握多方面的知识和技能，用科学的理论来武装自己；通过自学、培训等多渠道不断丰富自己；积极实践、总结经验；懂得现代化的信息手段，与国际接轨；用自身的行为影响和带动全体组织成员，创建学习型组织。

领导者的能力素质主要指：领导者应具有通晓主管部门的业务、技术的能力；具有指导工作，解决实际问题的能力；能把握组织整体目标，并依据目标计划和组织、协调；有良好的口头和文字表达能力；能根据环境变化随机应变；有良好的人际交往能力等。

不同组织、不同部门由于性质、职能的区别，而要求领导者具备不同层次和程度的知识能力素质，但以上所述基本素质则是每一个领导者都应具备的。

4) 组织管理素质

组织管理素质是领导者应具备的区别于普通人的特殊素质之一，也是关键素质，如果一个领导者不能有针对性地、合理、高效地组织和管理，即使他具有良好的政治思想道德素质，也不能称之为合格的领导。组织管理素质主要表现如下。

(1) 领导者要"站得高，看得远"，善于发现别人发现不到的东西，规划远景，结合国内国外的具体形势，确立组织发展目标；制定具体实施路径，科学作出决策。

(2) 善于协调沟通，能够调动一切可以利用的资源，努力使组织目标和成员个人目标相统一；积极乐观、激励下属，感召和凝聚他们为共同的远景目标而共同努力，风雨同舟；在组织外部，能有效沟通媒体、客户，争取各方面的支持。

(3) 能正确看待和使用自己的权力，发挥自己的影响力，建立一支同心同德的团队；不断反省，纠正错误，赏罚分明。

(4) 领导者要随时关注科技、市场的变化，根据变化作出变革；掌握组织发展的规律，不断创新和发展。

5) 身体个性素质

健康是一切的保证。领导者工作的内容、强度、难度决定了领导者必须具备比一般人更高的身体素质。否则时间长、压力大的工作必定会使领导者心有余而力不足。而个性素质是指领导者的个性倾向、性格特征等方面，它们会体现出领导者独有的个人魅力，在某种程度上说，是影响领导行为的重要因素。

良好的身体素质主要是指体质和健康状况良好，具体地讲，就是精力旺盛、机能正常、少生病、免疫力强等。而要保持良好的身体素质并非易事，在我国，相当一部分人处于亚健康状态，所以，对于领导者而言，更需要树立自我保健的意识。保证饮食规律、睡眠充足；讲究卫生、坚持锻炼；劳逸结合、预防为主。

领导者的个性素质主要指领导者应有多方面、多层次的需要，特别是自我实现的需要；要有强烈的责任心和成绩动机；具有主动性、独立性、灵活性、批判性、辩证性、创新性、合作性；有广泛而持久稳定的兴趣爱好；情绪自控力强；意志坚定、诚实、正直、勤奋、上进；忍耐、坚韧、顽强、认真负责；懂得自我调节；能全面的自我认识、正确的自我评价、良好的自我控制。

10.2.2 领导的影响力

1. 什么是领导的影响力

如果说传统意义的领导主要依靠权力，那么现代观点的领导则更多是靠其内在的影响力。一个成功的领导者不是指身居何等高位，而是指拥有一大批追随者和拥护者，并且使组织群体取得了良好绩效。领导者的影响力日渐成为衡量成功领导的重要标志。

影响力是指领导者影响他人心理与行为的能力。在人际交往、组织行为中，影响力人皆有之，由于领导者的职位和作用的特殊性，其影响力更强更大。

2. 影响力的构成

影响力由权力性影响力与非权力性影响力构成。

1) 权力性影响力

权力性影响力是由领导者拥有权力和社会地位形成的影响力，其核心是领导者运用手中掌握的权力。权力性影响力是外界赋予领导者的，而非领导者本人争取获得。在传统的管理体系中，人们很关心权力所赋予的影响效力。其构成要素主要包括以下几个。

(1) 传统因素。这是指人们对领导者的一种传统观念。在中国文明发展史上，等级、尊卑自古就有，在某种程度上，这种观念已成为某种形式的社会规范，潜移默化地影响着每个人。人们认为，领导者由于地位、权威特殊而不同于普通人，比一般人强。所以在人们的思想中就形成对领导者的服从观念。

(2) 职位因素。组织的分工产生了职位，每一个职位都有相应的权力，而且这种权力具有强制性。一个领导者，不论通过何种方式获得了职权，也就有了强制下级的力量，如指挥、分配、奖惩等。职位越高，权力越大，所以一般下属都对领导者有着不同程度的敬畏感。但是这种因素产生的影响力大小和性质还受到领导者本身的心理品质的影响。

(3) 资历因素。这是指领导者的资格、阅历和经历。在现实中，人们对资历较深的领导者更容易产生敬重感，更易产生服从的心理和行为。

权力性影响力对被领导者的作用主要表现为被动服从，由于它的不可抗拒性，所以对人们的激励作用是有限的。

2) 非权力性影响力

它又称人格魅力，是由领导者个人行为和素质形成的，是一种自然性的影响力。相对于权力性影响力而言，非权力性影响力更具持久性、深刻性。其主要包括以下因素。

(1) 品德因素。优秀的品德会给领导者带来巨大的影响力，还会诱使人们去模仿，主要包括道德、品行、人格、作风等因素。品德不好的领导者无论其职位、资历如何都会给自己的威望带来严重的不良影响。因此领导者必须具有崇高的道德情操和高尚的人格，自觉抵制享乐主义、拜金主义、极端个人主义的侵蚀，坚持真理，弘扬正气。

(2) 才能因素。才能是形成影响力的重要因素。"德才兼备"是选择和任用领导者的基本准则，"德"指领导者的政治、思想、作风品质等，而"才"则主要指领导者的工作能力、组织、管理能力、决策能力等。如果领导者能力强，必然能带领员工实现组织和个人目标，满足不同层次的需要，使员工对领导者产生敬佩感，提高领导影响力。

(3) 知识因素。知识本身就是科学赋予的一种力量，尊重知识、尊重有知识的人才是现代管理的一个重要特点。知识水平是衡量一个人是否成熟以及能力大小的主要标志之一。具有丰富科学知识的领导者在指导工作、人际沟通时把握得体，易产生信赖感，影响力必然会增强。

(4) 高情商。情商是指个人对自己情绪的把握和控制，对他人情绪的揣摩驾驭，以及对人生的乐观程度和面临挫折的承受能力。作为领导者要认识自身，妥善管理情绪，自我激励，关怀下级，与被领导者建立亲密、融洽的关系，形成良好的工作氛围，相互之间心理距离缩小，影响力、吸引力也就增强。

领导影响力及其构成如表 10-1 所示。

表 10-1 领导影响力及其构成

分 类	构成因素	性 质	对被领导者的心理影响	特 性
权力性	传统因素	观念性	服从感	强制性影响
	职位因素	社会性	敬畏感	
	资历因素	历史性	敬重感	
非权力性	品德因素	本质性	敬爱感	自然性影响
	才能因素	实践性	敬佩感	
	知识因素	科学性	信赖感	
	高情商	精神性	亲切感	

3. 影响力的合理运用和提升

无论是权力性的或非权力性的影响力，不同的领导者运用起来可能结果不一样，在激

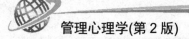

励作用和工作效率等方面都存在很大差异，这就要求领导者在实践中合理运用，通过各种方法不断提升自身影响力。

1) 非权力性影响力的合理运用和提升

非权力性影响力是领导者本身因素形成的，对被领导者的影响是自然发生的，所以其变化因人而异，差异较大。非权力性影响力的大小直接决定领导者影响力的大小，所以领导者要加强自身非权力性影响力，可从以下4个方面着手。

(1) 加强自身品格修养，正直公正、以身作则、关心他人、为政清廉。

(2) 不断丰富理论知识、专业知识、熟练技能，使自身知识全面化、科学化、系统化。

(3) 勇于实践，在实践中提高自己的各种能力。

(4) 密切上、下级联系，尊重、信任、关怀员工，自我激励，增强抗挫折能力。

2) 权力性影响力的合理运用和提升

权力性影响力是外界赋予领导者的，就其范围和作用来说，一般不会发生大的变化，除非职位升降。它虽然带有强制性，但是在复杂的组织机构和人员层次中，是必需的。领导者必须适时和适度地运用。

(1) 职权运用要适度，不可专制滥用。

(2) 要秉公办事，不可以权谋私。

(3) 要善于将权力下放，避免独裁。

(4) 要讲求实干，虚心接受下级建议和意见。

权力性影响力和非权力性影响力是相辅相成的，领导者应将二者统一，根据实际情况，综合运用。

3) 影响力的运用方式

在现代管理学中，也有人将权力等同于可能的影响力，从而提出了"权术"问题，即如何使用权力，可以作为领导者运用影响力的参考。

(1) 合理化的方式。这是一种比较常用的表达方式，用事实和数据来表达想法，想办法让别人觉得这是合情合理的，从而接受你的想法。

(2) 友情的方式。在提出一个要求和请求之前，先对对方进行正面的表扬，让对方对你产生好感。尽量表现出很好的友谊，或者是谦虚的态度，这就是一种友情。

(3) 联盟。如果想影响组织中更多的人物，那么，与其他的部门经理或者领导联盟是一个较好的方法。员工会认为领导者是在支持他们，这个时候领导者的影响力和领导力便逐步扩大了。

(4) 硬性指标。这里使用的是强制性权力，通过下达命令的方式，要求员工在规定的时间内完成规定的任务。

(5) 谈判。领导者与被领导者以双赢的方式进行谈判，这种方式给员工一种平等的感觉，有利于问题的解决。

(6) 规范。通过制度、规则来约束组织，使其有一个统一的、有效的制度化和体系化的标准。

综上所述，领导者的影响力是以领导者基本素质为基础的，是以领导者的能力素养为

第 10 章 领导概述

上升工具的。领导者的影响力对领导者自身素质具有反作用，领导者影响力的提高要求领导者自身素质和领导能力素养的提高。因此，领导者要想增强整体影响力，就必须下大力气提高自身的基本素质和能力素养。领导者的自身素质和影响力是相互统一、紧密联系在一起的。

[案例]

哪种领导类型最有效

ABC 公司是一家中等规模的汽车配件生产集团。最近，对该公司的三个重要部门经理进行了一次有关领导类型的调查。

1. 安西尔

安西尔对他本部门的产出感到自豪。他总是强调对生产过程、产量控制的必要性，坚持下属人员必须很好地理解生产指令，以得到迅速、完整、准确的反馈。当安西尔遇到小问题时，会放手交给下级去处理，当问题很严重时，他则委派几个有能力的下属人员去解决问题。通常情况下，他只是大致规定下属人员的工作方针、完成怎样的报告及完成期限。安西尔认为只有这样才能够更好地合作，避免重复工作。

安西尔认为对下属人员采取敬而远之的态度对一个经理来说是最好的行为方式，所谓的"亲密无间"会松懈纪律。他不主张公开谴责或表扬某个员工，相信他的每一个下属人员都有自知之明。据安西尔说，在管理中的最大问题是下级不愿意接受责任。他讲到，他的下属人员可以有机会做许多事情，但他们并不是很努力地去做。他表示不能理解在以前他的下属人员如何能与一个毫无能力的前任经理相处。他说，他的上司对他们现在的工作运转情况非常满意。

2. 鲍勃

鲍勃认为每个员工都有人权，他偏重于管理者有义务和责任去满足员工需要的学说。他常为他的员工做一些小事，如给员工两张下月在伽利略城举行的艺术展览的入场券。他认为，每张门票才 15 美元，但通过这种方式，是对员工过去几个月工作的肯定。

鲍勃说，他每天都要到工场去一趟，与至少 25% 的员工交谈。

鲍勃不愿意为难别人，他认为安西尔的管理方式过于死板，安西尔的员工也许并不那么满意，但除了忍耐别无他法。鲍勃说，他已经意识到在管理中有不利因素，但大都是由于生产压力造成的。他的想法是以一个友好、粗线条的管理方式对待员工。他承认尽管在生产率上不如其他单位，但他相信他的员工有高度的忠诚与士气，并坚信他们会因他的开明领导而努力工作。

3. 查理

查理说他面临的基本问题是与其他部门的职责分工不清。他认为不论是否属于他们的任务都安排在他的部门，似乎上级并不清楚这些工作应该让谁做。查理承认他没有提出异议，他说这样做会使其他部门的经理产生反感。他们把查理看成是朋友，而查理却不这样认为。查理说，过去在不平等的分工会议上，他感到很窘迫，但现在适应了，其他部门的领导也不以为然了。

查理认为纪律就是使每个员工不停地工作，预测各种问题的发生。他认为作为一个好的管理者，没有时间像鲍勃那样握紧每一个员工的手，告诉他们正在从事一项伟大的工作。他相信如果一个经理声称为了决定将来的提薪与升职而对员工的工作进行考核，那么，员工则会更多地考虑他们自己，由此而产生很多问题。

查理主张，一旦给一个员工分配了工作，就让他以自己的方式去做，取消工作检查。他相信大多数员工知道自己能把工作做得怎么样。如果说存在问题，那就是他的工作范围和职责在生产过程中发生的混淆。查理的确想过，希望公司领导叫他到办公室听听他对某些工作的意见。然而，他并不能保证这样做不会引起风波而使情况有所改变。他说他正在考虑这些问题。

[案例评析]

安西尔的管理方式符合现代理念的管理模式，要想做一个好的领导者，权力性影响力和非权力性影响力是相辅相成的，领导者应将二者统一，根据实际情况综合运用。

资料来源：王晓君. 管理学. 北京：中国人民大学出版社，2004.

习　题

一、名词解释

领导　领导者　素质　影响力　权力性影响力　非权力性影响力

二、思考题

1. 简述领导的类型与职能。
2. 作为领导者应具备什么样的素质？这种素质又能使领导者具有什么样的影响力？

第 11 章　领导理论及其实践

心理学领域中有关领导心理及行为的研究是管理的基本依据，它有助于领导者提高管理能力，也有助于领导者的选择和任用。这些研究理论包括：
- 领导特质理论
- 领导行为理论
- 领导权变理论
- 变革型领导理论等

在了解这些理论成果的基础上，本章重点介绍两方面内容，这是选用优秀领导者的依据和手段：
- 领导者的考评
- 领导者的培训

11.1　领导有效理论

11.1.1　领导特质理论

领导特质理论着重研究领导者的人格特质，旨在通过对领导者自身个性特点的研究以及领导者之间的差异比较来发现和使用合格的领导者。

传统的特质理论受"世界的历史就是伟人的历史"等观点影响，认为个体生来就具有某些特质，领导者的特质当然也是固有的，与生俱来的，就是这些特质使得他们脱颖而出成为领导。对于领导者到底应该具有哪些特质，吉普(Gibb, 1969)认为，卓越的领导者应该具有身强体壮，智力过人，性格外向，支配欲，良好的调适能力，自信心等特质。

斯托格狄尔(Stogdill, 1974)认为，领导者的先天特质包括有责任感，勇于实践，持之以恒，有创新精神，自信，人际关系良好，耐挫力强等。

19世纪末20世纪初，随着管理学和心理学等学科的产生和发展，现代领导理论提出，领导是一个动态过程，领导者的特性品质是可以通过实践活动培养和造就的。研究者们对领导特质进行了较为系统、科学的探讨。美国学者西拉季和华莱士提出领导者的六种特质理论，认为领导者应具有身体特点、社会背景、智力、个性、任务定向和社会技能六个方面的特质。

美国心理学家吉赛利则提出了领导者应具备才智、创新、督察、自信、随和、决断、性别、成熟八种特质。

心理学家对特质论进行了大量的研究，但结果并没有找到一些特质因素总能将领导者和非领导者，以及成功的领导者和失败的领导者的特质相区分，也就无法确定具有什么样特质的人适合做领导者，更无法对针对性的培训提供依据。但是研究也表明有一些特质，是与成功的领导者一致相关的，包括智力水平、自信心、社会交往能力等。这些特质在很大程度上决定着领导者的成功与失败，但领导者的特质只是与领导者有关的基础因素，它并不能成功解释领导行为。特质理论本身存在一些缺陷：一是忽视了下属的需要；二是没有指明各种特质之间的相对重要性；三是没有对因和果进行区分，不能解释是因为具有某些特质才导致成功，还是因为成功才建立了某些特质；四是忽视了情境因素，如工作结构、领导者的权力强弱等的影响。

这些缺陷使得领导特质理论在20世纪40年代失去了主导地位，40年代后期到60年代中期，有关领导的行为风格才成为研究者们关注的重点。

11.1.2　领导行为理论

由于特质理论认为领导是天生造就的，一个人或者是领导，或者不是，它在解释领导行为方面并不十分成功，所以研究人员由对先天特质的研究转而研究领导的具体的行为表现。领导行为理论是继梅奥的人际关系学派之后发展起来的，它强调的是具体的行为方式，研究领导者在领导过程中所采取的领导行为方式，以及不同领导行为方式对职工的影响，如果行为理论找到了领导方面的关键因素，则可以对领导的培养与开发提供指导和建议。其中较有代表性的领导行为理论有以下几个。

1. 领导系统模式

美国密执安大学社会研究中心利克特(Likert)教授等在大量调查研究基础上，提出了领导系统模式。密执安大学领导行为研究开始于20世纪40年代。他们首先提出了两种单方面划分的领导行为方式：一为员工导向(employer orientation)；二为生产导向(production orientation)。

员工导向，即"以人为中心"，领导者重视员工的需要和发展，尊重员工的意见和建议，是一种民主型的领导。生产导向，即"以工作为中心"，领导者强调生产管理，忽视员工情绪，易趋向专制型的领导。

通过观察和研究发现：高生产效率的企业多采用"以人为中心"的管理方式；而在低生产效率的企业中，则采用"以工作为中心"的管理方式居多。不仅如此，在生产导向为主的企业中，抵触、抱怨、调职等情况也更多。

在此基础上，利克特教授等于1961年提出领导系统模式。这一理论将领导方式归结为四种体制。

(1) 专制独裁式。领导者作决定，命令下属执行，并规定严格的工作标准和方法，下属只有执行权，如果达不到规定的目标，就要受惩罚。

(2) 温和独裁式。权力控制在最高一级，领导者发号施令，但授予下级部分权力，让下属有评议的自由。领导者的态度较谦和，下属执行任务稍有灵活性。

(3) 协商式领导。重要问题的决定权在最高一级，领导者对下属有一定的信任度，中下级有权制定较低层次的决策，上下级之间具有双向的信息沟通。

(4) 参与式民主领导。由群众参与制定目标，上下级处于平等地位，彼此信任，有问题民主协商和讨论,由最高级领导作最后决定。这是利克特的理想体系。

利克特认为,单靠奖金调动员工积极性的传统管理形式将要过时了,只有依靠民主管理,才能充分发挥人的潜力和智慧,而独裁式管理永远达不到参与式管理所能达到的生产水平和员工对工作的满足感。

2. 领导行为四分图理论

1945 年美国俄亥俄州立大学的研究者们,通过领导行为描述问卷(Leader Behavior Description Questionnaire,LBDQ)的使用,对一千多个领导行为的数据进行浓缩聚集,最后归纳概括出两大维度的因素:即关心组织的领导与关心人的领导。"关心组织",强调以工作为中心,是指领导者为了达成目标而在规定或确定自己与部属的角色时所从事的行为活动,领导者以完成工作任务为目的,为此只注意工作是否有效地完成,只重视组织设计、工作关系、工作效率,而忽视部属本身的问题。"关心人",强调以人为中心,是指领导者注重人际关系,尊重和关心下属的建议与情感,更愿意建立领导者与部属之间的互相尊重、互相信任的工作关系。

调查结果证明,"关心组织"和"关心人"这两类领导行为在同一个领导者身上有时一致,有时并不一致。一个领导者的行为是"关心人"或"关心组织"两类行为的组合。故研究者们采取双层面交叉划分,从而提出了著名的领导行为四分图模型,如图 11-1 所示。

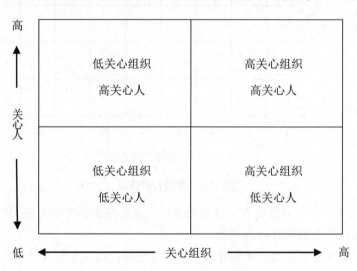

图 11-1 领导行为四分图模型

研究者认为:越是在两个因素上分数都高的领导者,其领导效能越好。但哪一种效果好,还不能一概而论,后面将介绍的权变理论认为,应根据具体情况(被领导者与环境因素)而定。

3. 管理方格理论

罗伯特·布莱克(Robert R. Blake)和简·莫顿(Jane S. Mouton)发展了领导行为四分图理论,于 1964 年提出了管理方格理论。他们认为,在企业管理的领导工作中往往出现一些极端的方式,或者以生产为中心,或者以人为中心。为避免趋于极端,他们指出,在对生产关心的领导方式和对人关心的领导方式之间，可以有使二者在不同程度上互相结合的多种领导方式。为此，他们提出了以员工为中心的领导和以工作为中心的领导两个维度，每个维度按得分高低可分为 9 个等级，分别用横坐标与纵坐标表示，绘出管理方格模型，如图 11-2 所示。第 1 格表示关心程度最小，第 9 格表示关心程度最大。该模型总共 81 个小方格，分别表示"对生产的关心"和"对人的关心"这两个基本因素以不同比例结合的领导方式。

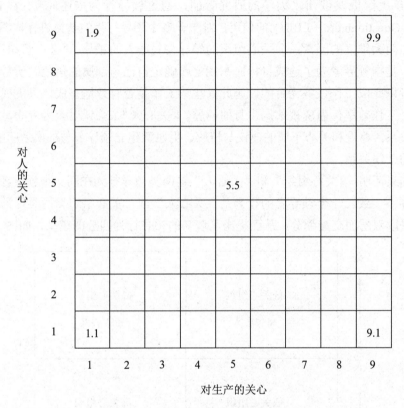

图 11-2　管理方格模型

该模型中的每一个小方格代表一种领导类型。取其四角和中心方格(即 1.1、1.9、9.1、9.9、5.5)代表五种典型的领导行为类型。

1.1 定向表示贫乏型管理。领导者对员工关心最少，对工作要求也最低。1.9 定向表示乡村俱乐部型管理，也称关系型管理。领导者关心员工的程度较高，但不大关心工作任务。9.1 定向表示任务型管理。领导者重点抓生产任务，但不关心员工的需要、感情、士气及其发展。9.9 定向表示团队型管理。领导者特别重视生产任务和工作条件，同时也十分关心员工的感情与需要，能使组织的目标和个人的需要最理想、最有效地结合起来。5.5 定向表示中间型领导。领导者既关心员工的需要，又对完成生产任务有所要求，力求平衡以实现组织绩效。

管理方格理论表明，在对生产的关心和对人的关心这两个因素之间，并没有必然的冲突。该理论认为 9.9 型是最有效的领导，但要达到 9.9 型是有困难的。虽然难度大，但领导者应该客观地分析企业内外的各种情况，把自己的领导方式推向 9.9 型方式，以达到最高的效率。

11.1.3 领导权变理论

权变一词有"随具体情境而变"或"依具体情况而定的意思"。领导权变理论主要研究被领导者的特征、环境因素及领导者与被领导者的关系对领导行为效力的潜在影响。在不同的情境中，不同的领导行为有不同的效果，所以又被称为领导情境理论。具有代表性的权变理论主要有以下几个。

1. 费德勒的权变理论

费德勒(F. Fiedler)经过长达 15 年之久的研究，把人格测验与情境分类结合起来，创建了权变式的领导模型理论。

权变理论认为团队绩效取决于领导者与情境因素是否搭配。费德勒也将领导方式分为任务取向和关系取向两类。为了测量一个人的领导风格，费德勒发明了"最难共事的同事"量表(即 LPC 问卷)。该量表由 18 组形容词组成，用来调查领导者本人的反应，从而测量领导者的人格特征与风格。首先让领导者回想自己所共事过的同事中最难共事的一个同事，然后用该量表对这个同事进行评价。若领导者对其最难共事的同事仍给以好评，说明他乐于与同事形成良好的人际关系，是关系取向型的；反之，则认为领导者主要关心生产，是任务取向型的；得分处于两者之间的，是中间型。

LPC 量表的结果只是用来说明领导的工作方式，有效的领导者应该同时掌握这两种不同性质的工作方法，在情境变量不同时，合理使用。费德勒通过调查研究，提出了三种影响领导行为效果的情境因素。

(1) 领导者与下属之间的关系，表现在下属对领导者信任、信赖和尊重的程度。

(2) 任务结构是否明确，指工作范围的明确程度和程序化、规范化程度。

(3) 领导者的权力强弱，指领导者所拥有的权力变量的影响程度。

这三个维度互相组合，可以产生八种不同的情境。费德勒调查了 1 200 个团体的领导者，认为两种领导风格在八种不同的情境下有不同的效能，如图 11-3 所示。

图 11-3 表明，任务取向型的领导者在非常有利的情境和非常不利的情境下工作得更好，而关系取向型的领导者则在中度有利的情境中工作得更好。这些研究结果表明，某一种领导风格，不能简单地区分优劣，因为在不同条件下都可能取得好的领导绩效。换言之，在不同情境下，应采取不同的领导方式(见表 11-1)。

由于费德勒的研究以 LPC 量表的测量为基点，所以有些人对 LPC 量表本身的逻辑本质和分数的稳定性质疑，但是，以工作为导向和以人际关系为导向的领导方式确实影响领导的有效性，它对领导人员的选择和领导效能的提高都有重要意义。

2. 赫塞和布兰查德的情境领导理论

情境领导(又称生命周期)理论是保罗·赫塞和肯尼思·布兰查德于 1976 年提出的。

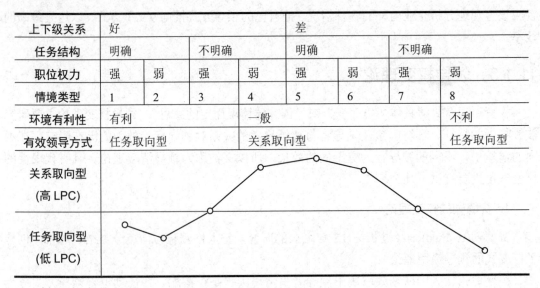

图 11-3 费德勒的权变模型

表 11-1 领导方式与领导情境的配合

领导方式	情境控制		
	高度控制	中度控制	低度控制
高 LPC	行为：有点专制、冷淡、自我中心、只关心工作 领导绩效：很差	行为：关怀的、开放的、参与的 领导绩效：良好	行为：焦虑、不定的过分关心人际关系 领导绩效：很差
低 LPC	行为：关怀的和乐于支持 领导绩效：良好	行为：紧张、过分重视工作 领导绩效：很差	行为：专制、严肃、过分重视工作 领导绩效：较好

在 1966 年，美国俄亥俄州立大学的心理学家卡曼(Karman)把领导行为四分图模型与阿吉里斯(Chris Arggris)的不成熟—成熟理论结合起来，创造了三度空间领导效率模型——生命周期模型。赫塞和布兰查德就是在此基础上，提出重视下属成熟度的权变理论。该理论认为影响领导者风格选择的重要因素是下属的成熟程度。在他们看来，成熟度是指个体对自己的行为负责任的能力与意愿，包括两项要素。

(1) 工作成熟度，指一个人的知识和技能水平。工作成熟度高的个体有足够的知识和经验，执行任务的能力强，不需要他人的指导。

(2) 心理成熟度，指一个人做事的意愿或动机。心理成熟度高的个体自觉性强，靠内部动机，不需要太多的外部鼓励。

赫塞和布兰查德将任务取向和关系取向两个维度相结合，组合出以下四种领导风格。

(1) 指导式(高任务—低关系)，指领导者规定工作任务、方式以及角色职责。

(2) 推销式(高任务—高关系)，指领导者同时表现出指导性行为和支持性行为。

(3) 参与式(低任务—高关系)，指领导者与下属共同决策，领导者主要提供便利条件和沟通。

(4) 授权式(低任务—低关系)，指领导者提供较少的指导或支持。

情境领导理论强调了被领导者，对不同成熟度的员工，领导者应采取不同的领导方式。随着下属的成熟度不断提高，领导者对任务的控制行为和关系行为都可以不断减少。

3. 路径—目标理论

路径—目标理论是加拿大多伦多大学教授罗伯特·豪斯(Robert J. House)于 1971 年提出的，他采取了俄亥俄州立大学的领导研究和激励的期望理论成果。

这种理论认为领导者的行为要想被下属接受，就必须为员工提供现时的和未来的满足感。员工的满意度与绩效水平密切相关，而领导者是实现下属更高满意程度的关键人物。要获得有效的领导，领导者需帮助下属达到他们的目标，排除走向目标的各项障碍，给予员工更多满足需要的机会，并给员工必要的指导和支持，以确保员工各自的目标与群体或组织的总体目标相一致。

该理论还指出，领导的激励作用在于：第一，使绩效的实现与员工需要的满足相结合；第二，提供有效的工作绩效所必需的辅导、指导、支持和奖励。为此，豪斯确定了四种领导行为可供同一领导者在不同环境下选择使用。

(1) 指导式领导，指领导者让员工明了对他们的期望、成功绩效的标准和工作程序。
(2) 支持型领导，指领导者努力建立舒适的工作环境，亲切友善，关心下属。
(3) 参与式领导，指领导者与下属共同协商，主动征求并采纳下属的意见。
(4) 成就取向式领导，指领导者设定挑战性目标，鼓励下属实现自己的最佳水平。

豪斯假定领导者具有变通性，能根据不同情况而表现出上述各种不同的领导行为。路径—目标理论提出了两个权变因素作为领导行为与结果之间的中间变量：一是下属控制范围之外的环境因素，如任务结构、正式权力系统、工作群体等；二是下属的个性特点，如经验、能力等。

不同的领导行为适合不同的环境因素和个人特征。如果领导者能补偿员工或工作环境方面的不足，则会促进员工的工作绩效和满意度。但如果是工作任务比较明确或常规性的工作，员工有能力和经验处理工作，领导者再发号施令，则不仅浪费时间，还会挫伤员工的自尊心。

4. 领导—参与模型

这是管理心理学家维克多·弗鲁姆(Victor H·Vroom)和菲利普·耶顿(Phillip W·Yetton)于 1973 年提出的。这一理论模型的要点是，领导者在决策中的参与程度应与不同的情境相适宜，有效的领导应根据不同情况，选择最为合适的领导作风。

该理论根据下级参与决策的程度不同，将领导方式(或领导作风)分为五种，参与程度逐渐由低向高为：独裁Ⅰ(AⅠ，领导者运用手头现有资料，自己解决问题，作出决策)；独裁Ⅱ(AⅡ，由下级提供资料，领导者自己作出决策)；磋商Ⅰ(CⅠ，个别接触下级，取得他们的意见或建议之后，由领导者作出决策)；磋商Ⅱ(CⅡ，让下级集体了解问题，领导者根据集体意见或建议作出决策)；群体决策Ⅱ(GⅡ，下级集体讨论问题，评价方案，争取群体一致意见)。(其中字母和符号的含义为: A 表示 Autocratic; C 表示 Consultation; G 表示 Group; Ⅰ或Ⅱ表示程度的高低)

该理论模型还认为,合适的领导方式,不论是参与程度如何,取决于 8 个情境因素的结合。后来弗鲁姆和亚瑟·杰戈(Arthur. Jago)对这一模型进行了修订,新模型将情境因素扩展为 12 个。

领导—参与模型与路径—目标理论相同,都认为领导者可根据不同的情境调整他的风格。这一理论模型对培训领导者如何选择领导作风,以使他们能及时并作出高质量的决策,是个重大的突破。

11.1.4 最新领导理论

20 世纪后期的领导理论,结合"以人为本"的理念,强调"变革",下面做简单介绍。

1. 魅力型领导理论

20 世纪 80 年代,美国宾夕法尼亚大学教授罗伯特·豪斯基于对政治和宗教领袖的分析,提出了魅力型领导。他认为,魅力型领导具有理想化的远景,自信,能够为了目标勇于前进,对环境的限制及下属的需要十分敏感,显示出个性化的行为。

魅力型领导者的追随者对领导者的信念深信不疑,对领导者无限忠诚和彻底服从,并相应调整自己的价值观和行为,尽可能地做出自己最大的贡献,最近的研究也揭示出魅力型领导者的追随者会显示出更高水平的自我意识和自我管理。

目前,大多数学者认为,可以通过培训使个体展现出领导魅力。

2. 变革型领导理论

变革型领导理论的研究突破了早期理论通过明确工作角色与要求来指导下属实现目标的思路,认为变革型领导关注每一个下属的兴趣与发展需要,并帮助下属完全发挥他们的潜能,激励、调动下属为实现组织目标付出更大的努力。

20 世纪 80 年代中期,巴斯(Bass,1985)提出了一个更加精确的变革型领导理论,他更注重员工的需要而不是领导者的需要,认为变革型领导者可以通过一些行为激励下属取得更好成绩,包括:①提高下属对具体理想目标的重要性和价值的意识水平;②使下属为了团队或组织的利益而超越个人兴趣;③鼓励下属提出更高需求。

他还认为,在变革型领导中,魅力是必要条件但不是充分的条件。

以上理论是 20 世纪 70 年代后,领导理论研究的焦点。在结合了现代组织发展的实践后,自然衍生出各种新型的领导者,如学习型领导者,他们为组织成员提供成熟的指导意见,启发交流,发展他人,挑战旧传统,引导新变化,使组织能更好地适应新环境,稳步向前发展。再如团队型领导者,这是随着团队在组织中重要性的不断上升而突显出来的,有效的团队领导,能够带领团队更出色地完成任务,获得增值效应。

11.2 领导者的考评和培训

11.2.1 领导者的考评

领导者的考评是考评体系中的一种，是专门以领导为对象，适用于领导领域的考评。它贯穿于领导者的选拔、任用各阶段。它的主要目的和作用是识别、鼓励和监督领导者的个人思想品质和行为活动，为选择、提拔优秀的领导人才提供依据。这也是上级主管部门和组织人事部门的一项重要工作。在我国当代，领导考评主要是指领导干部考评和领导班子考评。

对领导者考评的方法很多，有个别面谈法、员工和专家评议法、考试法、情景模拟测试法、定量考核法、绩效考核法等。个别面谈、评议等方法是比较常用的方法，由于它们在实施上简便易行，不需要特别的工具和场合，也可以采取不同的方式，所以易掌握和使用，评定结果也较易获得。但是，由于在实施中，没有规范化的标准，主考者易受被评者的态度等因素影响，从而使评定结果的准确性因掺有主观因素而降低。

专业化的测试方法采用量表等工具，通过比较、判断进行评定，克服了上述方法的一些弊端，是比较科学的考评方法。下面对几种考评方法进行简单介绍。

1) 综合测评法

这是采用标准化量表对领导者的德才勤绩进行全面评定与考核的方法。在我国，经过多年来的不断使用和修订，已把测评内容确定为政治素质、知识结构、能力水平和工作绩效四个方面，共三十项要素，包括事业心、原则性、管理科学知识、应变能力、创新能力工作成绩等。每一项都给出五个等级和相应的分数，基本反映了目前我国企业领导者的各方面要求。

2) 动态考察法

由考察者主动设计一些环境，设置不同程度的困难条件，通过被考察者在环境中的实际行动，对其品德、才能等做出评价。这种方法类似于教育、心理等研究中的观察法，由于被考察者事先对情境不了解，所以能表现出其惯有的思维、态度、处事风格、应变能力等，具有一定的真实性。

3) 情景模拟法

这是国外较盛行的"潜能"测试方法之一。它是由专业的测试人员根据领导者现在或即将任职的岗位素质要求，设置一种模拟的工作情景，通过被考察者的实际操作，运用多种定量和定性测评方法，测试被考察者的行为与心理特征。

以上所说的几种方法各有优点，也都有局限性。因此，在实际运用过程中，应根据具体情况将几种方法综合使用。此外，考评者在考察过程中应坚持德才兼备、任人唯贤的原则，避免和克服一些可能影响考评结果真实性的心理障碍，如以貌取人、嫉贤妒能、追求完美、以权谋私等。

11.2.2　领导者的培训

领导者是组织中具有影响力的核心人物，组织的发展必然要求领导者自身水平的不断提高，为了使他们在思维方式、知识结构、思想观念、领导方式等方面不断提升，除了自学之外，还需要对他们进行培训。这一过程要坚持因人而异的原则，培训的方法和途径主要有以下几个。

1) 各种类型、层次的培训

这是领导者培训的重要途径，主要包括：各级专门管理院校；高等院校的进修班、培训班；广播、电大函授；各类党校教育研讨班等。这种培训具有系统性和规范性的特点。

2) 实践锻炼

实践既是培养领导人才的课堂，也是考核领导者的考场。领导活动本身就是一个实践过程，所以，领导者发现、解决问题的能力、应变能力、处理人际关系的能力只有在领导活动中才能得到更好的锻炼和提高。在我国，中央和地方都有定期或不定期的"深入基层，到基层锻炼""领导干部见习"等规定或活动，为领导干部自身水平的提高创造实践的机会。

3) 社会心理训练

这主要是设置短训班，通过团体活动，有针对性地对领导者的心理素质进行培训，如心理观察能力、交往类型风格、敏感性等，是一种体验式的训练。

培训是领导者提高自身水平的有效和快捷的方法之一，但大多需要一定的条件才能进行，而领导者的自学、向他人学习、生活修养等则是随时随地可以进行的，如果领导者根据实际情况，利用好各种方法，收效是十分明显的。

［案例］

某无缝钢管厂于1984年6月在实行厂长负责制时，把52岁的总工程师、原来的副厂长殷某委任为厂长。这个曾经留学东欧的钢管专家，在担任厂长以后，党和职工群众赋予了他生产指挥权、经营决策权和中层干部任免权。在两年来的实践中，殷厂长以探索和开拓的精神，迈出了不断自我完善的步伐，深刻揭示了厂长负责制本身的内涵。

1. 决策民主化

像某无缝钢管厂这样的大型企业，管理层次多，拥有中型企业规模的分厂、车间就有16个，还有9个经营性的公司，决策面从成都、重庆到贵州、云南，东到安徽、上海，南到广州、深圳，国外延伸到美国、德国、东欧诸国。从经营决策的广度和深度来看厂长个人的智慧都是有限的。因此，在重大决策的问题上，殷厂长从不专断，总是在同党委书记研究后，才提交以厂长为中心的厂务会决策集团。厂务会由企业的经济技术专家，如专门从事思想政治工作的党委书记、从事专业管理的副厂长、从事职工运动的工会主席以及总工程师、总经济师、总会计师和职工代表中的工程技术人员组成。经这个专家集团反复论证后，最后由厂长决策。这就把厂长在决策中的主导作用，党组织的保证监督作用，专业人员的智囊作用和职工民主管理作用有机地结合起来，大大增强了决策的预见性、准确性和科学性。这种民主化的决策不是形式上和程序上的民主，而是群体智力集团的深思熟虑。这种决策的民主化进程与经营指挥的集中化，是统一体的两个方面，一方面是民主化的决策，另一方面是高度集中的权威性的指挥。这两个方面的辩证统一，就构成了厂长决策的科学和民主体系。

2. 分级负责，发挥群体优势

钢管厂的管理共分四个层次，即厂部、分厂(车间)、工段、班组。厂长抓四个副厂长和三个总工程师；厂部抓分厂，分厂又抓工段，工段再抓班组。每个层次都拥有一定的决策权，当然厂级决策是全厂的最高层次的决策，下面各个层次都要贯彻执行。在贯彻企业高层决策中遇到的问题，又通过各个层次反馈到最高决策层来，进而补充、完善高层次的决策。全厂就是在这样一个科学的组织体系内运转。厂长尊重各层次的决策权和指挥权，从不越层次指挥。这就使全厂各部门、各方面的群体优势都可以得到发挥，从而使全体干部和职工的创造力、智慧都可以集中体现到最高决策层来，从而保证企业高层决策的民主化和科学化。

3. 权力大了，离职工的心近了

殷厂长在实行厂长负责制后，权力是大了，可是他从不滥用职权，压制工人群众。在1985年的一次职工代表大会上，职工代表大会否决了经营责任制的经营目标，他尊重职工代表的意见与企业管理处的同志，几次修改目标，使企业目标更加切合实际，充分体现全厂职工的意志，受到职工群众的好评。殷厂长还经常接待职工的来访，了解职工的疾苦。1986年3月他带领一些处室同志深入分厂、车间、班组现场办公。群众反映钢管研究所职工洗澡问题没有解决，他就亲自和主管生活福利的副厂长一起，实地了解，划定专门区域和定点浴室，解决了钢管研究所全体职工的洗澡问题。1986年初，有一位同志对分配工作有意见，殷厂长在听取这位同志的意见后，认为该同志的要求是合理的，立即与人事副厂长和劳动人事处共同研究，合理地分配了这位同志的工作。工人们都说："厂长权力大了，离我们的心却近了。"

[案例评析]

殷厂长重视决策的民主化，采用分权与集权相统一的管理方式，善于科学授权，调动各方面的积极性。他将用权的艺术性与科学性紧密地结合起来，使艺术性体现在科学用权上。

资料来源：王德清，陈金凤. 现代管理案例精析[M]. 重庆：重庆大学出版社，2004.

习　　题

一、名词解释

领导特质理论　领导行为理论　领导权变理论　魅力型领导理论　变革型领导理论

二、思考题

1. 对领导者的考评方法有很多种，请简单介绍。

2. 领导者是组织中最具影响力的核心人物，组织的发展必然要求领导者自身水平的不断提高。那么，需要对领导者进行哪些方面的培训呢？

第 12 章　非人力因素管理心理

在管理活动中，人是主体，一切的管理活动都与人有密切关系，人是管理者，也是被管理者，但管理的对象实质并不单单是人本身，还有与人有关的各种行为活动。这一章我们主要论述管理系统中目标、时间、信息和环境这些与人有关但并非人力本身的体系因素与管理的相互作用与影响。

目标管理是整个管理活动的出发点和归宿。

时间管理是要解决组织发展过程中时间的节约；劳动时间在不同的生产部门之间有计划的分配等问题，以此促进高效能，创造更多财富。

信息是任何组织生存与发展的重要资源，组织的任何活动都要以信息为基础，因此，信息管理的重要性日益突出。

环境更是组织生存的一种客观存在，管理活动总是发生于一定的时间和空间中，环境管理的目的就是要创造一个和谐的管理空间。

总之，任何组织的发展都必须注重目标、时间、信息以及环境的心理因素，有效实施对它们的管理。本章的主要内容包括：

- 目标的心理意义及目标管理的实施
- 时间管理的意义及实施方法
- 信息在管理中的作用和管理信息系统
- 物理环境及社会环境分别对管理的影响

12.1　目标管理心理

12.1.1　目标的心理意义

目标是一个组织(或个人)各项活动所指向的终点，是根据组织(或个人)目的或任务而提出的组织(或个人)在一定时期内要达到的预期成果。目标在平时是很不起眼的，而当组织(或个人)的理念发生变化时，目标就会即刻突显起来。

有一个源自哈佛的调查结论：在接受调查的年轻人中，有 27%是没有目标的，他们总是生活在社会的最底层，对生活中的不如意和抱怨很多；60%对目标的认识很模糊，他们总是生活在社会中下层，但算是安稳度日；10%有清晰的短期目标，生活在社会中上层，而且呈稳步上升趋势；最后的 3%，他们有着短期和长期的生活目标，属于顶尖成功人士。也可以说，人选择什么样的目标就会有什么样的成就，可见，目标在人走向成功的道路上意义巨大。具体表现如下。

1) 目标是人们行为的方向

目标的最基本作用就是能使人们的行为按照一定的方向进行并有效地控制自己行为的

轨迹。心理学把目标看成是一种刺激，适合的目标可以诱发一个人产生需要，当需要与目标之间存在一定的距离时，人的心理就会处于紧张状态，在一定条件下，这种紧张状态便转化成动机，推动人们去从事某种活动，在向目标行进的过程中，尽可能地排除干扰因素，努力接近所要达到的目标。因此，一个组织或个人有了目标，便能按照目标的要求，衡量和检查自己工作的完成情况，纠正偏差，集合所有力量，朝着共同的方向努力。

2) 目标是人们行为的动力

目标可以引发人们行为的动机，自然会体现它的激励意义，即明确的目标不仅可以诱发人们的行为动机，而且在活动中，可以赋予人们克服困难的力量，战胜挑战的信心，给实现目标的人们以满足和鼓舞，从而使人们将良好的精神状态带入工作和学习中，为实现下一个目标做好准备。

在一个组织中，共同的目标还可以将所有成员联系到一起，团结一致，相互协调。所以，从这个意义上说，目标还可以增强组织的向心力。

3) 目标是人们行为的标尺

这主要体现在目标对人们活动的反馈。任何管理活动的运作，首先必须拥有一个既定的目标。任何组织或个人正是通过一系列管理活动开展来实施其总体目标的，这一系列活动的结果与总体目标是否统一、是否匹配，就是反馈的主要内容，也是管理者进行更有效管理活动策划或进行目标修订的重要依据。

12.1.2 目标与管理

一个组织(或个人)通常希望通过创新等方式来改善工作，以实现自己理想中的水平或状态，如果把这个理想的水平或状态看成一个点，这个点就称为目标。而为了更好地利用资源，只要有人存在的地方，都需要管理。任何组织中都存在着管理活动，管理活动的实质就是追求效率，就是管理者利用资源去实现组织目标的过程。

目标在管理中具有十分重要的作用。作为活动的预期目的和结果，目标对管理的整个过程具有控制作用，是组织比较将来、当前和过去行为的准则，衡量实际成绩的根据。它可以通过激发人的需要、动机等对管理活动的主体——人发生作用，这种作用将贯穿于管理的全部环节，使管理活动获得最佳效益。同时，管理通过它的职能，即管理活动所具备的基本功能和作用(计划、组织、指挥、协调和控制等)，对目标的实现过程进行监督、规范和调整。

基于目标对管理的重要作用，目标管理的思想应运而生。目标管理是对组织(或个人)活动的全过程实行全面综合管理的科学方法。它是管理者以预先确定最优的最终效果为目标，并通过实施和评价等手段调动和激励组织成员的工作积极性，使组织的各项管理都围绕目标的实现而统筹运动。它最初是由美国管理学家提出的，英文的写法为 management by objectives results，缩写为 MBO 或 MBR。

1954 年，美国著名管理学家彼得·德鲁克在《管理的实践》(*The Practice of Management*)一书中首先提出了"目标管理和自我控制"的主张，对目标管理的发展和使之成为一个体系做出了重大贡献。他认为，所谓目标管理就是强调通过目标来进行管理，目标管理应置于管理的中心地位,成为经营管理中一项强有力的中心原则。前美国总统布什在将2002年度的"总统自由勋章"授予彼得·德鲁克时,提到他的三大贡献之一就是目标管理。它已经在全世界为数众多的公司中得到了成功的应用。经理人必须实施目标管理,这是德鲁克给经理人的忠告。从根本上讲,目标管理把经理人的工作由控制下属变成与下属一起设定客观标准和目标,让他们靠自己的积极性去完成。

对于目标管理的特点可以从以下几点来理解。

(1) 重视人的因素。目标的实现者同时也是目标的制定者,由上级与下级一起共同确定出总目标,然后对总目标进行分解,逐级展开,通过协商,制定出组织各部门直至每个成员的目标,用总目标指导分目标,用分目标保证总目标。

(2) 强调"自我控制"。倡导目标管理的德鲁克认为,员工是愿意负责的,是愿意在工作中发挥自己的聪明才智和创造性的,如果我们控制的对象是一个社会组织中的"人",则我们应"控制"的必须是行为的动机,而不应当是行为本身。也就是说,以对动机的控制达到对行为的控制。

(3) 逐级授权。目标管理有助于协调集权和分权的矛盾,促使权力下放,在保持有效控制的前提下,既获得了效益,又提高了人们的积极性,增强了工作热情。

(4) 重视成果。采用传统的管理方法评价员工的表现,往往容易根据印象、本人的思想和对某问题的态度等定性因素来评价,实行目标管理后,由于有了一套完善的目标考核体系,从而能够按照员工的实际贡献大小如实地评价一个人。

12.1.3 目标管理的实施

目标管理是组织的最高层领导根据组织面临的形势和社会需要,制定出一定时期内组织经营活动所要达到的总目标,然后层层落实,要求下属各部门主管人员以至每个员工根据上级制定的目标和保证措施,形成一个目标体系,并把目标完成情况作为考核的依据。简而言之,目标管理是让组织的主管人员和员工亲自参加目标的制定,在工作中实行自我控制,并努力完成工作目标。目标管理的步骤可以不完全一样,但一般来说,可以分为以下四个阶段。

(1) 制定目标,建立一套完整的目标体系。这项工作是从组织的最高主管部门开始的,然后由上而下地逐级确定目标。上下级的目标之间通常是一种"目的—手段"的关系,某一级的目标需要用一定的手段来实现,而这个实现的履行者往往就在这级人员的下属部门之中。

只有当组织有了一个明确的目标,才会使组织成员产生一个所共有的信念和期望的模式,才会产生较强的内聚力,才会对所有成员产生更强烈的责任感,才会有个人的业绩,才会有企业整体的业绩,才会有在激烈的市场竞争中立于不败之地的资格。要做到制定"好目标",必须正视目标体系构置的科学化问题。关键要注意解决好以下几点。

一是不应忽视定性的目标。指标体系的设立,应以保证目标实现为前提。但目前在目标管理指标体系设立上,有片面追求指标量化的倾向。无论目标大小,统统要求量化,以致出现了为量化而量化，或者人为地避难从易、避重就轻，或者繁杂累赘、缺乏重点，量化过头等现象，这就损害了目标管理的科学性。斯内尔提出的三种人员配置模型，可以说明其中的道理。该模型总结了三种人员配置的情况：人—事匹配型、战略实施型和战略形成型。第一种情形以任务为导向，只要通过传统的工作分析与目标任务描述就可以实现。第二种情形以目标为导向，这时目标是已知的，但实现方法由员工灵活掌握。第三种情形以使命为导向，这时环境高度不确定，只有清晰的使命，却无具体的目标。可见，目标管理可以针对不同成员，给予他们不同的目标。一味追求量化任务的实现，不是目标管理的全部意义。为此，在强调定量目标的同时，也要特别注意定性的目标制定，如提高管理水平、提高组织成员素质、企业文化建设等，以强化目标"使命导向"，更有效具体地指导组织的工作。

二是注意目标体系横向流程化构建。流程产出结果，目标体系的横向流程化构建体现在其内在的合理性上，就是要与组织发展战略目标结合好，要围绕实现组织发展总目标、总方向来制定方针目标，体现阶段性目标与实现长期目标的关系。做到目标体系与组织的使命、价值、定位、核心能力相一致。

三是注意目标体系纵向逻辑化构建。目标体系的纵向合理性体现在层级目标的逻辑化构建上，即组织目标的实现，依托于各层次目标的实现。因此，组织这种层与层的结合形成的立体结构所构成的企业整体，恰恰是目标体系纵向结合的逻辑性关键所在。组织一个层下面分有几个分层，目标的这种纵向的结合便相应构成组织的目标体系。如果组织目标体系中这种逻辑关系支离破碎，它可能不会直接影响组织的结构，但最大的直接影响是组织无法形成"核心能力"，因而谈不上组织的竞争优势，因为，核心能力的建立从形式上是组织在追逐和达成目标的过程中形成的，而其本质却是在目标的方向、路径以及目标的逻辑关系等内在因素的作用下达成的。所以，建立目标体系时一定要注意纵向逻辑的合理性，解决好企业方针目标逐级进行展开问题，把它变成各部门、各单位直至每个人的奋斗目标，体现系统性管理的原则。

目标体系应与组织结构相吻合，从而使每个部门都有明确的目标，每个目标都有人明确负责。这种明确负责现象的出现，很有可能导致对组织结构的调整。从这个意义上说，目标管理还有弄清组织结构的作用。

(2) 逐级授权，组织实施。根据目标管理重视人的因素的核心思想，组织目标一旦明确后，组织中的每一个人都必须朝着同一方向，融成一体，把个人的努力凝结成为集体共同的努力，产生出一种整体的业绩，为这个共同的目标做贡献，目标才能成为现实。所以，目标既定，主管人员就应放手把权力交给下级人员，而自己去抓重点的综合性管理。上级的管理应主要体现在指导、协助、提出问题、提供情报以及创造良好的工作环境方面。如果没有目标管理授权，就谈不上目标管理中尊重人、满足人的需要，调动人的积极性和激励人的固有潜力等作用的发挥，管理人员也会忙得不可开交，目标管理最终也就没有了实质。为此，要特别强调人在目标管理中始终处于支配地位，通过目标管理授权，让组织每个单位、每个部门直至每个成员更有效地实现自己的目标任务。具体来讲，一是要落实好层次管理，分责分权；二是要落实目标责任，强化动态管理；三是要完善激励机制等。

(3) 检查和评价成果。对各级目标的完成情况，要事先规定出期限，定期进行检查与评价。这种评价的目的，一是为了决定赏罚，把评定结果与集体或个人的利益直接挂钩；二是为了促进工作改善，鼓励全体成员，以便为实现目标而继续努力。检查的方法可灵活地采用自检、互检和责成有关的部门进行检查。检查的依据就是事先确定的目标。对于最终结果，应当根据目标进行评价，并根据评价结果进行奖罚。

绩效考核是目标管理的重要环节，但不是一个监督工具。有些人误把目标管理当成绩效考核的工具，这样一来，他们在填写目标时，就会把容易完成的工作定为主要目标。更为有害的是：为了体现业绩，用短期见效的目标取代意义重大但长期见效的目标。这是对目标管理的一种误解，目标管理的初衷是帮助组织成员提高效率从而增强满意度，而不是增加负担进而产生压抑感。大家可以通过目标管理实现彼此协调，减少资源浪费，尤其是时间资源。因此，作为管理者一定要把好目标的"权重关"，把工作按照重要性和紧急性划分为四个象限：既重要又紧急、重要但不紧急、紧急但不重要、既不重要又不紧急。目标管理强调"自我控制""自我突破"，但并非放弃管理，只不过用双向沟通代替了专制管理，更有效地保证了组织目标的实现。

(4) 确定新的目标，重新开始循环。组织根据既定目标的实现情况、评价结果以及内外部环境的变动，确定下一个时期的目标。组织及其成员可以根据以往经验使新目标更具可实现性、可执行性，目标管理进入新的循环中。

12.2　时间管理心理

12.2.1　时间管理的意义

时间是一种无形却十分重要的资源，它无法开拓、积存与取代。在唯物辩证法中指出，世界是物质的，物质是运动的。时间和空间是运动着的物质存在的两种基本形式。时间是物质运动的顺序性、间隔性和持续性，它是客观存在的。

人一天的时间都是相同的，但是每个人却有不同的心态与结果，对时间都会有不同的看法，于是在时间的运用与管理上就千差万别了。对个人来说，时间管理的品质，是个人的绩效表现，对组织而言，时间管理的品质，是整体生产力的状态。不论个人与组织，时间永远不断地流动，稍有疏忽就消逝了。对于管理者而言，要很好地完成工作就必须善于利用自己的工作时间。工作是很多的，时间却是有限的。时间是最宝贵的财富。没有时间，计划再好，目标再高，能力再强，也是空的。时间是如此宝贵，但它又是最有伸缩性的，它既可以一瞬即逝，也可以发挥最大的效力。对时间的管理和对其他的人、财、物的管理，是一样的重要。所以，不懂得利用时间就是最无能的管理者。浪费时间就等于浪费组织的财富。

时间管理是管理者工作有效性的前提基础，是衡量组织管理者是否具备领导力的重要标准，也是衡量一个组织在市场上是否具备竞争力的关键因素。会不会利用时间不是单纯地看工作时间内是否充满了各种工作。有很多管理人员，从早忙到晚，不单在工作时间内挤满了各种工作。而且还在工作时间以外寻找时间继续工作。把工作步调弄得天天都在应付突发的紧急情况，无形中浪费了许多宝贵时间，导致了管理效率的降低。因而，如何有效地管理自己的时间，提高时间利用率，是每一位管理者都面临的重大问题，是不能回避和逃脱的。对组织而言，时间表面上是没有成本的，但实际上任何组织无时无刻不在投入的、规模最大、成本最高的资源就是组织决策者、中层管理人员以及员工们的时间。

一个人、团队能否在自己的事业生涯中取得成功，秘诀就在于做好时间管理。所以在国外，早就出现了时间管理学，现在已经发展到了第四代。管好自己，就是最高的管理。美国托马斯·爱迪生说过，世界上最重要的东西是"时间"。

综上所述，时间管理的含义是如何面对时间的流动而进行自我管理，其所持的态度是将过去作为现在改善的参考，把未来作为现在努力的方向，好好地把握现在，运用正确的方法做正确的事。

12.2.2　时间管理的实施

对管理者而言，其时间主要分为两大部分，一部分是被动的支配时间，是管理者花费在应酬、接待不速之客等的时间；另一部分是主动支配时间，是指管理者可通过主观愿望自行安排的时间。实际上只要能够找出时间管理的一些原则和方法，是能够控制和驾驭时间的。

1. 浪费时间的症状

(1) 懒惰。这是时间的最大窃贼，在上班时可能就把时间花在漫谈、聊天上，对付它的办法是：使用日程安排簿；在家居之外的地方工作；及早开始。

(2) 办事拖拉。这种人花很多时间思考要做的事，担心这个担心那个，找借口推迟行动，又为没有完成任务而懊悔。在这段时间里，其实他们本来能完成任务而且应转入下一个工作了，所以常常造成加班加点。

(3) 找东西。根据对美国 200 家大公司职员做的调查，公司职员每年都要把 6 周时间浪费在寻找乱放的东西上面。这意味着，他们每年要损失 10% 的时间。对付这个"时间窃贼"，有一条最好的原则：不用的东西扔掉，不扔掉的东西分门别类保管好。

(4) 不速之客闯入。不速之客的闯入常常造成人们浪费时间，干活时断时续。因为重新工作时，人们需要花时间调整大脑活动及注意力，才能在停顿的地方接着干下去。

(5) 主管事必躬亲。提高效率的最大潜力，莫过于其他人的协助。把工作委托给其他人，授权他们去干好，这样每个人都是赢家。授权给别人，同时也要给他们完成任务所需要的条件。

(6) 忙于应付突发事件，要避免这种情况出现，唯一的办法是预先安排工作。事前有准备，利用好偶发的延误，可以把本来会失去的时间化为有用的时间。

(7) 惋惜不已、白日做梦或完美主义。老是想着过去犯过的错误和失去的机会，唏嘘不已，或者空想未来，又或者事事追求尽善尽美，这三种心境都是极浪费时间的。

(8) 对事情考虑不周。这种人与拖拉作风正好相反，他们在未获得对一个问题的充分信息之前就匆忙行动，以致往往需要推倒重来。这种人就必须培养自己的自制力。

(9) 消极情绪。消极情绪使人失去干劲，工作效率下降。对他人怀有戒心、妒忌、明争暗斗、愤怒及其他消极情绪使人难以做到最好。这就必须进行自我心理调适，培养积极心态。

(10) 不考虑轻重缓急。即使是避免了上述大多数问题的人，如果不懂得分清轻重缓急，也达不到应有的效率。区分轻重缓急是时间管理中最关键的问题。

除了上述十大"时间窃贼"之外，其他常见的"时间窃贼"还有：会议冗长；电话干扰；门户大开，迎来送往；应酬过多；等待指示；不敢及时拍板等。

2. 有效的时间管理方法

具体而言，有效管理时间的方法如下。

(1) 设立明确的目标。时间管理的目的是让管理者在最短时间内实现更多想要实现的目标，为了能掌握时间，管理者可根据自己的目标安排10年的长期计划、3年或5年的中期计划甚至是季、月、日的执行计划。计划可根据不同的职务层次，组织安排10年的战略目标或3~5年的策略目标。

在这里要强调的是，制订计划容易，问题是能否坚持下来。很多时候，项目很好，思路也很清晰，总体计划也有，可就是每个人每天的计划和工作不到位，到最后，组织目标无法达成。

(2) 按照事务的类型来安排时间。大致来说，事务可以分为四种类型，管理者花多少时间，应视其类型而定。一是紧急而且重要。通常这些都是一些突发困难、一些紧急要解决的问题。管理者对这类燃眉之急的事一般都不会马虎，会花大量时间直到解决为止。二是重要但不紧急。这类事务看起来一点都不急迫，可以从容地去做，但却是管理者要下苦功夫、花大精力去做的事，是管理者的第一要务。三是紧急但不重要。这类事务也需要管理者赶快处理，但不宜花去过多的时间。四是不紧急也不重要。

对管理者来讲，用80%的时间来做20%最重要的事情是最有生产力的。

(3) 针对每一个目标，给实现目标所需进行的各种活动分派优先级。作为管理者，每天都必须处理许多事务，但首先着手的应是最重要的工作。很多管理者工作的时间效率之所以上不去，往往是由于不良的工作习惯造成的。在很多事情重要但不紧急的时候，往往容易拖，拖到最后拖不下去了，就变成了重要而紧急的工作，就连夜加班，结果漏洞百出。作为一名出色的管理者，一定要克服这样的心理倾向，首先着手最重要的工作，用足够的时间和精力来处理它，并把它做好。

(4) 每天留些机动时间。管理者容易犯这样的错误：用各种活动把一天的时间表排得满满的，以致没有一点机动时间处理可能出现的各种突发事件。如果出现意外情况，管理者就不得不放弃计划中的工作，来处理突发事件，而今日未完成的工作，就必须加进明日的工作表中。因此，管理者应每天留些机动时间，即使没有发生突发事件，管理者也可利用机动时间处理一些较次要的问题；或休息一会儿，考虑一天工作中的得失等。这样，管理者就可紧张而又不失轻松地完成一天的工作，从容地面对明天的挑战。

此外，在时间管理中还应注意以下几点。

(1) 遵循20比80定律。生活中难免会有一些突发困扰或迫不及待要解决的问题，如果你发现自己天天都在处理这些事情，那表示你的时间管理并不理想。成功者花最多时间在做最重要的事情，而不是最紧急的事情上。

(2) 严禁事必躬亲，要善于授权。领导者事事躬亲，势必把大量时间用在琐碎小事上，而影响大事的处理和决策。所以切忌大小权统揽，领导者要善于把权授予下级。这样不仅可以减少领导者事务纠缠，同时还可以发挥下级的才能和积极性，一举两得。

(3) 保持时间上的弹性。领导者在时间的运筹上还要掌握必要的张弛，注意劳逸结合和精力调节。工作是一场马拉松，而非短跑，如果不断给自己加压，谁也坚持不了多久。所以张弛有度才能提高工作效率和保持持久性。

12.3　信息管理心理

12.3.1　信息与管理

1. 信息及其属性

在日常生活中，人们时时刻刻都会听到、看到、接触到各种信息。然而对信息的定义却没有一个统一的定论。人们都在从不同角度来描述信息。

(1) 信息是人与外部世界的中介。

(2) 信息是事物运动的状态与方式，是物质的一种属性。

(3) 信息是事物或记录。

(4) 信息是依赖于人类的概念化和理解能力的无形的东西。

(5) 信息是有新内容、新知识的消息。

概括地说，信息既不是物质也不是能量，信息就是信息。它是一定客体传达给人并被人理解和认识的内容。其具有以下一些独特属性。

(1) 客观性。信息必须是客观事物的反映，是人对某一事件的直接解读，不符合事实的信息不仅没有价值，而且可能会导致错误决策等严重后果。

(2) 交流共享性。信息的价值和意义体现在发出者和接收者的沟通中，信息的使用结果是信息的共享，如果信息不被接收者接收和理解，它就不能称之为信息。

(3) 时效性。信息的时效性是针对信息是否给接收者带来价值而言的。在现代，信息高速发展，每一天、每一小时甚至每一秒的信息都代表着新的变化，对管理者而言，如果不能把握最新的信息就可能被淘汰。

(4) 附载性。信息是以语言、数据、图像、文字以及其他符号等为载体的，它需要通过对这些符号进行解读才能获得。

此外，在以信息为根据的管理和其他社会活动中，信息还会表现出等级性、处理性等属性和特征。总之，信息是人与人之间相互沟通的桥梁，随着人际沟通在组织发展和管理活动中的作用逐步加深，信息对于管理的意义也变得越来越重要。

2. 信息在管理中的作用

信息在管理中的作用主要体现在管理各种职能的发挥过程中。

(1) 信息是保证决策和计划科学性的前提条件。决策和计划是管理的基本职能，决策是管理的起点和基础，计划是决策目标的具体化。科学的决策和计划，必须以大量真实、可靠的信息为基础，如果没有信息，就会导致决策和计划的主观性和盲目性。

(2) 信息是组织协调的桥梁。管理的一个重要职能就是统一协调系统内各部门之间的关系，使它们的行为保持一致，而组织内各要素之间的联系必须依靠信息来维持，管理的过程，就是信息流动与加工的过程。因此，信息使组织内各层次、各部门的活动协调统一于系统整体之中，使组织功能充分发挥。

(3) 信息是管理系统控制的依据和手段。控制即对计划实施情况进行监督和纠错的过程。如果没有活动结果的信息，如果没有决策和计划的信息，任何控制行为都失去了依据。在控制过程中，只有将输入的信息进行加工处理，变成准确、有效的信息再输出，才能达到控制的目的。

12.3.2 管理信息系统

1. 什么是管理信息系统

管理信息系统是现代管理系统的一个重要组成部分，一切管理系统中都包含着管理信息系统，它是一个以人为主导，由计算机技术、信息处理技术、管理科学等组成的一个综合系统，专门为管理者提供所需要的信息，为管理者的决策、预测、控制、指挥等管理活动提供信息支持，各级管理人员可以借助这些信息开展有效的管理活动。

2. 管理信息系统的功能

在现代组织、企业中，管理信息系统在整个管理系统中的重要性已越来越突显出来，它的主要功能体现在以下几个方面。

(1) 在当今社会，企业面临的外部环境日益复杂，全球化的竞争、能源短缺、环境污染、人才匮乏等问题使企业面临着巨大的挑战。管理者要解决这些问题，为企业发展开辟道路，就必须借助管理信息系统，这是由企业对外部信息的需求所决定的。

(2) 随着企业的发展，企业内部结构逐渐多元化，管理日益趋向逐层分权，这要求管理者必须利用管理信息系统来维护整个系统的整体性，即通过信息进行沟通，使各级管理人员的决策保持一致。

(3) 随着科学技术的进步，管理信息系统也会不断变革和完善，信息的传播范围会越来越广，计算机网络的功能会越来越大，管理者可以通过它扩大监督，调整决策，进而改变组织结构、权力关系等。

3. 管理信息系统与决策

决策是对组织未来实践的方向、目标、方式等作决定的过程。信息是制定和实施决策的前提和基础，科学的决策都是在掌握了充分的信息的基础上，通过分析、研究最终得出的。管理信息系统主要向管理者提供决策与管理的信息，但它不能代行决策和管理的职能。

从决策的心理过程看，每一个阶段都与信息管理密切相关。第一个阶段是确定问题、提出决策目标，这必须通过调查研究、信息反馈等方法获得；第二个阶段是收集信息、制订方案，只有收集到足够的正确的信息才能作出合理的决策；最后一个阶段是通过评估、试验，最终确定最佳的可行方案，这也离不开信息沟通。因此，要提高决策的科学性，首先要做的工作就是保证有关信息全面、充分、具体，保证高效率的信息管理。

12.4　环境管理心理

环境是一个内涵十分丰富的概念。首先，环境是针对某一特定中心事物或主体而言的，离开了特定的空间关系，就无所谓环境；其次，环境是外部因素的总和，但与主体无关的外部条件不能称之为该主体的环境，主体的内部因素也不能称之为该主体的环境；再次，环境是相对而言的，即作为一定事物的环境因素，其本身也处于一定的环境之中，客观世界的任何事物都互为环境中的构成因素。由此可见，环境是存在于主体周围的条件和状况的集合体，是影响主体发展的外部因素的总称。就管理而言，环境是围绕一定管理活动并与该管理活动发生一定关系的一切要素的总和。管理环境基本上可以分为物理环境与社会环境两类。

12.4.1　物理环境与管理

在组织发展中，人是所有活动的主体，而环境就是所有活动的条件。与人工作有关的光、声、温度等条件的好坏直接影响到人的心理状况，创造一个良好的工作环境是提高工作效率的必然前提。

1) 天气情况

在自然环境中，天气是瞬时或短时间内的大气状态。日照、气温、湿度、降水量、气压、风等都是气象要素。天气的变化，会使人的心理状况发生改变。例如，在风和日丽的日子里，人们会感到神清气爽，心情舒畅；而在阴雨连绵的日子里，则会情绪低落，打不起精神。

在各种气象因素中，气温起着主导作用，湿度等因素均受气温影响。人所处工作环境的气温如果发生变化，就会使人有不舒适的感觉，影响工作效率。温度过高，相应湿度降低，会使人体的热量无法向外扩散，于是体温上升，心脏活动增大，口舌干燥，使人的行动出现偏差。反之也一样使人感到不舒服，致使工作效率下降。对于不同工作性质的劳动所需温度、湿度范围如表 12-1 所示。

为了保证从事生产或工作的人群有适宜的气温、湿度等条件，组织管理者应尽可能地为员工创造条件，避免天气的不利影响。此外，适宜的温度等条件还可以创造风景化的办公环境，即通过花草鱼虫等生物消除人们的疲惫感、压抑感，调节心情以使员工更投入地工作。

表 12-1　不同工作性质的劳动所需温度、湿度范围

工作性质	温度/℃		湿度/%
	夏天	冬天	
脑力劳动或轻体力劳动	20~26	18~23	40~70
站立的轻负荷工作或坐着的重负荷工作	19~24	17~21	40~70
站立的重负荷工作或轻负荷运输工作	17~23	15~20	30~70
重体力劳动或重负荷运输	16~22	14~19	30~70

2) 照明

合理的照明是保证人们正常工作的必要条件，光照太强或太弱都会使人感到不适，从而影响工作效率和质量。

人的眼睛对光具有较强的适应能力，但当光照过强时，人会感到光线刺眼发眩，几乎看不清外界物体，若持续强光照则会使人对光的感受性下降；而当光照过弱时，人会竭力去看物体，眼睛很快就会疲劳。所以工作场所要有合适的照度。生产车间工作面上的采光系数最低值中规定了标准的照度，如表 12-2 所示。

表 12-2　标准照度

视觉工作分级	视觉工作特征		照度/勒克斯
	工作精细度	识别物件细节大小 a/mm	
Ⅰ	特别精细的工作	$a \leqslant 0.15$	250
Ⅱ	很精细的工作	$0.15 < a \leqslant 0.3$	150
Ⅲ	精细工作	$0.3 < a \leqslant 1.0$	100
Ⅳ	一般工作	$1.0 < a \leqslant 5.0$	50
Ⅴ	粗糙工作	$a > 5.0$	25

组织管理者可根据工作要求，采用间接照明等方法，为员工创设合理、舒适的照明环境。

3) 噪声

噪声是由若干正弦声波合成的、振动无周期性规律的复合声波，它给人的音高、音响和音色三方面听觉感觉造成不良影响，使人产生烦躁、不舒服的情绪体验，也对人的听觉造成危害。在工作中，噪声除了易使人烦恼、疲劳之外，若人常在这样的环境中，还易引起失眠、代谢紊乱等生理疾病。最终结果必然是使工作一团乱，严重的还会导致生产事故。

因此，在现代工业企业发展中，应规定噪声的等级和标准，改进生产设备，为员工做好防护措施，从噪声的声源、传播等方面加以控制。

4) 色彩

不同的颜色会使人产生不同的心理效应，如蓝色使人抑郁、红色使人兴奋。如果能在人们工作的环境中巧妙地、恰当地运用色彩，则可以起到调节心情、集中注意力的作用。例如，在工业生产环境中采用如淡黄、浅绿的颜色，可以提高光亮度，给人以宽敞、明朗、轻松的感觉，有助于提高生产效率；而在办公室里，可以采用蓝色等颜色，使人感觉清爽、

宁静，可帮助人们提高注意力。

颜色给人带来的不同感觉已运用于各个方面和领域，不仅在促进生产、提高效率方面产生积极意义，而且随着色彩与生活和工作的日益结合，它们已具有了不同的象征意义，如白色象征纯洁、黑色象征庄重、红色象征热烈等。这种象征意义也给人们不同的指引和影响，比较普遍的是将颜色的象征意义运用到生产安全领域，给人们以警示。

5) 音乐

音乐对人的各种活动具有积极作用，企业或组织为员工播放优美动听的音乐，可以给他们以舒畅、快乐的感觉，有利于他们的身心健康，也有助于生产效率的提高。企业或组织应掌握播放的内容和时间，恰当地利用音乐来消除员工的疲劳感，增加积极的情绪体验，促进生产和工作的有效进行。

以上五个方面是影响工作的主要物理环境因素，企业或组织应根据工作生产性质及特点，改变工作空间布置和设施，更好地发挥环境因素的积极作用，为工作人员和企业服务。

12.4.2 社会环境与管理

组织管理的社会环境主要包括政治环境、经济环境和文化环境。

1) 政治环境

组织管理的政治环境是指影响管理系统的一切政治因素的总和。其主要包括政治制度、政治关系、社会组织结构、法律制度、政治文化等。政治环境中的主要因素对组织管理及发展的作用表现如下。

(1) 国家的根本制度、政党制度是任何管理系统都必须面对的最基本的政治环境，它决定着管理系统的政治地位，决定着党派在企业或组织中所扮演的角色及各党派之间的关系，决定着管理主体实施管理、发挥作用的方式，因而也会间接影响管理系统的机构、人员配置等方面。

(2) 组织内外政治力量的运行和对比情况，会导致组织内管理系统的变化。一般来说，组织管理需要稳定的政局，但动荡与稳定并存，才是组织的发展之道。符合事物发展规律的动荡，可以增强组织和管理者的应变能力，使其懂得把握时机，促成发展。

(3) 各种政策是影响管理的又一大因素。各种不同的具体政策，针对组织的不同方面发挥作用，由于它们的调整范围、执行方式的差异，导致管理系统必须相应调整各种具体管理行为。

(4) 法律是政治环境中对管理起作用最直接的方式，它的强制性保障了管理系统及人员应有的权利和义务，保障了管理系统的协调性和规范性。法律通过立法、执法和司法等环节使组织管理活动有序进行，避免了混乱。

政治环境中的各方面因素有机结合，与管理活动相互作用，共同完善。

2) 经济环境

经济环境主要指影响和制约管理系统生存和发展的经济状况和经济制度。在市场经济体制下，组织的经济环境集中体现在市场环境上。经济环境对管理活动的影响主要表现如下。

(1) 经济发展水平的最主要的衡量标准是一个国家的生产力发展水平，作为社会子系统的管理系统必然要受到生产力水平的影响和制约。生产力包含劳动者、生产工具和劳动对象三方面。首先，不同类型、层次的劳动者是生产过程的主导，无论是管理者还是基层工作者，他们的素质、才能都决定着管理的范围、程度和方式等。其次，物质资源与劳动工具是管理系统一切行为的客观基础，它赋予管理活动以实质性的内容，也是连接管理主体与对象的桥梁。随着生产力水平的不断提高，生产资料和劳动工具也日益先进和多样化，信息技术、生物技术、空间技术等已成为经济发展的主驱动力，这些都带动了管理的变革，如管理方式网络化。因此，生产力发展水平对管理的能力、范围、水平和效率等方面都具有重大影响。

(2) 当今世界各国经济发展大都采用市场经济体制，市场经济体制通过市场来配置资源，有效地实现优胜劣汰，这使企业管理必须适应市场需求，不断创新，优化资源配置，提高效率。其次，市场经济中有关的政策、法律、法规等，对管理行为有着深刻的影响。法治经济保障了管理活动的秩序性和科学性。市场经济的发展趋势是经济全球化，各个国家、地区越来越要求纳入世界统一的大市场体系中，使各种资源在全球范围内配置。这使得组织或企业管理必须遵循经济全球化的规则和要求，这样才能使企业在经济大潮中立于不败之地。

3) 文化环境

组织管理的文化环境主要指影响组织系统发展的各种文化条件的总和，包括社会教育、科技状况；人们的价值观念、道德水准、心理习惯等方面。组织作为社会的一个基本单位，具有整个社会文化的特征，同时也具有反映组织本身特质的文化，即组织文化。组织文化与管理的相互作用，已在第 8 章介绍，这里我们重点讨论大文化背景下的管理。

文化是人类社会实践活动的产物，它一旦形成，就会对人们的思想、行为产生影响，进而影响管理的理念、方式、过程等方面。不同文化背景下的管理活动，具有不同的内容、方式和效果。例如，西方文化强调人对自然的征服，形成了个人主义、功利主义等文化传统。在此基础上，管理活动也突出个人能力，鼓励大胆创新，追求利润最大化；而东方文化主张人与自然的和谐统一，强调群体的力量，注重整体作用，注重人与人之间的情感关系。与此相适应，管理也重视组织的整体稳定及部门之间的联系，重视通过精神力量来使人们服从目标，强调集权制，忽视对员工主体性的培养。可见，文化环境对管理具有深刻的影响和制约作用。而另一方面，管理作为一种社会实践活动，推动着社会生产力的提高，为文化发展提供了基础。

在经济全球化的影响下，管理活动也要求跨文化管理，管理者要善于把握不同国家文化之间的冲突，以及这些冲突对管理理念、模式、组织结构、行为方式等的影响，促进不同文化背景群体之间的交流与沟通，构建与文化背景相适应的组织系统。

［案例一］

地处苏州城东金鸡湖畔的中新苏州工业园区，自 1994 年 5 月 12 日破土动工以来，园区区域经济以年均 45%左右的速度快速增长，并已"成为中国发展速度最快、协调发展最好、经济效益最佳、科技含量最高的开发区之一，也是中国对外合作的成功范例"。

苏州工业园区是中国和新加坡政府间的重要合作项目，一直受到两国领导人的高度重视。为了推进苏州工业园区的顺利发展，两国政府建立了中新联合协调理事会，由两国副总理分别担任理事会中新双方主席，两国各相关部委及江苏省和苏州市政府负责人为理事会成员，定期举行会议。同时，国家赋予园区"不特有特，特中有特"的项目审批、外事管理、税收等优惠政策，单独设立海关和保税仓库，江苏省和苏州市更是把园区作为全省、全市对外开放的重中之重，全力以赴推进园区的开发建设。

苏州工业园区位于以上海为中心的最佳制造业配套圈内，方圆100公里范围内，拥有全国最先进的技术装备和最齐全的配套能力，其得天独厚的地理优势，吸引了众多国内外企业前来投资。园区所在地苏州，是吴文化的发祥地，自古就有"人材渊薮，文字之盛，甲于天下"的美誉。目前，全市共拥有各类大学9所，成人教育机构46所，独立科研机构63所，在岗各类专业技术人员31万人，每年都有近5万名受过中等以上良好教育的新增劳力流入就业市场。苏州市新就业人口中人均受教育年限达到12年，达到中等发达国家教育发展水平，其中18～21岁青年接受高等教育的比例达到28%。苏州市还拥有健全的职业教育体系。这为园区发展提供了充足的人力资源以及良好的科技、智力支持。

很大程度上，苏州工业园区的成功得益于园区管委会卓有成效的公共管理。园区管委会是园内唯一的政府管理机构，设有7套常设机构共12个局和1个非常设机构，全权负责园内的行政管理，而园区开发则交由中新苏州工业园区开发有限公司负责。园区管委会在管理理念上，树立亲商理念和服务理念，以社会本位为导向，建立起了高效的招商网络及一系列完善而健全的服务体系。园区管委会积极维护社会秩序，提供医疗保险和社会保险，营造有利于工商业发展的良好的园区生活环境。园区管委会还积极实施教育优先战略，先后投资28亿元资金，建成了较为完善的基础教育、职业教育和高等教育网络。

[案例评析]

对于任何一个组织而言，创设良好、适宜的组织环境都是促进组织前进与发展的必要前提。

资料来源：张康之，李传军．一般管理学原理[M]．北京：中国人民大学出版社，2005．

[案例二]

沈阳桃仙国际机场始建于20世纪80年代末，是我国东北地区最大的航空枢纽。在运行了10多年后，桃仙机场已无法负担巨大的客流量，为了提高吞吐能力，桃仙机场决定在原有航站楼的基础上扩建一座现代化的新航站楼。通过在新航站楼内建立高效的机场计算机信息管理集成系统，实现桃仙机场的高度自动化管理。

在桃仙机场扩建工程中同时实施了计算机信息管理集成系统工程，整个系统采用客户/服务器体系结构，将机场内的计算机资源连接起来，灵活方便地实现了各种管理功能，达到信息共享、资源共享的目的。桃仙机场采用的是一、二级指挥调度管理，三级调度执行的生产运营管理模式。其计算机信息管理集成系统也采用三级调度的生产运营管理模式。该系统根据航班计划和机场的动态信息，制订出桃仙机场生产运营计划及生产调度动态，

第12章 非人力因素管理心理

并及时将信息发布到各级指挥调度及生产一线部门,用于管理指挥各项工作,下一级部门在收到上一级的消息或命令后必须确认应答。在计算机信息管理集成系统中,信息查询、离港系统、广播系统和航班显示系统等相对独立性较强,因此各自建立独立子网,子网间的路由通过路由交换机完成。考虑到其数据处理的效率和整个网络的负荷,在子网中配置数据库服务器(二级数据库服务器),一方面尽可能地做到数据处理本地化,加快响应时间;另一方面则通过数据在子网内的流动,减少整个主干网的流量,降低对中心数据库服务器处理能力的要求。

[案例评析]

计算机信息管理集成系统采用先进可靠的信息技术和网络通信技术,从信息管理系统集成的角度为桃仙机场提供了一揽子解决方案,实现了桃仙机场信息管理系统集成的总体目标。

资料来源:张康之,李传军. 一般管理学原理[M]. 北京:中国人民大学出版社,2005.

[案例三]

方强是一家大公司的区域经理,他每天都觉得自己的时间不够用,每天都觉得什么事情都在做,又好像什么事情也没做。时间对他而言,已经成了一个无法控制的东西。在方强的工作经历中,诸如浪费时间的现象可以说是比比皆是,特别是由"公事"而引起的各种应酬,无论是为工作了几十年即将退休的老员工举行的宴会,还是为那些和公司有业务关系的客户或是当地政府官员所举行的应酬,他都非到场不可。

作为一个区域经理,做人的工作也是最耗时的,在一起工作的人越多,花在协调关系上的时间也越多。方强必须协调各部门之间的关系,要激发部属的积极性和冲劲,而做一个正确的人事决定更是需要很多时间,要是处理不当,无论是当事人、别的员工或者公司高层都会不满。

方强一直这样没有规律、没有节制地忙碌着,长期的劳累和作息不规律使他病倒了。休养几天出院后,他开始遵照医生嘱咐,每天只上班三四个小时,他很惊奇地发现,这三四个小时之内所做的事情在质与量方面与以往每天花将近十个小时所做的事,几乎没有两样。接着,方强开始记录自己的时间,对时间进行有效的管理,找出自己的哪些活动是浪费时间、不具效果的,并尽可能将这些活动从时间表上排除掉;找出哪些事情可以由别人来完成,统统交给别人去做。他发现,其实浪费时间,往往发生在管理者可以控制的范围之内,他自己完全可以消除这种现象。他浪费的不只是自己的时间,还有别人和部属的时间。比如,在召集办公室会议时,不管会议的内容是什么,他每次都习惯把全部直属部下都叫来开会,前来参加会议的人,为了表示对会议很关心,每人总要提出一两个问题,其实这种问题往往与会议议程风马牛不相及,因此,会议开起来没有结论,浪费了不少时间。从那以后,方强就采用新的方法,提高了开会效率,也节省了时间。

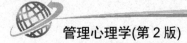

[案例评析]

> 卓有成效的管理者懂得，时间是对"成就"的一大限制因素。组织越大，在组织中的位置越高，管理者在使用时间方面所受的压力就越大。管理者必须学会做时间的主人，不仅要把握和合理分配自己的时间，更要给下属以榜样作用，培养整个组织节约时间的观念。
>
> 资料来源：黄明耀. 企业中层管理者的36计[M]. 北京：经济管理出版社，2005.

习　题

一、名词解释

目标管理　管理信息系统

二、思考题

1. 目标管理的具体实施包括几个阶段？分别是什么？
2. 简述有效管理时间的具体方法。
3. 简述信息在管理中的作用。
4. 在现代组织、企业中，管理信息系统在整个管理系统中的重要性已越来越突显出来。那么，它的主要功能体现在哪几个方面？

附录 案例

案例 1

索尼公司就是大家庭

索尼公司从"二战"后一家仅有20人的小作坊发展成为今天拥有10万名员工、年销售额达300亿美元的大型跨国公司，走的是一条依靠科技、不断创新、优化管理的道路。1992年，索尼公司在世界工业公司中的排名升至第32位，至今仍处于高利润、高速增长、资产不断扩大的良性运营中，在日本经济中占有重要地位。目前，索尼公司在电子工业的技术革新和设计小型化方面具有先导地位。其商标已在175个以上的国家登记注册，产品销往全世界。这种成功的管理中最具特色、最关键的一环是对人的管理，而建立一种家庭式的和谐感情是索尼最重要的使命。正如索尼公司的创始人盛田昭夫所说："对于日本那些最卓越的企业来说，成功并非来自什么不传之秘。没有哪种理论、方案或某项政策可以直接促使企业成功，唯一真正的关键只有一个，那就是人。就是牢牢抓住了人的管理。"

1) 亲如一家人

索尼公司有一个政策，那就是不论身在何处，位于哪个级别，只要是索尼公司的员工就是大家庭中不可分割的一分子，也就是每个人的好同事。索尼公司始终贯彻"每个职工都是索尼大家庭的一员"的方针。在索尼公司，企业就好比一个大家庭，而员工被看成家人，公司领导者和员工和睦相处，整个气氛轻松融洽，充满友善。索尼公司的高级主管没有私人办公室，这种情况在许多公司是很少见的，这也是索尼公司期望大家消除隔阂、融为一体、互相接受和尊重的做法之一。无论是管理人员还是普通工人，或是技术人员，大家都穿同样的工作服，在同一个食堂吃饭，有同样的权利对企业的工作提出批评、建议。索尼公司的创建者盛田昭夫努力做到与员工保持良好的关系，在公司规模不大的时候，他坚持与每一位员工进行接触。他几乎每天晚上都与年轻的职员一起吃饭、聊天，直到深夜。公司规模扩大后，他也常常通过与少数员工接触来推测众多的员工。在一次聊天中，盛田昭夫注意到一个小伙子心神不宁、闷闷不乐，就耐心地询问。这个小伙子诉说了自己的苦闷：他因为热爱索尼公司而进入该公司，但由于职位低下，上司不重视他的工作和他所提的建议，这使他觉得他不是在为索尼公司工作，而只是为某个上司卖命，他对在索尼的前途感到失望。这番话深深触动了盛田昭夫，引起了他的深思和重视。针对这个问题，公司开始发行一份内部周刊，及时通报各部门的工作情况，并且定时公布每个单位或部门的空缺职位，从此建立了内部职位流动的制度。有一次，他到美国加州看望索尼公司的一家下属研究机构，美方的一个管理人员提出想和他合影，他欣然答应，结果短短的一个小时，他就和三四十位员工一一合影。最后，他还对这位美籍经理说："你这样做很对，你真正了解索尼公司，索尼公司本来就是一个大家庭。"

2) 不追究员工错误

索尼公司尊重每一位员工，使他们人尽其才，安心工作。同时也能包容员工的不同意见，包括一些难免的错误。对此，索尼公司的观点是只要能知错即改，引以为戒，那就还有可取余地。盛田昭夫就曾对下属说过："放手去做好认为对的事，即使你犯了错误，也可以从中得到经验教训，不再犯同样的错误。"这体现了索尼公司的宽容之心。索尼属下的一家公司的总经理曾对盛田昭夫抱怨说："公司里有时会出点差错，但又找不出该负责任的员工。"盛田昭夫赶紧说："找不出是好事，如果真找出那位员工，可能就会影响其他员工。"他还说："谁也免不了会犯错误，何况从长远来看，这些错误也不至于动摇这个公司。而如果一个员工因犯错误而被剥夺升迁机会，也许就会一蹶不振，怎么还能为公司做更大贡献？"所以，假使犯错误的原因找出来了，并公之于众，无论是犯错误的还是没犯错误的人，都会牢记在心。

3）提倡为事业不计较金钱的奋斗精神

索尼公司有个信条，人不能只为钱而工作，这才是较高的工作境界。索尼公司正是靠这种精神在创业之初就聚集起一批志同道合的人才，成为索尼公司当时所拥有的最宝贵的财富。例如，专务董事木原信敏是创业时期的重要技术骨干之一。他就是追求索尼创造性的工作和团体的魅力，而投入公司并结下了不解之缘。还有吉田进和森园正彦原来在其他公司任职，他们仅到过索尼公司一次，就被这种为事业刻苦拼搏的精神所吸引，毅然决定留下来。还有许多人都是心甘情愿加入到索尼公司中来，他们为能在索尼公司的创造、开拓工作中做出自己独特的贡献而感到自豪。索尼公司在几十年的发展过程中，始终发扬光大这种为事业献身的精神。

索尼公司的管理体现在以下几点。

(1) 索尼管理的家庭观是日本文化的延伸和体现。日本是一个特殊的国家，有人是这样形容的：日本是东方的西方国家，封建的现代国家。这就是说，在追求现代化的过程中，日本虽然实现了经济、技术等物质领域的快速发展，但是在文化方面却保持了自己原有的那些东西。这样现代化的最终表现令人感到不可思议：能够把东、西结合，把物质与精神结合起来。所以日本企业管理方面的特点就是这种文化传统的延伸和体现，这正是在20世纪80年代以来被世界所承认的与美国的管理大为不同的原因所在。这一点充分体现在索尼的管理中——把企业当作家、提倡奉献精神，这是一种比较注重文化的柔性管理，而不是注重制度的刚性管理，而文化的中心就是人。一个公司把柔性管理作为主要的管理方面，足可以说明这个企业是把人的因素放在管理的首位。

(2) 索尼重视人的高级需要。按照行为科学的理解，人的行为并不是无缘无故地产生的。在大多数情况下，人的行为是受内在动机支配，是为了满足自己的各种各样的需要而进行的。著名的美国心理学家马斯洛经过研究指出，这种与人的行为有密切联系的需要一般情况下分为5个等级——生理、安全、人际、尊重和自我实现方面，人们的行为先是为了满足低层次的需要，然后才会想去满足高层次的需要。管理者在进行对人的管理时，可依据被管理者此时此刻所处的需要层次不同而采取不同的措施，如物质方面的奖励可以满足员工的低层次需要，精神方面的奖励可以满足员工的高层次需要。从索尼对员工的管理中所采取的措施可以发现，它是比较注重员工的高层次需要——注重人与人之间的关系协调、公司内部情感氛围的营造，以及鼓励员工不仅是为钱更是为事业而工作等，都可以说明这一点。对人的高层次需要的满足，能够在更大程度上调动员工的积极性和主动性，符合以人为本的实质。

(3) 全方位地把握企业人。在索尼对员工进行管理的观念和措施中，会让人很容易地想起中国的一句古话"人非圣贤，孰能无过"。人们都是为了一定的目的加入一个组织，进入一个公司，大多是为实现前面所说的五个方面的需要。每个人都在为了追求成功而不断努力。而管理者所想要得到的是一个"完人"——不能犯错误、永远积极肯干等。但事实上，这只是一种理想。工作中的人都会犯各种各样的错误，怎样看待员工所犯的错误，如何看待犯错误的员工，不同企业的做法是不一样的。在索尼是允许犯错误的，并且不刻意追究已经发生的错误。这种宽容的态度体现的是对人的全面认识，而不仅仅是从工作的逻辑、经济原则来把握人，这是以人为本的管理的体现。

(4) 养成对自己的时间耗用进行记录的习惯，定期进行检查、分析，并针对薄弱环节进行改进和提高。

(5) 提倡三短一准。三短是指开短会、讲短话、写短文；一准是指开会要准时。

案例评析

索尼公司"以人为本"的管理方式值得借鉴，围绕着激发和调动人的积极性、主动性、创造性来展开工作。强调对人性的理解，树立以人为中心的管理理念，以实现人的全面发展为目标，从而理解人、尊重人、解放人、依靠人、关心人、爱护人、培养人、教育人。

(资料来源：王德清，陈金凤. 现代管理案例精析[M]. 重庆：重庆大学出版社，2004.)

案例 2

张某该怎么办

张某是某地一家小家电公司的销售经理。该公司是以专营小家电为主，以房地产、服务及信息业为辅的综合性经营公司。该公司同 50 余个厂家精诚合作，经营了 30 多种型号的小家电，产品已具备了相当实力。张某作为公司的精英，兢兢业业，事无巨细，每天工作十多个小时，就是周末和公休假都加班加点，从没有怨言。在别人眼里，他是好领导、好下属。在他心里他总觉得自己每天像陀螺一样从早转到晚，却一事无成。干这个工作已经 5 年了，许多美好的愿望、个人抱负都还没有付诸行动，心中每每想起时都感叹：没有时间啊！在 2000 年 11 月的公司例会上，老总对他说："小王，下个月就是年末了，下个月的行政会议，我想请你好好策划一下我们未来的销售计划，你可以好好表现一下，多谈些你个人的想法和建议，好好把握这个机会喔！"

从会场出来，张某很兴奋，他想自己的宏伟蓝图可以有进展了，自己的雄才大略可以在公司的领导面前展现一下，这一次只许成功不许失败，必须抓紧剩下的时间，好好准备。接下来的几个星期，他虽然还是忙这忙那，可心中总是记着会议的事，心想这样重要的事必须要在绝对安静的环境和绝对平和的心境下才能构思和准备，迟一些再说吧。然而，"光阴似箭，日月如梭"，直到有一天，他惊觉无法再拖延下去，明天就是行政会议了。他心想：今天什么也不能处理，用一整天来准备应该是没有问题的。但接下的情况却是——

管理心理学(第2版)

镜头一：上午 8:00，正当张某精心筹备，准备好好计划一番的时候，电话来了，是老总打来的，要他立即代他去参加一个厂家与代理经销商的洽谈会，能够代表老总出席会议是一件荣幸的事，怎能推迟，反正大不了损失一个上午，下午还有时间。

镜头二：开完会，吃过午餐，回到办公室，正要开始做报告时，几个客户走过来，原来是一名老客户约了几位新客户来洽谈业务，涉及公司的销售和利润，况且老客户是自己多年的合作伙伴，不好驳了面子，而且公司也确实需要开拓新的市场，如此良机，岂能错过？于是他放下手中的活，和他们进行了详尽的交谈，而这一"会晤"转眼到了下午 5:30。

镜头三：下午 5:30 多了，可以进入正题了，张某坐下来，思量着怎样让开场白精彩，能起到先声夺人的效果。就在此时，电话又响了，接起电话，是同学打来的，闲聊了几句。等重新回来工作时大脑却一片空白，不知从何说起。唉，太疲倦了，还是先回家吧，吃过饭精神或许会好一些。

镜头四：下班时间总是堵车，回到家已快到 7:00 了。洗完澡吃过饭，正准备工作，刚巧电视转播精彩的篮球比赛，张某最喜欢篮球了，岂可放过，虽有一点犹豫，但还是坐下来安慰自己说，看一会儿，松弛一下，做事会事半功倍吧。球赛播映完毕，看一下时间已近 11:00，张某可有点着急了，可越急，越是思维停顿，想不起任何东西，都怪自己贪看电视，现在什么灵感也没有了，倒不如先睡觉，明天 4:00 起床再做吧。

镜头五：凌晨 4:00，闹钟准时响起，张某习惯了赖床，在半梦半醒中又睡了一会儿，终于在 5:00 多起床。洗漱完毕，坐在书桌前，洋洋洒洒写了几页纸，才发觉有些文件资料没带回家，重要的部分做不成，只好到办公室再做。早上又是一轮交通堵塞，来到办公室已经 8:00 多，还有 2 个小时行政会议就要开始了。在一个多小时的匆匆忙忙之后，张某终于完成了报告——一份他本来希望一鸣惊人的报告，结果怎样，可想而知。

张某不明白是否所有的管理者都和他一样，每天开始时都有着良好的打算，而回家时却不免感到沮丧万分。

结合张某的实际情况，我们认为造成张某时间管理效率低下的原因主要有以下几点。

1) 缺乏时间成本观念，不重视时间管理

(1) 世界上对每个人最公平的就是时间，不管你是聪明还是愚笨，是高贵还是低下，都是一天 24 小时，一年 365 天。但同时，正因为时间是公平的，同时又是免费的，所以人们往往不认为时间是有成本的，结果造成对时间不珍惜。张某也犯了一个通病，就是对自己最常见的东西最不珍惜，他根本没有意识到利用时间也应计算成本，因而，他完全没有时间管理的概念。

(2) 有些人认为，忙忙碌碌应该是管理者的一种状态，不忙不是现代人。特别是中层管理人员，好像觉得他们就应该是天天加班，天天事情干不完，他们已经习惯了这种状态。对张某来讲，他想得更多的是工作太多，造成其时间紧张，而没有意识到是由于自己从来没有实施过时间管理所导致的结果，更没有意识到时间管理能够给他带来效益。

2) 没有制订详细的可操作的计划

张某早上醒来之后，大脑中模糊地觉得今天有一个什么样的安排，但是没有变成一个很详细的计划，到办公室后就凭着大体的印象开始处理工作。然后，什么事情找到头上就处理什么事情，于是一天的工作就身不由己了。

如果下班前问张某今天的工作内容，他会说不出当天的 8 小时都干了些什么事。如果让他回忆最近一个月的工作内容，脑海中也是一片灰色，好像真正干事的时间也就那么一点点。实际上对于中层管理者，周计划和日计划是最关键的，而这些基础管理的工作，在许多组织当中非常薄弱，张某既没有制订切实可行的周密计划，更没有把日计划这样的基础管理工作持之以恒地做下去。

3) 做事不分轻重缓急

张某的习惯就是觉得每一件事情都很重要，每一件事情都需要完成，有时为了一件很小的事情在找资料，打电话求证，反复研究对比，但从实际的角度来看，这些事情对他今天或者这段时间的工作是无关紧要的，根本不值得花那么多的时间去处理。张某做事的缺陷在于没有安排事情的优先顺序，没有标记出哪些是最重要的，且当天必须完成的工作，结果碰到一些干扰因素，就使得最重要的事情没有做。而且，还忘记把它转到第二天的工作计划当中，最后事到临头才发现事情没有完成。

4) 没有养成良好的习惯

张某出现身不由己的问题是因为没有养成一个对自己的时间消耗进行记录、对零碎时间充分利用的好习惯。张某的工作习惯是什么紧急就先处理什么，谁来找就去忙谁的事，结果一天忙下来全是给下属做了事，给上司做了事，给同事帮了忙，自己的时间全被别人的事填满了，结果把自己的事搁在了一边，该做的事没做，最后只能是"一声叹息"。

5) 外部的打扰

有研究表明，外部打扰首先是来自于下属，对中层管理者而言，下属对他们的打扰是第一位的，如请示汇报、沟通交流、谈心及作指示等，都在占用他们的时间。如果管理者不能很好地指导下属进行时间管理，最后自己就会身不由己。其次是上司、同事和客户对他们的打扰。就张某而言，下属、上司、同事和客户的打扰都是造成他时间利用效率低下的重要因素。

案例评析

张某出现的这种尴尬而困惑的境况在我国企业中比较普遍。在我国许多企业中，管理者的时间就像高速公路上全面瘫痪的交通状况，被不得不做的事塞得满坑满谷，动弹不得，至于真正想做的事，却又找不到时间来做。于是，就会出现时间管理不当的种种症状。

(资料来源：王德清，陈金凤. 现代管理案例精析[M]. 重庆：重庆大学出版社，2004.)

案例 3

情感蛋糕

我们保健所有个不成文的规定，就是所里不管谁过生日，那天准会有人送来生日蛋糕和所长亲自签名的生日贺卡。您别小看这份小小的礼物，它让我们所里所有的人心里都暖烘烘的，它不仅成为所里上下级之间情感交流的纽带，还为创建和谐保健所奠定了良好的人际关系氛围。从小事推进保健所的发展，我也是在一次无意中得到的启发。

那是一个星期天，我和所里的几个同事加班，忙碌之余竟然忘记吃饭，直等到腹中饥饿难忍，我才猛然抬头看表，发现都中午一点多了。"所长，您看都过了吃饭时间，您看该怎么犒劳我们啊，是不是应该请我们吃大餐啊！"大家开始你一句、我一句地轮番上阵，于是我笑着说。好，走！我现在就请你们吃咱山西的刀削面去！正当我们出发的时候，门房的张大爷送水来了，不知道谁说了一句，今天是张大爷的生日。哦，是老张的生日啊，那我们今天就请老张一起出去吃饭，大家也给他一起庆祝一下，来，小王，快给张师傅买个蛋糕去。蛋糕到了，但是没有蜡烛，怎么办？我提议所有的男士都点燃打火机，让张大爷像吹蜡烛那样，吹灭打火机的火焰。一场生日会在热闹、温馨的气氛中结束了，望着老张满足的笑容，看着所里工作人员充满爱心的面孔，我的心也被湿润了。这件事也慢慢地被我遗忘，直到那一天。

有一天，我刚刚上班，就接到老张老伴的电话，她说："所长啊，真的感谢你啊，我们老张那天回来几天都睡不着，就琢磨着怎么努力工作才能报答您的知遇之恩啊！"我百思不得其解。原来，那天我们给老张过完生日后，老张一回到家就说："活这么大年纪，这是第一次有人给我过生日，而且还是所长亲自主持。"

放下这个电话后，我就决定，从明天起，我要为所里的每位同事过生日，让大家都感受到集体的温暖。因为我知道一个团体要谋求发展，不仅要靠自己正确的领导方针，最关键的还是要靠大家的不懈努力与强大的凝聚力，而这份凝聚力恰恰来源于领导的人性化管理。

自此，几年来，这份"情感蛋糕"成为所里的一项日常工作，并且是一份民心工程。

案例评析

有人开玩笑说人际关系是第一生产力，作为一个领导者，一要有品德，二要有能力，三要有良好的人际关系。在管理工作倡导以人为本的今天，通过这小小的爱心蛋糕架起了领导与被领导者的桥梁，增强了企业的凝聚力和向心力。

作为一个管理者，不仅要有过人的能力、胆识和志向外，还需要有爱心、善解人意、要理解员工的基本需求，在必要时给予一定的情感支持和帮助。这种雪中送炭的关怀，往社会让人倍感温暖，他们也会寻找机会报答组织。大多数情况下，这种情感产生的力量比理性的力量大得多，尤其是在普通员工的层面。

案例 4

新兴 SOHO 一族

一位着装时尚的青年人，神采奕奕，迈着轻松而自信的步伐走到了嘉宾的座位上，场内顿时掌声四起。原来他就是今天谈话节目的主角杨先生。

杨先生，男，已婚，1972 年生于重庆。原本也是上班族中的一员，他本科阶段学的是机电一体化，研究生阶段学的是工商管理，毕业后，到了一家银行工作，像绝大多数人一样准时上班下班。而忙碌的上下班，烦琐而死板的工作，紧张的人际关系，极大地降低了他的工作热情。但是在工作一段时间后，他及时调整自己的心态，重新激起对工作的热情，他就银行内部的管理及业务方面的情况写过几篇不错的报告和计划，希望能得到领导的重视和采纳。但出乎意料的是，领导不仅没有对他的报告和计划给予肯定，反而还指出报告缺乏现实操作性。杨先生心情很沮丧，家庭关系在这个时候也出现了危机。学校打来电话说，孩子在校捣乱贪玩，老师问其原因，他说家里无人关心自己的学习，父亲就经常批评他。妻子本来就埋怨他对家庭照顾不够，这下就更不满意杨先生了。原本向往自由、寻求独立、享受快乐的他，此时面临如此众多的问题难以解决，一气之下他辞去了现在的工作，重新应聘到一家证券公司，做股市分析师。恰逢这家证券公司正在搞改革，准备将新兴的SOHO办公引入办公机制。杨先生开始只是想换一个环境，后来觉得这家证券公司更吸引他的地方就是可以在家办公，从此他就过上了新兴的SOHO生活。

杨先生的生活跟以往相比有了巨大的改变，他现在对他的工作、生活状态很满意，认为自己是一个自由、快乐的家庭办公族。

他谈到，现代通信和计算机的发展，为家庭办公创造了非常便利的条件。原先在办公室里的工作完全可以拿到家里去做。实际上，在自由轻松的家里办公，有很多好处。每天可以节省在路上两个小时的上下班时间，也不再为复杂的人事关系而费劲心力，也不用担心外面是刮风下雨还是烈日炎炎。特别是对于已婚人士来说，还可以照顾家庭。每天早上可以毫不匆忙地送孩子上学、妻子上班，下午妻子接孩子放学回来的时候，他已经把饭都做好了。工作干了，家庭也照顾了，所有的烦心事都没有了，SOHO一族就是这样轻松、自由。

杨先生将住房分成办公和生活两个相对独立的区域，在办公区域，电脑、传真机、复印机、资料柜等办公用品一应俱全。

由于他从事的是证券投资业务，所以在家上班的时间与每天股市开盘的时间是一致的。每天早晨送完妻子和孩子后便打开电脑上网查询当天股市行情，边喝着牛奶吃着面包，边做技术分析。

开市后，他可以边收看股市行情，边在网络上进行实时交易，真是很便捷。看盘的间隙还可以在网上浏览最新的经济动态和投资信息，了解市场行情，有用的便下载下来以后慢慢研究，寻找新的投资点。在家办公虽然同样如战场，但是却没有拘束，十分自由。

与其他的家庭办公族不同，杨先生并不封闭，他与外界保持着较多的接触。股市收市后他一般会去证券公司的股市沙龙里转转，感受一下人气，探听一些内幕消息，生性开朗的他也时常约朋友到家里坐坐，大家一起聊聊天、吃吃饭、听听歌，真是逍遥快乐，不少投资线索也就是在这种不经意的闲谈中获得的。

杨先生说："SOHO感觉真是太好了，在自由轻松的家居环境下努力工作，拼命挣钱，享受快乐，真是很幸福的一件事情。其实，由于受高科技的发展以及崇尚自由、家庭生活观念的影响，SOHO在国外十分盛行。在美国，家庭办公的人数越来越多。家庭办公是高科技与办公自动化相结合的产物，是人们追求自由工作环境和舒适工作空间的完美结合，并蕴藏着无限的快乐。要自由、要快乐、有能力的人不妨加入SOHO一族。"虽然杨先生介绍了SOHO的许多优点，但是也有不少观众朋友提出，SOHO办公是否适合所有的人，毕竟这种做法还是比较新兴的，其中的一位观众朋友甲就提到，事实上一部分人宁愿在办公室办公，宁愿每天与上司和同事见面。作为一名网络管理员的他说："我认识很多远程办公的死硬分子，但是我喜欢与他人一起工作，因为我每天在计算机前工作，所以我不愿意整天在家待着。"

观众朋友乙也提到，他所在的公司在公开场合，其人力资源管理员很少反对远程办公，但在私底下，一些人力资源高级管理员却在抱怨远程办公发展太快了。多数人认为，远程办公适合地区销售主管和经常出差的人，也适合需要在规定时间完成工作，但同时因为各种原因只能在家里完成任务的那些人。即使是赞成远程办公的人也承认，远程办公对公司接待员、高级执行官等需要与雇员和公众见面的人没有什么意义。

观众朋友丙谈到，他从一本商业管理杂志上看到这样一个观点，某管理知识研究所执行董事说："远程办公完全是一个失败，人们如果经常使用这种办公手段就会知道，因为没有任何规则可言，你什么目标也达不到。只有在组织中没有雄心的人才会无条件使用远程办公。所谓远程办公能够形成新的工作秩序完全是一个美丽的神话。"

的确，大部分研究者认为，远程办公可以提高工作效率。有一项研究表明，远程办公可以提高15倍的工作效率。但是也有相当多的研究证明，远程办公会损害人们在工作场所的协作，在被忽视的地方使生产率下降。在人才竞争极为激烈的市场条件下，很多人经常跳槽。许多公司经理人把远程办公作为吸引人才的一种手段，但这只是一种竞争策略。硅谷电子商务公司的人力资源经理说，我们告诉所有应聘的人可以在家办公，但是我们希望他们不要过多地使用这种特权，如果所有的人都在家，公司将空无一人。SOHO 一族的产生有着深刻的历史背景，它既是现代通信和计算机发展的产物，也是人力资源管理方面创新的产物。随着科技的进步，SOHO 上班族制造了不少惊喜。作为一种新兴的工作模式，它有着无可比拟的优势。SOHO 办公能够为公司减少办公费用，工作者能自由调整时间，更好地照顾家庭。特别是作为提高管理者时间利用率的一种新型有效的方法越来越受到人们的青睐。

虽然 SOHO 办公有很多优点，但也并非尽善尽美。SOHO 办公并不适合所有的工作人群，如公司接待人员。如果公司接待人员也远程办公，岂不失去了接待工作的意义。另外，缺乏良好管理的远程办公可能导致生产率下降和侵蚀团队精神。由于长期缺乏沟通，公司同事感情淡漠，协调性差，将严重影响工作效率，长此以往也会侵蚀团队精神。同时，远程办公不利于公司文化的发展。学术界的研究认为，公司文化的形成需要有一个面对面的非正式的交流场合。换言之，公司文化的形成和强化必须通过交流。因此，过分强调远程办公不利于公司文化的发展。

在做 SOHO 一族前必须做好充分的准备。

(1) 在仍保持原有工作的情况下，先兼职做一些自由职业工作。

(2) 在准备从事的自由职业领域先接受一些正规培训，如选修大学课程或参加专家研讨会及研习班。

(3) 向本领域人士学习，以便发现具备何种技艺才能成功。

(4) 接受训练来获取必要的背景知识，个人应当具备很强的自信心及与他人友好相处的

附录 案例

能力。

(5) 有承受时间和资金压力的能力。

(6) 渴望学习,有创造性,能够自我激励,敢冒风险,足智多谋。

案例评析

SOHO一族虽自由,但也需要注意以下几点。

(1) 作为自由职业者并不是和办公室里的人际关系完全无关,即便是你自己单独工作。

(2) 千万不能低估所谓的"攀谈"因素,即和不同性格的人相处的能力。这种能力对于一位自由职业者的成功是很重要的。

(3) 成功的自由职业者都具备很强的分析能力和出色的口头、笔头的表达能力。

(资料来源:王德清,陈金凤. 现代管理案例精析[M]. 重庆:重庆大学出版社,2004.)

案例5

给我一个起点

现今越来越多有知识、有能力、有抱负的年轻人加入到企业中,并在企业的发展中起着举足轻重的作用,可也有许多年轻人,走上工作岗位没几天就对工作产生了厌倦情绪,有的不停地跳槽,有的考研离开,有的虽然留下工作情绪也不高,甚至和老职工的冲突不断。于是很多人说,现在的年轻人真难管理。

新美是一家年轻的企业,在就业十分困难的今天,一些刚从校园走出来,没有什么社会经验的年轻人来到了这里。这里有近70%的大学生,平均年龄不到30岁。有几个刚毕业的大学生来到这里实习了半年后就觉得没有什么事情做了,也不知道要被分配什么工作,都很着急。于是几个人结伴去找领导,领导说:"你们刚来,大家还不了解你们,你们还是先在办公室帮一段时间忙,让大家先了解你们,再到科室工作比较好。"几个人回来后心里虽然不完全相信领导的话,但也只能暂时在办公室工作。其中一个大学生把这些话都记在心里,各种工作都抢着干,很快他就得到了大家的赞扬,有些科室也提出请他加入。他去了其中一个搞宣传的科室,不久该科室要做新产品的推广,在对产品进行了认真的了解后,他主动请缨,单位领导和科室领导再三研究虽然有些不放心,还是把工作交给了他。他接到工作任务后集中时间和精力动员他在本市的同学、朋友,想了许多办法,在很短的时间里,让全市大多数人认识了他们的产品。同时,他还设计了多个方案,对其他产品一并进行推广,出色地完成了任务。这使他成为单位备受重视的人物。他没有把这里当作跳板,而是作为自己事业起飞的平台。

案例评析

从学校走向社会,是人生的一个重要转折点,如果在工作中不能充分展现自己,容易产生得不到重用的感觉,感觉自己大材小用,受人冷落,进而失去了工作的热情,变得心情浮躁。

任何人从事一份职业都有一个磨合的过程。在这个过程的最初阶段,往往是兴奋与困惑交织在一起。在理想与现实存在较大差距的情况下,容易产生对职业角色的困惑,这种困惑会导致心理上的压抑,如果这种压抑的心情得不到释放,容易产生忧郁症,将对一个人的职业生涯产生极坏的影响。

随着工作时间的增加,在企业文化的熏陶下,加上对所从事的职业的认识不断加深,年轻人开始慢慢接受自己的工作,并主动去学习与所从事工作相关的知识。

年轻人通过对新工作和新环境与自己理想的不断调节,从而逐渐适应自己所从事的工作,在工作中充分发挥自己的聪明才智,展现才华。经过一段时间的努力后,会完全适应并以积极的态度投入到工作中去,为企业的不断发展做出贡献。

案例 6

不是团队的团队

火艺公司在埃里克加盟前 3 年年收入达到 8 600 万美元,利润高达 300 万美元,但是在过去的 18 个月里销售却止步不前。

CEO 杰克将战略问题看作头等大事,埃里克上任战略总监的第一天,CEO 杰克就告诉他最重要的并且是唯一的任务是在 6 个月内完成公司的战略重组,进入实施阶段并取得胜利,还告诉埃里克,兰迪在这次战略重组中的重要性。

埃里克将各部门的高管组建了一个团队:营销总监兰迪、制造部的雷、分销总监卡尔、设计总监莫林以及人力资源部和财务部的高管。埃里克了解到火艺的管理者并不习惯于团队式工作流程,团队有 6 位高管同意对公司进行战略重组,但第 7 位高管兰迪破坏这一过程的决心也相当坚定,他认为团队是没有用的,共识就意味着平庸,所以公司前三次会议都因兰迪的抵触心理导致不欢而散,第四次会议时兰迪不仅迟到而且一来就讥讽埃里克的团队理念,之后雷和莫林也纷纷怒斥兰迪的个人英雄主义,埃里克尝试对兰迪进行了团队教育,没想到兰迪消极态度的抵抗导致雷的无奈离场,之后又有两人也跟着离开,第四次会议也再次宣告失败。

【案例评析】

1. 团队方面分析

(1) 团队授权不均。CEO 杰克未充分放权就让埃里克去整顿团队建设,杰克对兰迪相当的重视并授权给他,导致埃里克对兰迪的期望较大,而兰迪拒绝团队的工作模式并认为决策应该是领导者决定的,导致会议一次次失败未得出有效的解决方案。

(2) 团队没有一个达成共识的目标。埃里克自上任以来就把所有时间和精力用在如何开好一次会上。他甚至为了第一次会议在会前就为团队的讨论、争议和决策流程制定了一个合理的框架和指导方针。埃里克忽略了团队目标的重要性,而将大量的时间放在如何进行会议的正常进行。

(3) 团队沟通方式不到位。埃里克作为发展和维系沟通的管道,应该与员工加强沟通,了解莫林的抱怨及卡尔优秀的建议,有效缓解雷的紧张。由于没有进行有效的沟通,导致四次会议均以失败而告终；埃里克的沟通未做到有效循环，在接收卡尔的信息后，未进行整合处理；沟通是双向的，埃里克不仅要做到信息的接收，还应做到正确信息的给予。团队成员沟通方式不正确导致团队成员之间无法平等交流、通力合作。

(4) 团队凝聚力不足。作为一个新组成的团队，埃里克并没有完善团队建设，让团队的成员对领导没有信任感；团队未形成良好的凝聚力，整体氛围紧张低迷，从而影响了个人行为，四次会议均因兰迪的不配合而以失败告终，影响团队成员积极性及成员工作热情，如卡尔的建议被兰迪讽刺，莫林的观点不被认同。埃里克在团队合作过程中，未能采取有效凝聚向心力的措施，导致合作无法进行。

(5) 团队领导者的影响力不足。只有当被领导者认为领导者的专长是满足他们个人目标的必要条件时拥有专长权的领导者才能影响他人，埃里克是"空降兵"，对于业务及公司的内部情况尚不及其他人清楚，而兰迪掌握了丰富的营销经验并且深受CEO杰克的赏识，从这个角度讲他都处于劣势，导致兰迪对于埃里克的团队建设不感兴趣。

领导者只有在熟知客观环境、按照实际可能性、因事因地变通运用权力的灵活性才能符合客观要求。如果客观条件不具备强行用权，往往会事与愿违，不能取得好的效果。在复杂多变、事情紧急等情况下，冷静地、巧妙地掌权、用权，掌握驾驭客观环境的技巧，是衡量领导者领导才干的重要标准。而在案例中，埃里克既不具备权力，也不熟悉公司的客观环境，因此使得会议无法正常进行。

2. 埃里克角度分析

埃里克团队看似完美的组合却因兰迪的个人英雄主义而遭破坏。似乎问题的根源在于兰迪这一颗"老鼠屎"破坏了整个团队这碗"好汤"。很多人会选择让兰迪这一异类离开这个团队。但是，兰迪却掌握"对团队讨论至关重要的信息"、每次会议还至少会"提出一条与行业或公司有关的睿智观点和非凡的洞见"。可见，这个团队还是需要兰迪的，只是埃里克拿兰迪没办法。因此，实际上问题的根源恰恰在埃里克本身。

(1) 埃里克缺乏自信心。从一开始就以仰望的姿态看待兰迪。在埃里克眼里兰迪是个动感十足、精力旺盛的人，有着近乎传奇性的经历并且与公司CEO杰克关系密切。杰克对兰迪的偏爱倾向也让埃里克想起来"越发感到不安"，想到前三次的失败会议经历时埃里克又"对第四次会议感到惴惴不安"。这一切表明，由于缺乏自信埃里克对兰迪失去了掌控力量。

(2) 埃里克缺乏批判精神。对CEO杰克的话奉若神明而不试图采取怀疑的甚至批评的眼光看待杰克对兰迪的偏爱。外围的环境已经变了，火艺公司的销量和利润正在下降。用以前同样的办法无法解决当前的新问题

(3) 埃里克缺乏政治手腕。面对兰迪的排斥、抵抗、作对，埃里克却没有拿出有效的手段处理，一味关注团队的作用大于个人，从而忽略了成员的个性。对制造部的雷和设计部的莫林的判断失误、对兰迪不够重视，团队建设的过程中没有做好充分的准备，结果导致这一难堪的局面。

3. 解决方案

(1) 团队建设方案。①建立有效的团队架构、明确每一个成员的角色，由每一个成员平

衡地分担任务；②领导者要用人所长、创造出愉快的工作氛围；③针对这种情况，开会之前领导者需要对每一个成员私下逐一沟通了解他们的真实想法，提高会议效率；会议上要让大家集思广益，碰撞出有质量的结果，而不是埃里克自己凭借自己的经验为团队制订指导框架。

(2) 针对埃里克的方案。①加强领导力。埃里克在会议中应该有所发言、有所掌控，主导整个会议决策的发展，对提出对策的人进行肯定和鼓励，并且通过集体讨论及最后总结的方式来落实对策的方案，而不是待在一旁仅仅作为一个旁听者。②改变沟通策略，加强有效沟通。除了开会这种沟通方式之外，还可以采取其他的沟通交流措施。团队领导可以采取和每一位成员单独交流的方式，了解新建团队成员的性格特征、技能特长和需求等方面，打消他们的顾虑，以保证团队沟通的有效性和及时性。③加强威信建立。首先要采取强势的做法，如果兰迪拒不配合团队协作。需要开除时也要进行开除处理。其次因为兰迪有无人能替代的专业水平和公司领导的特殊照顾，在团队中的作用无人替代，因此埃里克首先要解决和兰迪的沟通，找出兰迪不参与团队合作的原因，弄清楚他看不起其他团队成员的傲慢心理的原因，与兰迪展开有效的沟通，消除他对团队建设的成见，减少无用的会议时间，主要抓住兰迪的方案解决问题。

3) 对企业决策者的方案。①增强埃里克的威信，肯定其作用，公司领导层应该力挺团队领导埃里克，而不是一味地抬高兰迪的身价，造成兰迪的实际地位高于埃里克，人为造成团队领导与成员相比威信不足，导致其无法开展正常工作的情况发生。②弱化兰迪的影响力，给埃里克授权，让埃里克在适当时机建立领导权威，在处置与兰迪相关的事情前要与公司领导达成意见统一，这样才能有效地处理兰迪在团队中带来的负面影响。

4. 启示

团队合作是否成功除了各自能力和资源是否具有互补性和对等性之外，一个最重要的因素便是各自在道德和情感上是否具有相融性。因此，从终极意义上来说，团队成长的过程也是一个文化磨合与道德认同的过程。只有企业团队管理内部形成了基于文化认同和道德认同的互尊、互信、互爱、互惠的互动关系团队才有可能步入成功的良性循环。作为领导者要讲究管理艺术，要以高超的管理艺术加之人格魅力带领团队成员奋勇向前直至成功。

案例 7

企业留人的法则：善待员工

张经理是 A 公司人力资源部负责人，这段时间他却非常烦恼，因为他所器重的一名业务骨干正打算离开公司。主要原因是该员工要求将其两地分居的爱人调到自己的单位来，公司以工作不对口为由没有同意他的要求。后来，他又要求每年给他多增加几天探亲假，公司又以他是业务骨干为由，没有同意。春节将至，他找到公司领导，要求分配一间住房以和爱人团聚，而公司领导很快表态说不行。这让这名员工对公司十分失望，认为他现在所做的贡献远大于回报，而且事实的确如此。于是谢绝了公司的挽留，递交了辞职报告。

案例评析

对这个案例可以分析一下,现代企业如何才能留住优秀的人才。

首先企业要实行良好的福利政策,包括除薪金以外给员工的各种奖金、津贴及培训机会等,对知识层次较高的人群来说,更需要人文的关怀。

意识到人才在经营中的重要性并不困难,难的是如何在日常经营中贯彻以人为本的经营方略。高薪只是短期内人才资源市场供求关系的体现,而福利则反映了对员工的长期承诺。对于众多追求长期发展的员工,更认同福利而非仅仅是高薪。

对优秀的人才要有一定的待遇给他,不能光靠口号、思想工作来激励,光讲奉献是不现实的。在一个企业的分配政策中,要让员工感到付出与回报平衡,这样才能发挥队伍的潜力。企业财富是由员工创造的,企业利润要最大化地回报员工,要让员工共享企业发展成果,这样的企业才最具发展潜力。

对于国内企业来说,在善待员工问题上更多地还是满足于按劳动法规来考虑问题,殊不知,这只是政府对企业保障员工权益的最起码要求。我国已经加入世贸组织,面对市场全球化竞争,要想占得先机,人的因素至关重要。因此,企业家的当务之急就是要学会如何善待员工。

在企业人力资源管理中,分析那些成功企业的人力资源管理经验,不难发现,许多优秀人才被企业深厚的文化氛围所吸引。营造一种吸纳、激励、留住优秀人才的良好文化氛围,不仅要让员工感受到而且这种文化建设还要在制度上体现出来。激励、自我约束和促进人才脱颖而出的机制,能够为公司的快速成长和高效运作提供保障。企业管理是以人为中心的管理,管好了人就是管理好了企业。

案例8

累尼尔效应

美国西雅图的华盛顿大学准备修建一个体育馆,消息一经传出,立刻引起了教授们的反对,校方只好顺从了教授们的意愿,取消了这项计划。

教授们为什么会反对呢?原因是校方选定的位置在校园的华盛顿湖畔,体育馆一旦建成,恰好挡住了从教职工餐厅窗户可以欣赏到的美丽风景。为什么校方又如此尊重教授们的意见呢?

原来,与美国教授平均工资水平相比,华盛顿大学教授的工资一般要低20%左右。教授们之所以愿意接受较低的工资,而不到其他大学去寻找更高报酬的教职,完全是出于留恋西雅图的湖光山色:西雅图位于太平洋沿岸,华盛顿湖大大小小的水域星罗棋布,天气晴朗时可以看到雄伟的雪山——雷尼尔山峰,开车出去还可以游览一息尚存的活火山——海伦火山。

案例评析

该案例中的教授们为了美好的景色而牺牲更高的收入机会,这被华盛顿大学经济系称为"雷尼尔效应"。这个效应告诉我们,人们的价值取向决定着人的行为。通常来说,追求经济价值的人在工作过程往往追求的是更高额的工资,而非经济价值取向的人,往往在工作过程中更看重其他方面,如工作环境、人际关系、上级领导的工作作风、工作本身等因素。

价值观作为人类行为的心理基础,对个人行为的决定性影响是显而易见的。而企业组织以个人集合的形式存在,其间既有个人的价值观,又有群体的价值观,所以价值观对于企业管理的作用更不可等闲视之。

案例 9

培训新员工心理创双赢之道路

每个企业都有自己的文化和座右铭,如更快、更高、更强、创新、精益求精等,这些都是公司的文化和理念。新员工到了一家新企业,不了解企业的历史、发展及工作环境,这时就需要在职员工的引导,让新员工能适应新环境,了解并学习公司的文化,明确公司的目标。因为这就是企业发展的动力源泉、核心力和凝聚力。作为管理者,应该懂得如何管理员工才能够让员工明白厂荣我荣、厂耻我耻的道理。再就是企业的人才引进和培训,企业有了新的人才是企业进步的动力之一,新人才的来源一是引进人才,但是引进人才风险高、代价大,而且引进的不一定就是符合企业要求的人才。因此人才还是需要企业自己去培训。这个问题困扰了许多企业,许多老国企中这个问题尤为突出,人才的培训完成不了,培训之后留不住人才。这里就给我们带来了新的问题:培训新员工心理创双赢之道路。

案例分析

通过管理心理学的学习,从员工心理需求角度给出如下新员工培训的具体方案。

(1) 突出企业文化的灌输,让员工了解企业精神,将新员工的思想、行为方式纳入公司的经营理念和行为规范。

(2) 新员工刚入职时,可由人力资源部联系,让企业员工和新员工互相介绍认识,给新员工一份公司内部相关人员的联系表,一张由公司人力资源部门发出的其所在部门签字的欢迎卡。这样能使新员工在刚开始工作时方便与各个部门之间进行有效沟通协作。

(3) 新员工入职时,其所在部门的部门管理者可协助其完成近期的工作计划,并与其讨论未来职业发展,客观地从员工自身角度分析工作,使之充分感受到公司与个人双赢的必要性。

(4) 根据新员工的数量,开展人际关系和自我管理的讲座。其中人际关系的讲座包括人际关系的重要性、合作精神、上下级关系、公共关系和服务质量等。自我管理讲座包括如何成为优秀员工,道德、理想、文明、健康等成功学讲座。

(5) 调整公司的招聘制度。例如,在对中层以上的管理干部的面试中,加入了一个环节,是最后一轮面试中邀请应聘者的配偶参加,由人力资源部门讲解有关福利,看应聘者如何向配偶解释加班、奖金、发展前景等,目的在于考察应聘者的家庭需求,以及预知未来可能发生的情况。

案例 10

竞争的尺度

张校长上任后，大张旗鼓地强调竞争。他说没有竞争就没有活力，学校就不能前进。于是在管理活动中开展各种名目的竞争。一开始，大家人心振奋，但时间一长，问题就出来了。许多教师为提高教学成效，争占学生的时间；一部分教师热情减退；甚至还有少部分教师为争先进，扯皮揭短。该校的王老师是一位优秀教师，提倡竞争以来，积极性很高，所教学生本学科的分数上升明显。但其他教师都来找张校长，不愿与王老师同教一个班。以上的问题使张校长陷入了思考：该不该鼓励竞争呢？

请分析教师竞争中会产生哪些积极作用与消极影响？如何采用有效管理措施解决存在的问题？

案例评析

竞争有积极作用：广泛调动教师的积极性；能发现人才；便于选拔骨干；有利于教师素质的提高。竞争不当也会产生消极影响：导致专业知识和技能保守封闭；人际关系紧张；矛盾加剧；个人发展停滞；产生不正确的教育观点和态度。

管理建议：应根据任务性质和教师状况确定教师工作的目标结构(竞争、合作与独立)；在竞争的同时，提倡教师之间的合作；适当交替采取合作与竞争的方式。

案例 11

诚信：落实在人的管理中

玫琳凯于第一次世界大战期间出生于美国得克萨斯州的温泉市，退休后用积蓄下来的5 000美元起家，创办了玫琳凯化妆品公司。由于她曾干过25年挨家挨户的推销工作，接触过各种各样的人，目睹了不少企业的兴衰，从中悟出一条要诀：企业成败的关键在于是否把员工视为最重要的财产，是否尊重每一个员工。如果做到这一点，就能依靠员工创造出不同凡响的业绩。玫琳凯引以为豪的是，她把这一原则运用到自己公司的经营管理上，并创造出卓有成效的"黄金法则"制度，因而公司经营业务飞快发展。20世纪20年代初，公司由初创时的9名员工，发展到5 000多人的国际性化妆品公司，并拥有一支20万人的兼职推销队伍；年销售额超过3亿美元，成为世界化妆品界的"皇后"，成为美国《福布斯》杂志评选的世界最有影响力的三位女性之一。

1. "信誉第一，家庭第二，事业第三"的管理原则

玫琳凯的"黄金法则"是这样形成的：在筹划公司时，她曾开列了两个单子，第一个单子列举了男子占统治地位的公司的弊端；第二个单子列举了通过照顾妇女的需要，来改革这些弊端的办法。她进一步充实这两张单子，形成了一个"理想公司"的轮廓。根据这个轮廓，在公司里，每个人都将受到平等的待遇，升迁以本人业绩为基础，产品不仅要在市场上优于竞争对手，而且要得到本公司推销人员的强烈信赖。同时，她一开始就认为招收女推销人员对公司是至关重要的。为了发挥她们的作用，公司不应确定销售指标或制定任何限制性条例，她们可以自行规定上班时间，以便有充分的时间去处理家务。她认为"就妇女而言，如果家里有问题，她们不可能为工作发挥作用"。因为她的推销员中绝大部分是有家庭负担的已婚妇女或离婚母亲。玫琳凯为公司制定的管理原则是"信誉第一，家庭第二，事业第三"——这为"黄金法则"制度奠定了思想基础。

2. 关心员工，善于听取员工们的意见和建议

为了贯彻"黄金法则"制度，凡公司员工生日，都会收到一份生日卡和两份免费午餐的招待券。"秘书周"的时候，所有秘书都会获得一束鲜花和一个咖啡杯。而新的员工进入公司，第一个月内会获得玫琳凯的亲自接见，并被询问是否适应所担当的工作。公司的员工有什么委屈、困难，都可以直接找玫琳凯申诉、反映，玫琳凯一定抽空接见他们，并认真倾听他们的谈话，帮助他们解决问题。1983年初，玫琳凯得知公司一名机械操作员的弟弟患了致命的癌症，虽然他只是公司员工的亲属，但玫琳凯仍给他写了一封信，并附了一首诗。玫琳凯这样关心员工，善于听取员工意见和建议的作风，使公司与所有员工保持着密切的关系。这种亲切的气氛，使员工的积极性和聪明才智得以发挥，使原来平平常常的员工脱颖而出、崭露头角，成为玫琳凯的得力手下。

3. 运用种种"赞美"来推动员工努力工作

为了贯彻"黄金法则"制度，玫琳凯制定了一系列运用"赞美"的办法。每位推销化妆品的美容师，在第一次卖出100美元的化妆品后，就会获得一条缎带作为纪念。公司每年都要在总部的"达拉斯会议中心"召开一次盛况空前的"玛丽年度讨论会"，参加讨论会的是从阵容庞大的推销员队伍中推选出来的2万多名代表。会上，让有卓越成绩的推销员穿着代表最高荣誉的"红夹克"上台发表演说，给推销成绩最好的美容师颁发代表公司最高荣誉的奖品——镶钻石的大黄蜂别针和貂皮大衣。在公司发行的《喝彩》月刊上，每年都要把公司各个领域中名列前茅的100人的名字登载出来。

有个美容师在第一、二次展销会上都没卖出什么东西，第三次展销会上也只卖出不引人注目的35美元的东西。但她的上司海伦不仅没有指责她，反而表扬她："你卖出了35美元的东西，那实在太棒了！"海伦的赞美和鼓励，使那位美容师的心热乎乎的，后来取得了可喜的成绩。海伦也因为善于运用赞美激励部属，得到玫琳凯的重用。玫琳凯在回顾公司成功的经验时说："我认为，'赞美'是激励部属的最佳方式，也是上下沟通手段中效果最好的，因为每个人都需要赞美。只要你认真寻找，就会发现许多运用赞美的机会就在你的面前，没有什么能比得上那句真诚的赞美给人带来的鼓舞更让人心动。"

4. 身体力行，在打成一片中贯彻"黄金法则"制度

为了贯彻"黄金法则"制度，玫琳凯对管理人员十分强调身教重于言教，而且她自己也身体力行，模范带头，与员工打成一片。有一段时间，公司的销售额上不去。经过分析研究，在公司举行的大会上玫琳凯宣布，每个美容师每周要在10个不同地点举办化妆品展销。话音刚落，下面就议论纷纷，终于有一个人发言说："如果你本人能一周在10个不同地点举办化妆品展销，那么，下面的销售主任和美容师就会相信，他(她)也能做到。"这可把玫琳凯难住了，近10年里，她很少亲自办展销，有很多新问题需要她从头学习，但是她还是勇敢地接受了这一挑战。她拜能者为师并花了很多时间进行演练，终于取得了成功，一周之内她果然举办了10次化妆品展销，销售额竟名列全公司第三。消息传开，员工们大吃一惊。玫琳凯的身教，极大地提高了全公司销售人员的士气，营业额大幅度上升。

案例评析

当企业想实现难以达到的效果时，应注重情感投入。首先要注重换位思考，多替别人着想，多替别人打算。其次是面对不同的对象，采取不同的方法，对上级领导要先敬几分；与同级交往要注意自己的工作能给对方提供条件；与下级交往要注意真正站在对方的角度考虑问题。其三是与他人共事应平等交流，慎用指令性语言，即使是传达领导交办的事情，也不要口气太硬，要做到态度随和，语言平和，想方设法融洽与被协调者之间的感情。

(资料来源：王德清，陈金凤. 现代管理案例精析[M]. 重庆：重庆大学出版社，2004.)

案例12

教育上创新意识的培养需要逆向思维，自觉地破除从众心理

国外曾有一个心理学教师在一个学习化学的班级做了一个"权威效应"的心理实验。他请该班的教师向学生介绍说：这位教授是国际上知名的化学家，最近他研究出一种新的化学品，由于我与他很熟悉，专程请这位教授向同学们展示一下这项新的研究成果，先睹为快。于是，"化学家"拿出一个瓶子，里面装着透明的液体，然后告诉大家，他正在研究一种化学药品的感知效应，现在他展示的化学药品是一种新药，其味道可以在空中迅速传播，而只有对化学药品有敏锐感知的人才能通过空气中的传播感受到。然后，"化学家"打开瓶子，同学们屏住呼吸，用心体验"只有对化学药品有敏锐感知的人"才能得到的感受。接着，大家开始谈出自己的感觉，有的说，这是一种与过去所有的化学药品味道完全不同的东西；有的说，教授打开瓶子后，立即就感受到一种由前至后扑鼻而来的清香，"味道好极了"，等等。全班没有一位同学表示出不同的看法。待大家讨论得差不多了，"化学家"告诉大家，他不是什么化学家，而是本校一名普通的心理学教师，瓶子里装的不过是刚刚从学校自来水管里流出的自来水而已。接着，他表示他的心理学实验圆满完成，"谢谢大家的真诚合作！"

案例评析

没有人会说自己没有过盲目的从众心理，因此可以说，从众心理是人类固有的"毛病"。上面这个案例是受到"心理暗示"影响的结果，而管理上创新意识的培养，需要逆向思维自觉地破除从众心理。

案例 13

企业如何才能争得并留住人才同时保持合理的人员流动性

某天，海尔人力资源开发中心丁主任的办公桌上放着职工汪华为的辞职申请书。

汪华为是刚进集团工作不久的大学生。在集团下属的电冰箱厂工作时，他表现突出，提出了一些有创造性的工作意见，被评为"揭榜明星"。领导看到了他的发展潜力，于是将其提升为电冰箱总厂财务处干部。这既是对其已有成绩的肯定，也为其进一步磨炼提供了一个更广阔的舞台。汪华为作为年轻的大学生，在海尔集团有着良好的发展前途，缘何要中途辞职？丁主任大惑不解。

经了解，汪华为接受了另一家用人单位月工资高出上千元的承诺，正准备跳槽。仅仅是因为更高的工资待遇吗？事实看来，并非如此简单。虽然汪华为在海尔的努力工作得到了及时肯定，上级赋予他更大的权力和责任，但他仍认为一流大学的文凭应是一张王牌和极具优势的通行证，理所当然，他可以进厂就担当要职，驾驭别人而非别人驾驭他。而海尔提出的"赛马不相马"的用人机制更注重实际能力和工作努力后的市场效果，人人都有平等竞争的机会，能者上，庸者下；岗位轮流制更是让人觉得企业中的仕途漫漫。作为刚步入社会的大学生，汪华为颇有些心理不平衡。另外，海尔有着严格的内部管理，员工不准在厂内或上班时间吸烟，违反者重罚；员工不准在上班时间看报纸，包括《海尔报》；匆忙之间去接电话，忘了将椅子归回原位，也要受到批评，因为公司有一条"离开时桌椅归回原位"的规定；《海尔报》开辟了工作研究专栏，工作稍一疏忽就可能在上面亮相；每月一次的干部例会，当众批评或表扬，没有业绩也没有犯错误的平庸之辈也归入批评之列；能上能下的用人机制更让人感到一种无处不在的压力。当另一家用人单位口头承诺重用他时，他便递上了辞职申请书。

刚上任的丁主任认为这件事情非常重大，因为任何事情都能以小见大。不能一叶障目，而忽略了海尔人力资源开发中或许比较重大的隐患的解决，或者这也是一个更好地完善现有的人力开发思路的契机。

案例评析

对于企业来说，核心员工拥有能为企业赢得竞争优势的专用性技能，这些技能难以在劳动力市场上公开获得，他们给企业所带来的战略性利益远远超出聘用和开发他们的管理成本。企业将其视为谋求竞争优势的独家武器，建立"以组织为家"的聘用关系，实施内部开发和长期聘用，将大量诱发核心员工的有效行为，并推动核心员工从事特定于企业的学习活动。为了保护人力资本投资，企业需要给予这些员工很大程度的聘用保障，使企业避免人力资本损失，并实现由员工产生价值所带来的利润。

（资料来源：王德清，陈金凤. 现代管理案例精析[M]. 重庆：重庆大学出版社，2004.）

案例 14

飓风公司的"青春期"烦恼

飓风公司是一家成立于1996年的民办高科技企业，由国内某名牌大学计算机系的几个青年教师辞职后共同创办，主要产品是各种工程应用软件和网络系统集成。总经理兼董事长李大风是一个敢想、敢干的技术型的企业家，一心想将飓风办成中国未来的微软。公司选择银行、海关、民航和税务作为主要的目标市场，凭着一股冲劲和对路的产品，飓风实现了超速成长。到 2002 年，销售收入已达近亿元，员工发展到约 150 人。

近一年多来，公司的内部管理问题越来越让李总感到苦恼，尤其是员工的士气不高、抱怨较多、服务质量下降和员工的流失率居高不下。李总在公司的各种场合，总是不失时机地向大家宣传"以发展民族高科技为己任，是时代赋予我们这一代青年的期望"，想以此增加公司的凝聚力，但收效不大。于是，他责成公司的人事部工作人员张明作了一个不记名的调查。其了解到的基本情况如下。

(1) 有 10% 的员工对目前的工资极不满意，45% 表示基本满意。

(2) 24% 的工程师表示来飓风的目的是学技术，将来对自己的出路和身价会很有用。

(3) 56% 的员工表示在飓风工作有乐趣，因为公司绝大多数是年轻的同龄人。

(4) 48% 的中层经理认为公司高层对他们工作的辛苦不理解，对他们为公司所作的贡献承认不够，补偿的也不够。

(5) 78% 的员工认为下海打工一图挣钱、二图学本事，至于成为中国未来的微软，那是老板的事，想不了那么远，自己干了今天，明天会不会被老板"炒鱿鱼"还不得而知呢。

(6) 离开公司的员工或进入外企或被"猎头"公司挖走。进入外企的员工中有 35% 的人表示在外企的工资比原来在飓风的工资要高出 50%~200%。

带着困惑，李大风请教了一位管理咨询顾问，那个顾问告诉他："在高科技行业，员工高流动是一个正常的现象，公司不必要留住所有的员工，甚至要保持一定比例的淘汰率，应该广开渠道，多招人、多淘汰，大浪淘沙，重要的是要留住那些一旦离开会动摇公司基本业务的人。"该顾问还建议飓风应该逐步建立一个机制和工作流程，使公司逐步摆脱对员工个人的依赖。

随后，李大风着手对工资结构进行了改革，过去，85% 的工程师月工资在 2 000~3 000 元之间。他发现以前的工资结构没有拉开档次，于是，公司建立起一个工程师评级的制度，将工程师划分为 5 个等级，对每个等级都建立了严格的评级标准，并规定每半年评比一次。其中，一级工程师是必须留住的人，按照外企同等的工资和福利待遇标准对待，月工资和福利平均 6 000 元；二级工程师是需要争取的，月工资和福利平均 4 500 元；三级工程师是至少有 2 年以上实际技术工程经验的，每月平均 2 800 元；四级每月平均 2 000 元；五级每月平均 1 000 元。

这一招在公司内立刻产生了较大的反响，有人支持，有人提出了异议，尤其是人事部的张明带头反对。这个正利用业余时间在读 MBA 的人认为，李总的做法是治标不治本，首先他对高科技企业员工高流动属正常现象这个观点不以为然。张明说："这首先是一个心态的问题，如果公司老板认为员工高流动是一件正常的事，那公司就会出现高流动。这个心态很坏，它会使公司失去对员工进行长期培训和建立员工职业发展计划的兴趣，造成公司与员工之间的彼此不信任。"同时张明认为将员工划分为三六九等会使员工之间失去合力，造成更多的矛盾，使人事工作更加难做。而李总觉得张明的观点虽然有些道理，但理想化的色彩较浓，可能学 MBA 理论太多的人都这样。另外，参谋就是参谋，哪知道老板的压力。

在企业中，常见这样一种现象：会上，老板慷慨陈词，为员工生动地描绘着企业远景、战略规划、公司发展空间……老板说得动情动容、激动不已，而下面的员工，有打瞌睡的，有窃窃私语的，也有装模作样在本子上涂鸦的……至于老板说了什么、说了多少，实际上却没有人知道。

企业老板认为，通过这种不断地宣导可以激发员工情绪；而员工认为，这种会只是白白地浪费时间，不解决任何实效问题，让人厌烦，因而有人戏称为"间歇性隔靴搔痒症"。为什么员工会产生这样的想法？有员工道出了自己的心声：第一，老板经常这样说，但是说的和做的是两层"皮"；第二，我们在老板眼中只不过是雇员，因而企业的价值观与我们的关系不大。

飓风公司似乎也没有摆脱此症状，其至少有两点问题。第一，公司没有建立起员工认同的价值观。尽管李总在各种会议上强调企业的价值观，但没有取得员工的认同，因而才有 78% 的员工认为"成为中国未来的微软，那是老板的事，想不了那么远，自己干了今天，明天会不会被老板'炒鱿鱼'还不得而知呢"的想法。第二，企业与员工的关系还停留在"劳动关系"上。李总虽然接受了咨询公司的意见，但可惜的是，他没有从深层次透视这个问题，找出问题的症结所在——没有建立起与员工的"心理"契约关系。他通过薪资形式吸引和留住核心员工，而采取适当的"流动"激发员工的活力。这些做法都没有错，但遗憾的是其忽视了员工的个人价值观以及员工个人的感受。因而像张明认为公司"将员工划分为三六九等，企业将失去合力"这样的想法也是很正常的。其治标不治本的方式，或许可以解决一时的问题，但隐患也非常明显。

(1) 企业发展后劲不足。一是企业无法实施有效的培训计划；二是不利于企业培养梯形团队。

(2) 企业留住的是人而不是"心"。表面上看，是对核心员工给予更高的待遇和发展空间，但是其留下来的原因可能是企业提供的"薪资"硬环境。一旦有了更好的环境，其离开的可能性极大。

飓风公司要改善公司现状，除了要有效利用薪资这个工具外，更要注意加强价值观、企业文化的建立，让员工心理认同，在行为上保持与企业一致，即所谓"长"得像企业。

1. 了解职业人的心理及现状

对于个人而言，由于社会的需求以及择业观念的改变，使员工的职业化程度越来越高，特别是高新技术企业的员工，多为知识型员工、进取型员工，自我实现愿望强烈，希望在企业中获得更多的发展空间，偏好宽松自由的工作空间，勇于承担责任，追求卓越。他们选择企业，除了关注个人收益与个人价值的均衡外，更多的是希望获得个人价值的增值，即所谓"能给自己未来带来什么？"如飓风公司通过企业内部调查发现"78% 的员工认为下海打工一图挣钱、二图学本事"，就证明了这一点。

对企业而言，在竞争激烈的社会中，企业必须要有自己的战略规划及行动战术，人是战略计划实施中的一分子。企业通过运行机制和规章制度来约束员工行为，实现最终目标。

2. 建立有效的企业价值观

1) 什么是有效的价值观

企业价值观是指企业在追求经营成功过程中所推崇的基本信念和奉行的目标，是企业全体或多数员工一致赞同的关于企业意义的终极判断。美国著名管理大师吉姆·柯林斯在长期的企业研究后得出了这样一个结论：真正让企业长盛不衰的，是深深根植于公司员工心中的核心价值观。

"先天不足，后天调养"，由于特殊的历史背景，部分民营企业快速地成长起来，虽然其"身材"长得高高大大，但是在价值观的塑造上却显得非常"幼稚"。即使有的企业意识到价值观的塑造对企业发展的作用，但是只将其看成是"装饰的门面""一杯暂时解渴的水"。显然，这样的价值观是空而无效的。那么何谓有效的价值观？有效，并不是价值观的表述用词华丽、有气势，而是可以做到：第一，让多数员工认同，并引起共鸣；第二，对企业发展运作有实际的推动作用；第三，可以在任何一个环节体现出来。用一句话概括就是，有效的价值观就是员工认同的价值观。

2) 如何建立认同的价值观

(1) 提升员工个人价值。赢得员工的认同，并不是简单一两句话可以实现的。首先，企业如何看待员工？是雇员，还是企业财富创造者，抑或是企业的最大资源。确定了如何看待之后，才能关心其关心的问题。其次，员工关心价值的提升，企业就应给予更多的培训、更多的指导、更多的发展空间，让员工心理上获得满足。

(2) 建立融洽的员工关系。专家测算，优秀企业的人才流动率应在15%左右，然而中国民营企业的人才流动率接近50%。过高的人才流动率表明：相当部分的民企对员工缺少凝聚力、感召力；员工对企业缺乏归属感、认同感。因而建立认同的价值观，必须与员工建立起融洽的关系。这种关系是以劳动契约和心理契约为双重纽带的战略合作伙伴关系。其中，心理契约是指关注员工对组织的心理期望与组织对员工的心理期望之间达成一种"默契"，在企业和员工之间建立信任与承诺关系，实现员工自主管理、企业与员工双赢的战略合作伙伴关系，个人与组织共同成长和发展。研究表明，心理契约的不满足将直接导致员工满意度降低，对企业的信任减少，认同感和主人翁精神减弱，离职率增加。企业应将价值观的建立视为一个系统的工程，将其融入到与员工息息相关的每一个行为体系中去，从心激发，才能实现从心的一致到行的一致，实现理念与行为的统一，最终为企业与社会创造更多价值。因而，建立认同的价值观不在于结果而在于过程。

案例评析

飓风公司的问题在民营企业中非常普遍，原因是企业往往只重视现有的生存与发展问题，却忽视了更有潜力的软资源——人的重要性。因而，民营企业发展要突破瓶颈，除了解决资金、技术等问题外，还要着眼于建立员工认同的价值观、企业文化等。

(资料来源：中华税网.)

案例 15

欧莱雅："责任激励"培养人才

欧莱雅是一家高度全球化的公司，在全世界 50 多个国家开展业务。欧莱雅在全球范围内需要大批的高层管理人员，而且是能够跨文化的商业领导人。承担领导人培训任务的是欧莱雅法国巴黎总部，即巴黎"欧莱雅管理教育中心"，对欧莱雅的全球高层领导进行培训。

每年，欧莱雅会选送全球有领导潜力的高级管理经理到法国巴黎总部参加高层培训，培训由欧莱雅集团与欧洲著名的工商管理学院 INSEAD 合作，设置名为 Leadership for Growth 的领导力培训课程，专门针对有工作经验的全球高层经理人。有机会参加这种培训的学员将与来自世界各地的管理精英度过紧张充实的 20 天，从顶尖的 MBA 教授以及经验丰富的欧莱雅高层领导那里，吸收先进的管理理念。

这项培训课程由 INSEAD 为欧莱雅量身定制。授课老师包括 INSEAD 著名的教授、一些经济领域或政策领域非常有名的学者，欧莱雅的领导人也会亲自来给学员授课、演讲，为欧莱雅来自世界各地的优秀人才提供最顶尖的管理培训。欧莱雅高层亲自参与领导人培训，体现了公司管理层对培养领导人才的决心。

欧莱雅全球领导人培训有两个目的，其一是让他们学习最先进的管理经验；其二是为来自全球各地的欧莱雅高级管理人员提供相互沟通的机会，有利于他们今后在工作中的交流与互助。欧莱雅中国人事部总监戴青谈起她在巴黎培训的经历时，对人才济济的欧莱雅感到自豪，对欧莱雅出色的领导人培训感到自豪。欧莱雅总部聘请了大批优秀的人才，如聘请了世界著名的专家、教授进行基础研究，在巴黎培训总部，能够有机会结识许多国家的高级经理人以及研发人员，聆听充满智慧的专家、教授们的讲课，不但是宝贵的学习机会，更增加了对欧莱雅的认同、尊重感。所以，在激励员工士气、增加员工忠诚度等方面，欧莱雅的领导力培训也起到了巨大的作用。

1. "责任激励"——在实践中培养领导人

欧莱雅拥有良好的领导人培养环境，培训倾向于工作实践。每一名欧莱雅员工都有自己的责任，这种责任本身就是在为员工成为领导人作准备。不论是何种级别的岗位，责任就是对员工的激励，员工是责任的支配者与承诺者。这就是欧莱雅的岗位责任激励，营造出培养领导人的自觉环境。

欧莱雅是一个培养与发展经理人、领导人的"大学校"，有各种相关制度与措施来培养与发展员工。例如，欧莱雅开展管理培训生制度，根据需要，为培养未来欧莱雅领导人与管理人员作准备。但通常在实际工作中，欧莱雅并不会明确确认员工要做的事情，而是让员工基于对公司以及自我使命的认识，对岗位职能以及公司发展战略的认识，以一名"企业家"的身份，来自己计划该如何开展工作，实现目标。这种像"诗人"一样自主的做法正是欧莱雅文化的体现。

欧莱雅认为，员工每天所做的工作，每天所承担的责任，就是对员工最好的训练。员工在工作岗位遇到的挑战都需要员工自己去用"诗人"般的智慧与"农民"般的勤劳去解决，通过在工作中激发员工的个性智慧，促进他们成功，是欧莱雅热衷的一种培养领导力

附录 案例

的方法。欧莱雅崇尚让员工在日常工作中学习与成长,通过承担更大的责任成长。所以欧莱雅十分重视经理人对员工的激励作用,为员工创造机会,挑战员工,激励员工成功。欧莱雅的经理人承担的不仅仅是促进业务增长的任务,更担负着培养领导人的重任。欧莱雅总裁盖·保罗认为,欧莱雅最好的人事经理就是各业务部门的经理。

2. 亚太区管理培训中心

1900 年 8 月,欧莱雅在新加坡建立了亚太区管理培训中心,面向亚太地区的欧莱雅员工进行定期的培训。欧莱雅亚太区管理培训中心针对亚洲市场的特点和亚太地区员工的专门需要,组织各类研讨会和培训课程,卓有成效。欧莱雅中国公司每年派出大量优秀员工去新加坡参加各种课程的培训,使他们有机会与亚洲其他国家经理人进行交流,分享经验,拓展国际化视野,提高竞争力。

3. 欧莱雅的按需培训

欧莱雅的培训体系并不是一成不变的,而是灵活机动的。员工绩效评估时,只要员工认为其工作与任务需要培训,就可以主动向上级提出培训的要求。为了提高员工技能与管理能力,适应工作挑战,公司会及时安排员工去参加培训。根据培训实际需要,在国内或新加坡等地开展。这就是欧莱雅的按需培训,根据员工的需要灵活、及时地安排培训。

案例评析

虽然欧莱雅的文化像"诗人"一样具有随意性,但欧莱雅的培训体系却环环相扣,步步为营。从新员工培训、专业技能与管理才能培训,到海外培训,以及在工作实践中培养领导人,欧莱雅的员工培训更呈现出像"农民"一样实用的特色,为欧莱雅培育出能够在全球化妆品市场独当一面的优秀人才。

(资料来源:新华网.)

案例 16

比特丽公司发展命运

比特丽公司是美国一家大型联合公司,总部设在芝加哥,下属 450 个分公司经营着 9 000 多种产品,其中许多产品,如克拉克棒糖、乔氏中国食品等,都是名牌产品,公司每年的销售额达 90 多亿美元。

多年来,比特丽公司都是采用购买其他公司来发展自己的积极进取战略,因而取得了快速的发展。公司的传统做法是:每当购买一家公司或厂家以后,一般都保持其原来的产品,使其成为联合公司一个新产品的市场;而且对下属各公司都采用分权的形式,允许新购买的公司或工厂保持其原来的生产管理结构,这些都不受联合公司的限制和约束。由于实行了这种战略,公司变成由许多没有统一目标,彼此又没有什么联系的分公司组成的联合公司。

1976 年,负责这个发展战略的董事长退休以后,德姆就是在这种情况下被任命为董事长的。

新董事长德姆的意图是要使公司朝着他新制定的方向发展。根据他新制定的发展战略，德姆卖掉了下属56个分公司，但同时又买下西北饮料工业公司。

据德姆的说法，公司除了面临发展方向方面的问题之外，还面临着另外两个主要问题：一是下属各分公司都面临着向社会介绍并推销新产品的问题，为了刺激各分公司的工作，德姆决定采用奖金制，对下属干得出色的分公司经理每年奖励1万美元。但是，对于这些收入远远超过1万元的分公司经理人员来说，1万元奖金恐怕起不了多大的刺激作用。二是在维持原来的分权制度下，应如何提高对增派参谋人员必要性的认识，应如何发挥直线与参谋人员的作用问题。德姆决定给下属每个部门增派参谋人员，以更好地帮助各个小组开展工作。但是，有些管理人员则认为只增派参谋人员是不够的，有的人则认为，没有必要增派参谋人员，可以采用单一联络人联系几个单位的方法，即集权管理的方法。

公司专门设有一个财务部门，但是这个财务部门根本就无法控制这么多分公司的财务活动，因此造成联合公司总部甚至无法了解并掌握下属部门收支情况的问题，导致联合公司管理没有明确经营目标，也没有协调各职能部门和各公司之间的生产经营活动，财务部门在控制日常经济和评价工作业绩等方面没有发挥特殊的作用。又因为联合公司在分权制度还是集权管理没有形成统一的方针，所以最后造成联合公司业绩下滑，一些分公司开始脱离联合公司，纷纷独立经营管理的局面。

案例评析

(1) 比特丽公司可以在分权方面做得更好。现在的比特丽公司分权程度非常高，各下属分公司基本上是分而治之，这样的管理架构使得组织十分松散，总部也缺乏控制力。在市场竞争日趋激烈的今天，组织需要形成整体的力量，这好比一个拳头打出去比每一根手指更有力一样。比特丽公司需要平衡集权与分权，只有在现在的基础上适度集权才能形成更大的整体。

(2) 德姆的激励方法可能难以达到理想的效果，微薄的奖励起不到足够的激励作用。要取得更好的激励效果，可以从两个方面改进：一是提高物质额度，只有这样才能对分公司经理这种高收入阶层起到刺激作用；二是物质奖励和精神奖励相结合，奖励能否起到激励作用取决于人们取得的成绩和他们对不同需要的追求程度而定，物质奖励和精神奖励结合起来才能发挥最大的作用。

(3) 参谋人员可以为直线主管提供信息，出谋划策，配合主管工作。在协调直线和参谋人员之间的关系时很有讲究：首先，直线主管不能为参谋左右。参谋人员所拥有的只是辅助性职权，比如提供咨询、建议等，直线主管广泛听取参谋的意见后应做出决策。注意，只有直线主管才是决策者。其次，参谋人员应尽可能地独立提出建议，直线主管不应过多干涉。

(资料来源：王德清，陈金凤. 现代管理案例精析[M]. 重庆：重庆大学出版社，2004.)

案例 17

激励不等于金钱

刘先生是一家私营企业的业务骨干，他在企业成立的时候就在这里工作。在业务员团队里，他的年龄最大，当业务主管不在的时候，他就暂时代为管理。在整个企业里，他很受大家的尊重，因为他为企业的成功做出了巨大贡献。但是最近，他向老板提出了辞职。

经过私下的了解，老板得知刘先生离开企业的原因是新来的一个业务员。为了业务的发展，企业需要引进一名既懂技术，又懂营销的人才，于是一名刚毕业的双学士大学生来到了这家企业。为了留住这个人才，老板给了他业务员队伍里最高的薪水，比刘先生的薪水高出了300元。刘先生心中感到极度的不适应，感到自己在公司的位置被替代了，这是他最不能接受的。

从这个小故事里，我们看到虽然金钱是激励员工的最常用的手段，但它并不是全部。从表面上看，刘先生离开的原因是新业务员的薪水比他高了300元，但实际上这300元本身并不重要，重要的是这300元背后所代表的员工的地位。刘先生感到自己多年的付出竟然比不上一个新来的员工，感到自己的地位已经被取代了。由此可见，对员工的激励应该是多角度的。

为员工提供全方位的激励，企业应该从以下几个方面入手。

1. 创造满意的工作岗位

做自己喜欢的工作，并在工作中体现个人价值是所有人追求的理想的工作模式。在实际生活中，很多人由于各种原因的限制，并不能达到这个目标。他们对自己的工作并不满意，有的是因为工作受到太多的限制，不能充分发挥自己的能力；有的是因为工作内容单调，没有挑战性。因此，科学的岗位设计是激发员工工作热情的第一步。

工作岗位是责任和权力的结合体。把需要承担的责任和所具备的权力描述清楚，工作岗位就定义好了。所以，岗位设计的核心内容就是确定该岗位的责任和权力。

岗位责任设计的要领是保证工作的完整性。在工业化时代，人们为了追求专业化所带来的高效率而把工作分成了越来越细的工作环节，每个岗位的员工只负责其中的一个环节。这种分工方法在生产线上可以提高效率，但对于知识型员工而言，过度细分的工作只能使员工感到乏味和厌烦，由于只负责整体工作中很小的一部分，基本体验不到自己工作的价值，最终导致员工的工作热情和工作效率低下。因此岗位设计的时候，要在保证效率和控制的前提下，尽可能保证工作的完整性，让员工感受到自身工作的价值。现在很多优秀的跨国银行实行客户经理制度，每个客户经理都能为客户提供全程的服务。这样，在提高客户满意度的同时，增加了客户经理自我价值的实现。

岗位权力设计的要领是适当的授权。知识型员工具有较强的工作自主性，他们希望能具有更多自主决策的权力，而不喜欢在别人的控制下工作。所以适当的授权能够让员工体会到高的自主性，能够激发员工的工作热情。而且，一线的工作人员往往比他们的领导更接近实际问题，在专业技术方面更精通，因此从工作效率角度出发，也应该给予员工适当的授权。

员工都希望得到大家的认可和尊重，希望能在工作中体现自己的能力。所以，在进行岗位设计的时候，要注意使岗位具有一定的挑战性。让员工体会到应对挑战的乐趣和战胜挑战的成就感。

2. 以愉快的方式工作

生活节奏的加快和工作压力的增大让现代人承受了太多的压力。一时间，HAPPY LIFE(快乐生活)的呼声不断高涨，紧随其后的是 HAPPY WORK(快乐工作)。这时，员工对工作的要求不再是挣钱养家那么简单，他们希望能够在工作中得到乐趣，能够以愉快的方式进行工作。当然，体面舒适的工作环境是快乐工作的一部分，但作为企业动力核心的知识型员工更需要的是灵活的工作方式。

知识型员工的工作中创造性的成分比较高，他们对工作的自主性要求也相对较高，他们不喜欢在别人的控制下工作，不喜欢刻板的工作方式。所以，知识型员工更倾向于比较灵活的工作方式，比如弹性的工作时间和随意的工作场所。在必要的固定工作时间之外，员工还拥有自己可以随意调配的弹性工作时间，员工可以根据工作的状态和进度安排工作的时间。这样，员工可以更好地协调工作和生活的问题，可以在最佳的工作状态下投入工作。

信息技术的发展为员工提供了更加灵活的工作方式，通过电话、网络等手段，员工可以在任何地方与领导和同事进行沟通并传递文件和数据。

3. 描绘明天的蓝图

一个现实而又美好的明天永远是对员工最好的激励。无数个市场调查表明，求职者选择工作时最看重的就是发展前途。因此，企业应该为员工制订明确的职业发展计划，让员工清楚自己在企业中的发展机会。在制订员工发展计划的时候要从现实出发，计划应该是切实可行的，这样员工才会把它当作自己奋斗的目标。

在员工当中，有的希望自己在本专业领域深化发展，有的希望能够从事管理工作，因此，企业应该建设双重职业通道，来满足不同员工的发展需要。微软是实施双重职业通道的成功范例，过硬的技术人员可以选择在技术职业继续发展，也可以选择进入管理领域。微软在技术职业设置了规范的升迁途径，并提供和管理职位相当的地位和待遇。这样，不同性格的人才可以根据自己的喜好选择发展的途径，而且无论在哪类职位上，他们都能得到足够的重视和相当的待遇。

4. 营造有归属感的文化

对企业有归属感的员工将为企业的荣誉而骄傲，为企业成功而全身心投入工作。营造一个温馨的企业环境对培养员工的归属感是非常有益的。

首先，企业要创造一个鼓励沟通的氛围。员工可以通过各种正式的和非正式的渠道交流看法，交换信息。企业及时把员工的绩效考核结果反馈给本人，并帮助他们制订绩效改进计划，在日常工作中给予适当的指导，将有助于提高员工的工作积极性。知识型员工非常在意情感的交流和融洽的同事关系，因此宽松的交流环境有利于员工表达自己的看法，舒缓工作压力。而且充分的沟通可以实现信息和知识的共享，提高工作的效率。

附录 案例

案例评析

案例表明薪水确实能激励员工,但是在激励一个员工的同时,还应该考虑公司的整体情况,明白这笔薪水背后的意义,而且激励员工的方式不仅仅是增加薪水这么简单的事情,员工在乎的除了薪水的高低,还有是否能安心愉快地完成工作,使得自己在完成工作时有足够的成就感。能做自己喜欢的事情的同时还能挣到钱就是一个员工最理想的状态。如何让员工能喜欢上自己的工作则少不了管理者们合适的激励。

(资料来源:百度文库。)

案例 18

管理也要学会幸福

常和一些企业高管在一起聊天,每次的话题总是躲不开"累"这个字。于是乎,当作为管理阶层的人在白日繁忙的工作中安静下来时,常会询问自己:"我幸福吗?"这是一个很多人都想解答的问题,但是至今也没有人能够给予明白的解释,每个人对于幸福都有自己的衡量标准,并不能一概而论。

前不久,英国所谓的一个社会学家竟然发表声明,表示通过一个公式就能把具体的某个人的幸福算出来。其公式如下:幸福=$P+(5×E)+(3×H)$。其中,P 代表个性;E 代表生存状况;H 代表更高一层的需要,包括自尊心、期望、雄心和幽默感等。据说为了这个公式该科学家的研究小组编制了一套专门的测试题,有 1 000 多个人回答了测试题中的问题,他们的回答成为编制"幸福公式"的基础。

我不知道这份调查有没有考虑到区域性差异,如果把这个公式放在我们国内的某些区域,如东部沿海城市和西部某个贫穷的山庄,那从公式上来看结果不用说,东部的人生活比西部的人幸福百倍。因为个性、生存状况,还有所谓的自尊心、雄心、幽默感,在西部那里基本上没有办法和东部比。但是我敢说结果肯定不是这样,当东部的人每天为了生存,为了发展,忍气吞声地工作,挤着城市的"铁罐子"奔波在大街小巷时,而此时的西部农村,可能过着日出而作,日落而息的耕地生活,白天迎着太阳,和看家的狗一起出门,种田或捕鱼;在即将落幕的夕阳下,喝着一杯自家酿制的酒,吃着老婆做的小菜,饭后村里人聚集在大树下一起乘凉聊天。

究竟这两种生活,谁幸福,谁不幸福,此时所谓的公式似乎没有意义。

事实上幸福是一种不可说明白,不可衡量的东西。但这并不意味着我们不能去理解它,并从中寻找到幸福。笔者在这里斗胆来发表一个新的幸福看法,以管理为突破口。

中国有句古语,家家有本难念的经,意思是说每个人都有自己的苦恼,但是这种苦恼,我们要进行细分,有些是合理的,而有些是不合理的。

作为企业管理人员的幸福定义应该是他是否在自己所拥有的资源整合下取得了行业内比较好的成绩,也就是比较幸福。

每个企业管理人员都会对企业和自身有个判断,这种判断会存在三种情况,一种是与真实的情况相吻合，一种是高估了自己的判断，另一种则是低估了自己的判断。

打个比方，某某公司在综合企业的内外资源后得出一个结论，在现阶段，企业的每年利润应该为30%。

第一种情况，这种判断是与社会的整体资源配置真实情况相吻合的，社会的平均年利润是30%。在这样的状况下，若企业的最终年利润高于社会的平均状况时，企业的管理人员就会幸福，相反就不幸福。

第二种情况，这种判断是与社会的整体资源配置真实情况不相吻合，社会的年平均利润真实情况应该是20%。在这样的背景下，企业管理人员将会很难得到幸福，因为他本身对自己的判断就是个错误，即使当他获得25%的利润，在其他同类企业管理人员眼里看来已经很不错了，但是由于前期错误的判断，总是拿30%作为一个评价标准，所以他总是不满足，想尽一切办法要超过30%，否则就永远不会幸福。

第三种情况，与企业的管理人员判断也是不吻合，但是这种情况的判断是低于社会的整体资源配置。社会的年平均利润真实情况应该是35%。

此种情况下，管理人员比较容易得到幸福，因为即使他没有达到社会的年平均利润，但他自己对自己的衡量标准却达到了，同样也是因为判断的失误，结果却不同，由第二种情况的不幸福变成感到幸福。

案例评析

从管理阶层再到普通人，这种观点同样是值得大家借鉴的。当一个人正确地认识到自身的价值，他就会为了实现自己的价值而努力，在没有达到社会的平均水平时不停地努力。当判断超过社会的平均水平时，人们就会为了自身的幸福而不断地努力，推动社会的发展；当判断低于社会的平均水平时，人们会比较满意目前的生活。

其实不仅仅是人生价值，在爱情、婚姻等各个方面，都可以用这个标准来衡量。但前提就是一定要认清楚自己的价值，按照自身的条件和社会的状况，能得到什么，不能得到什么。

当然，我们不否认会有奇迹发生，这就是为什么社会上有很多人总是不幸福，因为他们高估了自己，但是奇迹却很少。

(资料来源：豆丁网。)

案例19

Google公司的奖励之道

美国的Google公司希望通过股票来奖励和留住员工的做法的一个关键点是，它对员工的奖励超越了传统的金钱概念，而将关注点更多地放在了员工的更高层次需求的满足上。拥有公司的股票意味着这些被奖励的员工由为企业打工的角色转为企业的"股东"，这种新的角色认定可以满足员工较高层面的心理需求。

我们从员工职业生涯发展的角度来看，工作可能达成的目的能很清楚地说明工作与人的内在需求之间的关系。过去我们大多数企业采取的更多是经济层面的奖励，更多地体现在物质需求的满足上，这其实是一个较低层面的需求，而随着薪酬的不断提高，公司在奖励上面临两难问题，奖金少了没有激励效果，奖金多了公司成本剧增。金钱对人来说确实是重要的，也是我们这个处于实现小康阶段社会中的人普遍渴求的，但金钱却不能够代表一切。因此，如何将有限的奖金和员工需求的满足结合起来，发挥更大的作用，应该是公司奖励政策的关键。

案例评析

案例中提到的角色认定法可以使员工在经济、社会、心理三个层面的需求得到满足。采用使员工拥有股票的形式代替单纯的金钱奖励，最大程度地满足员工的多层面需求，无疑是Google公司成功的奖励之道。

(资料来源：豆丁网.)

案例20

某机床厂的目标管理

某机床厂从1981年开始推行目标管理：为了充分发挥各职能部门的作用，充分调动一千多名职能部门人员的积极性。该厂首先对厂部和科室实施了目标管理。经过一段时间的试点后，逐步推广到全厂各车间、工段和班组。多年的实践表明，目标管理改善了企业经营管理，挖掘了企业内部潜力，增强了企业的应变能力，提高了企业素质，取得了较好的经济效益。

按照目标管理的原则，该厂把目标管理分为三个阶段进行。

第一阶段：目标制定阶段

1) 总目标的制定

该厂通过对国内外市场机床需求的调查，结合长远规划的要求，并根据企业的具体生产能力，提出了19××年"三提高""三突破"的总方针。所谓"三提高"，就是提高经济效益、提高管理水平和提高竞争能力；"三突破"是指在新产品数目、创汇和增收节支方面要有较大的突破。在此基础上，该厂把总方针具体化、数量化，初步制定出总目标方案，并发动全厂员工反复讨论、不断补充，送职工代表大会研究通过，正式制定出全厂19××年的总目标。

2) 部门目标的制定

企业总目标由厂长向全厂宣布后，全厂就对总目标进行层层分解、层层落实。各部门的分目标由各部门和厂企业管理委员会共同商定，先确定项目，再制定各项目的指标标准。其制定依据是厂总目标和有关部门负责拟定、经厂部批准下达的各项计划任务，原则是各部门的工作目标值只能高于总目标中的定量目标值，同时，为了集中精力完成目标，目标的数量不可太多。为此，各部门的目标分为必考目标和参考目标两种。必考目标包括厂部明确下达目标和部门主要的经济技术指标。参考目标包括部门的日常工作目标或主要协作项目。其中必考目标一般控制在2~4项，参考目标项目可以多一些。目标完成标准由各部门以目标卡片的形式填报厂部，通过协调和讨论最后由厂部批准。

3) 目标的进一步分解和落实

部门的目标确定以后，接下来的工作就是目标的进一步分解和层层落实到每个人。

(1) 部门内部小组(个人)目标管理，其形式和要求与部门目标制定相类似，由部门自行负责实施和考核。要求各个小组(个人)努力达到各自的目标值，保证部门目标的如期完成。

(2) 该厂部门目标的分解是采用流程图方式进行的，具体方法是：先把部门目标分解落实到职能组，任务再分解落实到工段，工段再下达给个人。通过层层分解，全厂的总目标就落实到了每一个人身上。

第二阶段：目标实施阶段

该厂在目标实施过程中，主要抓了以下三项工作。

1) 自我检查、自我控制和自我管理

目标卡片经主管副厂长批准后，一份存企业管理委员会，一份由制定单位自存。由于每一个部门、每一个人都有了具体的、定量的明确目标，所以在目标实施过程中，人们会自觉、努力地实现这些目标，并对照目标进行自我检查、自我控制和自我管理。这种自我管理，能充分调动各部门及每一个人的主观能动性和工作热情，充分挖掘自己的潜力。因此，完全改变了过去那种上级只管下达任务、下级只管汇报完成情况，并由上级不断检查、监督的传统管理办法。

2) 加强经济考核

虽然该厂目标管理的循环周期为一年，但为了进一步落实经济责任制，及时纠正目标实施过程中与原目标之间的偏差，该厂打破了目标管理的一个循环周期只能考核一次、评定一次的束缚，坚持每一季度考核一次和年终总评定一次。这种加强经济考核的做法，进一步调动了广大职工的积极性，有力地促进了经济责任制的落实。

3) 重视信息反馈工作

为了随时了解目标实施过程中的动态情况，以便采取措施、及时协调，使目标能顺利实现，该厂十分重视目标实施过程中的信息反馈工作，并采用了两种信息反馈方法。

(1) 建立工作质量联系单来及时反映工作质量和服务协作方面的情况。尤其当两个部门发生工作纠纷时，厂管理部门就能从工作质量联系单中及时了解情况，经过深入调查，尽快加以解决，这样就大大提高了工作效率，减少了部门之间不协调的现象。

(2) 通过修正目标方案来调整目标，内容包括目标项目、原定目标、修正目标以及修正原因等，并规定在工作条件发生重大变化需修改目标时，责任部门必须填写修正目标方案提交企业管理委员会，由该委员会提出意见交主管副厂长批准后方能修正目标。

该厂长在实施过程中由于狠抓了以上三项工作，因此不仅大大加强了对目标实施动态的了解，更重要的是加强了各部门的责任心和主动性，从而使全厂各部门从过去等待问题找上门的被动局面，转变为积极寻找和解决问题的主动局面。

第三阶段：目标成果评定阶段

目标管理实际上就是根据成果来进行管理的，故成果评定阶段显得十分重要，该厂采用了"自我评价"和上级主观部门评价相结合的做法,即在下一个季度第一个月的 10 日之前,每一部门必须把一份季度工作目标完成情况表报送企业管理委员会(在这份报表上,要求每一部门对自己上一阶段的工作做一恰如其分的评价)。企业管理委员会核实后,也给予恰当的评分,如必考目标为 30 分,一般目标为 15 分。每一项目标超过指标 3%加 1 分,以后每增加 3%再加 1 分。一般目标有一项未完成而不影响其他部门目标完成的,扣一般项目中的 3 分,影响其他部门目标完成的则扣分增加到 5 分。加 1 分相当于增加该部门基本奖金的 1%,减 1 分则扣该部门奖金的 1%。如果有一项必考目标未完成则扣至少 10%的奖金。

案例评析

通过上述案例能够体会到:目标管理的基础是经济责任制,目标管理只有同明确的责任划分结合起来,才能深入持久,具有生命力,达到最终的成功。

(资料来源:豆丁网.)

案例 21

学校事故案例分析

某镇一所中学的任课教师李某因故未到教室上课,也未向学校领导请示派人代课,而是自己安排本班班长王某看管学生们自习,并示意说:"哪个学生捣乱,用棍子敲!"上课约 10 分钟,该班学生范某斜坐在座位上削铅笔,王某误以为他在吃东西,遂从讲台上将教师常用的教棍扔下打范某。范某出于本能,用手一挡,棍头正巧刺到后排坐着的女生陈某的左眼,造成左眼失明。经市公安局法医鉴定,其左眼珠已萎缩,需摘除并安装义眼,属重伤乙级。而陈某家庭经济困难,父母借钱带着陈某四处求医,累计费用已达 35 万多元。于 2004 年 3 月起诉到县人民法院,请求依法赔偿。

法院受理此案后,进行了认真的审理。法院认为,陈某在校期间受到伤害,请求赔偿,有理有据,应予支持。该中学在上课期间由于教师擅离职守,造成学生伤害,学校应负主要责任;王某按照老师的安排,用教棍打人造成意外伤害,应承担相应的民事责任;范某在王某用教棍打自己时,用手护头,出于本能,其正当防卫未超过必要的限度,依法不承担民事责任。法院依法判决学校赔偿陈某各项费用 44 万元,王某赔偿陈某各项费用 11 万元。

案例评析

学校的职责和任务是由一个个管理人员和教师去履行和实现的,管理人员和教师在从事管理活动和教育教学活动中,他们所代表的不是自己而是学校,其行为是职务行为而非个人行为。对于职务行为给他人造成的损害,民事赔偿责任应该由行为人所在的教育机构来承担。学校应当坚持防重于治的原则,平时做好教师和学生的安全教育工作,通过积极行动尽可能减少学校伤害事故的发生。当然,在学校赔偿之后,学校可根据实际情况向有过失的行为人行使追偿权或求偿权,要求教师李某承担部分或全部赔偿费用。

案例22

中国体育的营销战何其难

每四年举办一次的世界超级赛事——"世界杯",在今天已不仅仅是一项单纯的体育赛事,更是各大品牌争夺商机、提升品牌知名度的有力武器。近年来,中国各大品牌也纷纷加入到这场以"世界杯"名义争夺领地的战役中来。2006 年 5 月,距离世界杯开赛不到一个月,央视就已卖出 3 亿元的广告时段,3C 家电业、IT 数码企业、家居产业的"世界杯"营销战烈火熊熊燃烧……"热",是今年"世界杯"在中国透出的显著特点!

大热之下,我们是否应该反思?

《广告直通车》2006 年 7 月刊针对中国品牌借助"世界杯"进行体育营销,就一系列其所关注的问题,对品牌专家胡纲先生进行了专访。

《广告直通车》:中国体育营销与国外相比,目前处于一个什么样的发展阶段?

胡纲:体育营销理论最早出现于 20 世纪 20 年代初期的美国。纵观当今全球经济,已与体育产业结成密不可分的关系,据统计,目前全球体育产业的年产值高达 4 000 亿～5 000 亿美元,并且保持着 20%以上的年增长速度。体育营销已在欧美等发达国家市场营销中占据了举足轻重的位置。

反观中国体育营销的发展,我认为可以用"快速发展的初级阶段"来定位。

初级阶段,是相对于欧美发达国家而言。内地企业实施体育营销走向世界的案例,最早应该可以追溯到 1984 年的洛杉矶奥运会,当时的健力宝集团赞助中国体育代表团参赛,健力宝饮料也随着中国体育健儿走出国门。相比于跨国品牌成熟的体育营销运作,中国企业体育营销还存在着不少问题,基本上处于模仿、借鉴的阶段。

快速发展,指的是中国体育营销所面临的良好机遇,体育营销日渐受到中国企业的重视并被大量企业付诸市场实践。"入世""2008 北京奥运会"等正为中国体育营销发展带来巨大的契机。近年来,中国企业体育营销的热情也持续高涨,如海尔成为 NBA 全球唯一家电合作商,TCL 全程冠名赞助高尔夫欧巡赛以及签下国际足球巨星小罗纳尔多为形象代言人,联想成为 2008 北京奥运赞助商等。

《广告直通车》:中国品牌在对待"世界杯"的态度上,2005 年与 2006 年相比,您个人认为有哪些变化?

胡纲:如今,国内很多品牌都意识到体育赛事是吸引市场眼球的一个重要舞台,体育营销已经成为现代市场营销的一支重要力量。特别是对于那些致力于开拓国际市场的国内品牌来说,通过在世界顶级赛事展示自己的品牌,已被视作实现全球化营销的捷径。"世界杯"无疑是一个非常重要的平台。

我们看到,作为国内品牌打"世界杯"牌的代表,无论是奥克斯重金签下贝克汉姆、罗纳尔多、齐达内、劳尔、卡洛斯 5 名足坛巨星任品牌代言人,还是 TCL 力邀小罗纳尔多作电视代言人,都反映出国内品牌对"世界杯"营销的重视程度,即在牢固站稳国内市场的同时,致力于打开国际市场的通路。央视今年签订的"世界杯"广告额据说已经远远超过了 2002 年"世界杯",一些国内品牌"站稳国内,出击国际"的品牌战略布局,由此也可见一斑。

《广告直通车》：各大品牌的"世界杯"营销战役，究竟为品牌赢得的是什么？

胡纲：本次德国"世界杯"的商务赞助已经签下了飞利浦、富士、阿迪达斯、MasterCard、Avaya、麦当劳、雅虎、阿联酋航空、吉列、德国电信、可口可乐、百威、现代汽车、东芝等国际知名品牌。

这些跨国品牌的"世界杯"营销战役可能各有不同，但是，无一例外，它们都为自己赢得了以下三大品牌价值。

一是进一步巩固和扩大了该品牌的全球知名度，提升其国际形象。现代成为"世界杯"赞助商后，有助于其在国际市场上摆脱中低档品牌的形象。

二是加强了该品牌产品品质的公信力，使其产品和技术得到世界公认，维护和提升了消费群的忠诚度。

三是通过广告传播强化了该品牌的文化影响力，有助于该品牌开发潜在市场。

《广告直通车》：中国品牌关于"世界杯"的营销案例中，有没有给您印象深刻的案例？您认为中国品牌在体育营销方面还有哪些欠缺？

胡纲：中国品牌关于"世界杯"的营销案例，给我留下深刻印象的有两大品牌。

其一是借助1998年"世界杯"迅速崛起的农夫山泉。

农夫山泉1998年开始向全国铺货时，面对当时娃哈哈、乐百氏等品牌的强大竞争压力，作为一个新品牌，为了在激烈的市场竞争中短时间内突出重围，农夫山泉结合中央电视台转播"世界杯"赛事的节目安排投放广告，在短短一个月的赛事期间将农夫山泉展示给电视机前的亿万中国球迷，成为一个家喻户晓的饮用水品牌，其市场份额从"世界杯"前的第十几位一举跃升到第三位。

其二是2002年韩日"世界杯"时的中国联通。

其时，中国联通CDMA推出不久，在2002年"世界杯"上，中国联通CDMA专门赞助中国记者现场采访，他们人人手持CDMA手机，电视转播车上也印有CDMA的标志，成为绝佳的流动广告。

不能否认的是，目前国内许多企业还缺乏体育营销的实战经验，很多人都能大谈特谈体育营销，但真正做起来就常流于简单模仿国际品牌的俗套了，主要问题有以下几个。

第一，经常做"一次性买卖"，不能形成系统运作，体育比赛期间，没有整合相关的公关、广告、促销等手段，体育比赛一结束，体育营销也就没有后劲了。例如，某饮料品牌曾以3 100万元买断央视"世界杯"独家特约直播权，但仅仅是借"世界杯"打了一次"纯粹的"广告而已，而后却没有成体系的体育营销后续跟进动作，让人不得不对这3100万元的"一次性买卖"觉得有些可惜。

第二，"三盲症"，即企业不切合企业自身的实际情况，盲目跟风，盲目模仿，盲目烧钱。看到跨国品牌借助体育营销扬名全球的表象，就心里痒痒，却在未能看懂这些国际品牌体育营销成功的深层原因时，蠢蠢而动。所以，结果往往只有一个，糊里糊涂地玩了一把"烧钱"的游戏。因此，国内企业进行体育营销时，必须有成熟的品牌战略，并且要量力而行。

《广告直通车》：在国外，像"世界杯"这样的重大赛事到来之际，大品牌一般都会采取哪些行动，他们的体育营销一般都是怎样展开的？

胡纲：国际品牌的体育营销运作已经相当成熟，有一套非常系统的模式，并且体育营销的创新也年年不同。

比如，可口可乐公司举办的"世界杯护旗手"选拔、"三对三足球赛"等公益活动，"世界杯"前后，不仅部分可口可乐产品会换上带有国际知名球星形象的新包装，市场部门也将开展全国范围内的饮料促销活动。

阿迪达斯则不仅包揽了本届"世界杯"比赛用足球的供应，还为所有参加世界杯的裁判、球童、工作人员、志愿者以及旗手提供装备。同时，阿迪达斯的品牌 Logo 还将出现在德国、阿根廷、法国、西班牙、日本、特立尼达和多巴哥国家队的比赛服上。甚至包括贝克汉姆、齐达内等知名球星也将使用阿迪达斯的装备。

而耐克则另辟蹊径，针对网络用户中占很大部分的青少年(耐克的潜在客户)，选择与最热门的搜索引擎 Google 合作，创建了世界首个足球迷的社群网站 Joga.com，让足球发烧友在这个网络平台上一起交流他们喜欢的球员和球队，观看并下载比赛录像短片、耐克明星运动员的广告等。该网站共有 14 种语言的版本，覆盖范围超过 140 个国家，有数百万人登记成为注册会员，是独属于耐克品牌的名副其实的"网络世界杯"。

更多的国际品牌主要借助"世界杯"搞促销。德国移动运营商 T-Mobile 将在比赛期间通过手机直播 20 场比赛，并提供全部比赛的精彩视频。韩国三星则专门推出一款 E370 手机作为英国球迷专用手机，手机里有英格兰队历届精彩时刻的视频。

《广告直通车》：您个人是否看好"世界杯"这一宣传品牌的契机？

胡纲：我个人的观点是"营销好世界杯，一年的投入可以赚四年的钱。"

这里有三组数据。

(1) 据统计，一个企业在世界范围提高品牌认知度，每提高1%需要2000万美元的广告费，但借助大型体育比赛，同样的费用可提高10%的广告效应。

(2) 对某一类产品，消费者一般所能记住的品牌数为4到5个。如果某品牌不能进入消费者记忆中的前五名，就无法让消费者指名购买。

(3) 在全世界，通过电视和有线网络收看世界杯足球赛的观众高达10亿人次，远高于奥运会的观看人数。

这样看来，"世界杯"应是一个最有效、最划算的营销平台了。

我们纵观全球体育赛事，足球这一体育项目，是被全世界第一个以"世界杯"通用代称的，其魅力或者说其营销魅力，也当之无愧为"营销世界杯"。像"世界杯"这样的体育活动，四年一个周期，在一届世界杯结束之后的四年内，当消费者一提及，就马上会联想到世界杯期间打广告的品牌，这种传播效果是常规广告所难以达到的。

案例评析

中国体育营销虽然发展很快，但还缺乏一定的成熟经验，作为企业管理者来说，都愿意趁着世界超级赛事——"世界杯"，这个大品牌提升自己的品牌知名度。但盲目地模仿、借鉴国外体育营销方式是不可取的，必须制定出一套相当成熟的营销方法，才能真正创造我们自己的国际体育营销品牌。

(资料来源：广告直通车.)

案例 23

王老吉："防火"让自己火起来

凉茶是广东、广西地区的一种由中草药熬制、具有清热祛湿等功效的"药茶"。在众多老字号凉茶中，又以王老吉最为著名。王老吉凉茶发明于清朝道光年间，至今已有一百多年，被公认为凉茶的始祖，有"药茶王"之称。到了近代，王老吉凉茶更随着华人的足迹遍及世界各地。

回顾 20 世纪 50 年代初。王老吉药号分成两支：一支归入国有企业，发展为今天的王老吉药业股份有限公司，主要生产王老吉牌冲剂产品；另一支由王氏家族的后人带到香港。在中国内地，王老吉的品牌归王老吉药业股份有限公司所有；在中国内地以外有凉茶市场的国家和地区，王老吉的品牌基本上为王氏后人所注册。加多宝是位于东莞的一家港资公司。由香港王氏后人提供配方，经王老吉药业特许在内地独家生产、经营红色罐装王老吉。

2003 年，来自广东的红色罐装王老吉(以下简称红色王老吉)，突然成为央视广告的座上常客，销售一片红火。但实际上，广东加多宝饮料有限公司在取得"王老吉"的品牌经营权之后，其红色王老吉饮料的销售业绩连续六七年都处于不温不火的状态。直到 2003 年，红色王老吉销量才突然激增，年销售额增长近 400%，从 1 亿多元猛增至 6 亿元，2004 年一举突破 10 亿元。

究竟红色王老吉是如何实现对销售临界点的突破？

1. 定位问题

让我们把镜头拉回 2002 年。红色王老吉持有凉茶始祖王老吉的品牌，却长着一副饮料的面孔，让消费者觉得"它好像是凉茶，又好像是饮料"，这种认知混乱是阻碍消费者进一步接受的心理屏障。而解决方案是，明确告知它的定义、功能和价值。

在 2002 年以前，从表面看，红色王老吉是一个活得很不错的品牌，销量稳定，盈利状况良好，有比较固定的消费群。但当企业发展到一定规模以后，加多宝的管理层发现，要把企业做大，要走向全国，他们就必须克服一连串的问题，甚至连原本的一些优势也成为困扰企业继续成长的原因。

而这所有困扰中，关键有以下几个问题。

1) 当"凉茶"卖，还是当"饮料"卖

在广东，传统凉茶(如冲剂、自家煲制、凉茶铺等)因去火功效显著，消费者普遍当成"药"服用，无须也不能经常饮用。而"王老吉"这个具有上百年历史的品牌就是凉茶的代称，可谓说起凉茶就想到王老吉，说起王老吉就想到凉茶。因此，红色王老吉受品牌名所累，并不能很顺利地让广东人接受它作为一种可以经常饮用的饮料，销量大大受限。

另一方面，红色王老吉口感偏甜，按中国"良药苦口"的传统观念，广东消费者自然感觉其"去火"药力不足，当产生"去火"需求时，不如到凉茶铺，或自家煎煮。而在加多宝的另一个主要销售区域浙南，主要是温州、台州、丽水三地，消费者将红色王老吉与康师傅茶、旺仔牛奶等饮料相提并论，没有不适合长期饮用的禁忌，加之当地海外华人众多，经他们的引导带动，红色王老吉很快成为当地最畅销的产品。企业担心，红色王老吉可能会成为来去匆匆的时尚，如同当年在浙南红极一时的椰树椰汁，很快又被新的时髦产品替代，一夜之间在大街小巷消失。

2) 无法走出广东、浙南

在两广以外，人们并没有喝凉茶的概念，甚至调查中消费者说"凉茶就是凉白开吧？"，"我们不喝凉的茶水，泡热茶。"教育凉茶概念显然费用惊人。而且，内地的消费者"去火"的需求已经被填补，大多是吃牛黄解毒片之类的药物。

作为凉茶困难重重，作为饮料同样危机四伏。如果放眼整个饮料行业，以可口可乐、百事可乐为代表的碳酸饮料，以康师傅、统一为代表的茶饮料、果汁饮料更是处于难以撼动的市场领先地位。而且红色王老吉是以金银花、甘草、菊花等草本植物熬制，有淡淡的中药味，对口味至上的饮料而言，的确存在不小障碍，加之 3.5 元/罐相对较高的零售价，如果加多宝不能使红色王老吉和竞争对手区分开来，它就永远走不出饮料行业的阴影。这就使红色王老吉面临一个极为尴尬的境地：既不能固守两地，也无法在全国范围推广。

3) 企业宣传概念模糊

加多宝公司不愿意以"凉茶"推广，限制了其销量，但作为"饮料"推广，又没有找到合适的区隔，因此，在广告宣传上也不得不模棱两可。很多人都见过这样一条广告：一个非常可爱的小男孩为了打开冰箱拿一罐王老吉，用屁股不断蹭冰箱门。广告语是"健康家庭，永远相伴"，显然这个广告并不能够体现红色王老吉的独特价值。

2. 重新定位

再次定位的关键词是：传承、扬弃、突破、创新。

2002 年年底，加多宝找到广州成美行销广告公司。加多宝的本意是拍一条广告来解决宣传的问题。可成美经过认真研究发现，王老吉的核心问题不是通过简单地拍广告可以解决的——许多中国企业都有这种短视的做法——关键是没有品牌定位。红色王老吉虽然销售了 7 年，其品牌却从未经过系统定位，连企业也无法回答红色王老吉究竟是什么，消费者更不用说，完全不清楚为什么要买它，这是红色王老吉的品牌定位问题。这个问题不解决，拍什么样的广告都无济于事。正如大卫·奥格威所说：一个广告运动的效果更多的是取决于你产品的定位，而不是你怎样写广告(创意)。经过深入沟通后，加多宝公司最后接受了建议，决定暂停拍摄广告，委托成美先对红色王老吉进行品牌定位。品牌定位，主要是通过了解消费者的认知(而非需求)，提出与竞争者不同的主张。具体而言，品牌定位是将消费者的心智进行全面研究——研究消费者对产品、红色王老吉、竞争对手的认知、优劣势等。又因为消费者的认知几乎不可改变，所以品牌定位只能顺应消费者的认知而不能与之冲突。如果人们心目中对红色王老吉有了明确的看法，最好不要去尝试冒犯或挑战，就像消费者认为茅台不可能是威士忌。所以，红色王老吉的品牌定位不能与广东、浙南消费者的现有认知发生冲突，才可能稳定现有销量，为企业创造生存以及扩张的机会。

加多宝并不了解消费者的认知、购买动机等，如企业曾一度认为浙南消费者的购买主要是因为其高档、有"吉"字喜庆。为了了解消费者的认知，成美研究人员在进行二手资料收集的同时，对加多宝内部、两地的经销商进行了访谈。

研究中发现，广东的消费者饮用红色王老吉的场合为烧烤、登山等活动，原因不外乎"吃烧烤时喝一罐，有心理安慰""上火不是太严重，没有必要喝黄振龙"(黄振龙是凉茶铺的代表，其代表产品功效强劲，有祛湿降火之效)。而在浙南，饮用场合主要集中在"外出就餐、聚会、家庭"，在对当地饮食文化的了解过程中，研究人员发现该地的消费者对于"上火"的担忧比广东有过之而无不及，座谈会桌上的话梅蜜饯、可口可乐无人问津，被说成了"会上火"的危险品(后面的跟进研究也证实了这一点，发现可乐在温州等地的销售始终低落，最后可乐几乎放弃了该市场，一般都不进行广告投放)。而他们评价红色王老吉时经常谈到"不会上火""健康，小孩老人都能喝，不会引起上火"。可能这些观念并没有科学依据，但这就是浙南消费者头脑中的观念，这也是研究需要关注的"唯一的事实"。

这些消费者的认知和购买消费行为均表明，消费者对红色王老吉并无"治疗"要求，而是作为一个功能饮料购买，购买红色王老吉的真实动机是用于"预防上火"，如希望在品尝烧烤时减少上火情况的发生等，真正上火以后可能会采用药物，如牛黄解毒片、传统凉茶类治疗。

再进一步研究消费者对竞争对手的看法，则发现红色王老吉的直接竞争对手，如菊花茶、清凉茶等由于缺乏品牌推广，仅仅是低价渗透市场，并未占据"预防上火"的饮料的定位。而可乐、茶饮料、果汁饮料、水等明显不具备"预防上火"的功能，仅仅是间接的竞争者。同时，任何一个品牌定位的成立，都必须是该品牌最有能力占据的，即有据可依，如可口可乐说"正宗的可乐"，是因为它就是可乐的发明者。研究人员对于企业、产品自身在消费者心智中的认知进行了研究。结果表明，红色王老吉的"凉茶始祖"身份、神秘中草药配方、175年的历史等，显然是有能力占据"预防上火的饮料"的。

由于"预防上火"是消费者购买红色王老吉的真实动机，显然有利于巩固加强原有市场。是否能满足企业对于新定位的期望——进军全国市场，成为研究的下一步工作。通过二手资料、专家访谈等研究，一致显示，中国几千年的中药概念"清热解毒"在全国广为普及，"上火""去火"的概念也在各地深入人心，这就使红色王老吉突破了地域品牌的局限。

至此，尘埃落定。首先明确红色王老吉是在饮料行业中竞争，其竞争对手应是其他饮料。其品牌定位——预防上火的饮料，其独特的价值——喝红色王老吉能预防上火，能让消费者无忧地尽情享受生活：煎炸、香辣美食、烧烤、通宵看足球……

这样定位的益处有四个。

(1) 利于红色王老吉走出广东、浙南。由于"上火"是一个全国普遍性的中医概念，而不像"凉茶"那样局限于两广地区，这就为红色王老吉走向全国彻底扫除了障碍。

(2) 利于形成独特区隔。王老吉的"凉茶始祖"身份也是"正宗"的保证，是对未来跟进品牌的有力防御，而在后面的推广中也证明了这一点。肯德基已将王老吉作为中国的特色产品，确定其为餐厅现场销售的饮品，这是中国大陆目前唯一进入肯德基连锁的品牌。

(3) 将产品的劣势转化为优势：淡淡的中药味，成功转变为"预防上火"的有力支撑；3.5元的零售价格，因为"预防上火的功能"，不再"高不可攀"；"王老吉"的品牌名、悠久的历史，成为预防上火"正宗"的最好证明。

(4) 利于加多宝企业与国内王老吉药业合作。正由于红色王老吉定位在功能饮料，区别于王老吉药业的"药品""凉茶"，因此能更好促成两家合作共建"王老吉"品牌。目前两家企业已共同出资拍摄一部讲述创始人王老吉行医的电视连续剧——《侠王老吉》。

广告公司在提交的报告中还明确提出，为了和王老吉药业的产品相区别，鉴于加多宝是国内唯一可以生产红色王老吉产品的企业，宣传中尽可能多地展示包装，多出现全名"红色罐装王老吉饮料"。

由于在消费者的认知中，饮食是上火的一个重要原因，特别是辛辣、煎炸食品，因此广告公司在提交的报告中还建议在维护原有的销售渠道的基础上，加大力度开拓餐饮场所，在一批酒楼打造旗舰店的形象。重点选择在湘菜馆、川菜馆、火锅店、烧烤店等。

凭借在饮料市场丰富的经验和敏锐的直觉，加多宝董事长陈鸿道当场拍板，全部接受该报告的建议，果断下令立即根据品牌定位对红色王老吉实施全面大规模的推广。

"开创新品类"永远是品牌定位的首选。一个品牌如果能够将自己定位为与强势对手所不同的选择，其广告只要传达出新品类信息就行了，而效果往往是惊人的。红色王老吉作为第一个预防上火的饮料推向市场，使大家通过它知道和接受了这种新饮料，最终红色王老吉成为了预防上火的饮料的代表，随着品类的成长，自然享有最大的收益。

3. 广告传播

希望使品牌占领消费者的情感，就需要在洞察其心理需求的基础上，运用各种传播手段把产品的价值毫不失真地传递到消费者的心智中。

明确了品牌要在消费者心中占据什么定位，接下来的重要工作就是推广品牌，让它真正地进入人心，让大家都知道品牌的定位，从而持久、有力地影响消费者的购买决策。

成美为红色王老吉制定了推广主题"怕上火，喝王老吉"，在传播上尽量凸显红色王老吉作为饮料的性质。在第一阶段的广告宣传中，红色王老吉都以轻松、欢快、健康的形象出现，强调正面宣传，避免出现对症下药式的负面诉求，从而把红色王老吉和"传统凉茶"区分开来。

为更好地唤起消费者的需求，电视广告选用了消费者认为日常生活中最易上火的五个场景：吃火锅、通宵看球赛、吃油炸食品、烧烤和夏日阳光浴，画面中人们在开心地享受上述活动的同时，纷纷畅饮红色王老吉。结合时尚、动感十足的广告歌反复吟唱"不用害怕什么，尽情享受生活，怕上火，喝王老吉"，促使消费者在吃火锅、烧烤时，自然联想到红色王老吉，从而购买。

红色王老吉的电视媒体选择从一开始就主要锁定覆盖全国的中央电视台，并结合原有销售区域(广东、浙南)的强势地方媒体，在2003年短短几个月，一举投入4000多万元，销量迅速提升。同年11月，企业乘胜追击，再斥巨资购买了中央电视台2004年黄金广告时段。正是这种疾风骤雨式的投放方式保证了红色王老吉在短期内迅速深入人们的头脑，给人们一个深刻的印象，并迅速红遍了大江南北。

在地面推广上，除了在传统渠道的 POP 广告外，配合餐饮新渠道的开拓，为餐饮渠道设计布置了大量的终端物料，如设计制作了电子显示屏、灯笼等餐饮场所乐于接受的实用物品，免费赠送。在传播内容选择上，充分考虑终端广告应直接刺激消费者的购买欲望，将产品包装作为主要视觉元素，集中宣传一个信息——"怕上火，喝王老吉"餐饮场所的现场提示，最有效地配合了电视广告。正是这种有针对性的推广，消费者对红色王老吉"是什么""有什么用"有了更强、更直观的认知。

在频频的促销活动中，同样注意围绕"怕上火，喝王老吉"这一主题进行。如在一次促销活动中，加多宝公司举行了"炎夏消暑王老吉，绿水青山任我行"刮刮卡活动。消费者刮中"炎夏消暑王老吉"字样，可获得当地避暑胜地门票两张，并可在当地度假村免费住宿 2 天。这样的促销，既达到了即时促销的目的，又有力地支持巩固了红色王老吉"预防上火的饮料"的品牌定位。

同时，在针对中间商的促销活动中，加多宝除了继续巩固传统渠道的"加多宝销售精英俱乐部"外，还充分考虑了如何加强餐饮渠道的开拓与控制，推行"火锅店铺"与"合作酒店"的计划，选择主要的火锅店、酒楼作为王老吉诚意合作店，投入资金与他们共同进行节假日的促销活动。由于给商家提供了实惠，红色王老吉迅速进入餐饮渠道，成为主要推荐饮品，同时加多宝可以根据现场的特点布置多种实用、有效的终端物料。在提升销量的同时，餐饮渠道业已成为广告传播的重要场所。

这种大张旗鼓、诉求直观明确的广告运动，直击消费者需求，及时迅速地拉动了销售。同时，随着品牌推广进行下去，一步步加强消费者的认知，逐渐为品牌建立起独特而长期的定位。

案例评析

红色王老吉的巨大成功，根本原因在于企业管理者借用了行销广告公司的力量，发现了红色王老吉自身产品的特性，寻找到了一个有价值的宣传点，从而成功地完成了王老吉的品牌定位。对中国企业而言，没有什么比建立品牌更重要的了。而要建立一个品牌，首要任务就是品牌的定位，它是一个品牌能否长久生存和腾飞的基石，这也就要求每个管理者一定要了解消费者的心理，把握市场动脉。

(资料来源：张旭. 王老吉："防火"让自己火起来：销售与市场. 2004(9).)

案例 24

管理之要——严于律己

某地在 2000 年的高考体检中，发生了这样一件事：一名工作人员在体检中收受了一名高考学生的 50 元钱，原因是他答应这名学生将视力的检测数据提高一些，但是高考体检的纪律非常严格，这名工作人员根本就不可能做到。于是，他对这名学生说："这件事情就这样吧，你回去等消息吧，没问题的……"学生走了之后这名工作人员窃喜：哈哈，今天真不错，平白得了 50 元，要是明天还能弄一个，那我就能发点小财了，想到这，他兴奋得一晚没睡着。

第二天，他正在琢磨今天如何操作的时候，领导找他了。进办公室前，他突然在想："不会是那件事东窗事发了吧？"可转念又想"不可能，区区50元，即便家长知道了也不可能找过来，再说当时又没别人我可以不承认呀……"想好对策他不以为然地来到领导办公室。领导耐心地询问他是否有这回事？开始他还一直抵触，但后来在那名同学面前他不得不承认自己的错误，体检中心领导在核实事件之后，立即退还那名学生50元，还公开致歉，并对这名工作人员做出停职查看的决定。

听到这，大家还以为这件事就这样结束了，故事还未结束。虽然事情发生后体检中心立刻做了补救工作，但为了避免类似事件再次发生，体检中心领导决定开展一次中心内部的责任追究。这位领导——一位四十出头的中年人，面对十几位老资格的同志及上级主管领导，是这样展开批评的：

"今天讨论事件问题，我先讲讲……"他首先分析事件发生的原因，接着说："鉴于这个原因我以个人名义向上级写请求处分的报告，并扣除半年奖金……"

于是，主管科长、老同志们也纷纷自责平时没做好典范作用，并诚恳地要求一起接受处分。后来，这个体检中心再也没有类似事件，由于工作突出，这个体检中心被市教育局授予优秀单位称号，也被当地群众称为"高考体检信得过单位"。

案例评析

管理之要首先是严于律己。严于律己是领导者用权组织管理的重要活动。在这个案例中，领导者不靠权力影响人，而是用以身作则，率先垂范达到最高的领导境界。严于律己能为自己树立良好的形象，运用到工作中会起到事半功倍的作用。领导者之所以是领导，就是因为工作水平和能力超过了普通人员。因此，领导者应该成为工作的引导者，把握单位发展的命脉，一旦员工出现了什么问题，都应及时给予指正和帮助。但是，很多领导的批评意见常常不被员工所接受，虽然原因很多，但很重要的一点就是领导本身的素质问题。如果说"律人"已经成为不可缺少的领导环节，那么"律己"就是一个前提，在这个环节上不能有半点懈怠。因为这直接决定着一个领导者的威严被多大程度地认可。

案例 25

美国华生集团应对环境的变化

华生集团是美国最大的银行企业，有300家分支机构。该集团被认为是创新银行业务的领导者，而且被认为有一个得力的领导团体。在整个20世纪80年代，这家银行机构几乎每年都盈利。尽管华生集团在金融业拥有强大的实力，而且具有良好的管理力量，但它近年来还是受到了世界范围银行业危机的影响，许多银行纷纷倒闭。特别是在以下三个领域，一直困扰着华生集团：美国政府债券交易糟糕的业绩、公司伦敦分部的困境和投资银行业拓展势力的失败。

华生集团的管理者最近宣布：计划步其他许多美国公司的后尘，进行经济规模收缩。公司最近并没有财政困难，但公司希望通过积极主动的行为能够避免未来出现的问题，作

附录 案例

为紧缩的一部分，公司决定消减2000个职位。正如所预料的，公司雇员的反应十分强烈，并有两名雇员自杀。由于压力增大，导致工作事故和失误也显著增加。

华生集团意识到了伴随紧缩出现的问题，并采取措施去帮助雇员应付面临的不确定性，收效还不错。

案例评析

(1) 由于华生集团面临大环境三个领域的问题而采取的收缩经济规模，消减员工数目，是企业经营必然要遇到的事情，特别是华生集团并没有出现财政困难。由于科技发展，企业生产流程要完善，也可能会引发出消减员工的情况。因此，华生集团这些做法是正常的，重要的是帮助员工应付面临的不确定性，这才是关键。

(2) 华生集团内部出现这些问题的处理，应有创新的思维。诸如掌握知识的员工比土地、资本等自然资源更为重要；掌握知识的员工将获得企业的剩余索取权；重视知识产权和无形资产的运用；集中力量增强有别于其他企业的核心能力，放弃非核心的业务；以可持续发展代替利润最大化；以公司市场价值代替市场份额；建立学习型组织；虚拟公司正代替传统的实体型企业等；都是可供参考的。

案例26

建立有效的晋升机制

(1) 一家从建筑业起家的综合性集团公司，在其快速成长期间一些关键技术岗位和管理岗位需要大量人力资源，总裁成了理所当然的猎头，为公司引进了不少人才。为了表示对引进人才的重视，总裁特别关心每一位新进员工——经常听取他们的工作思路并一起讨论、关心鼓励他们。但是由于总裁的工作忙碌和新人的不断进入，以前进入的人自然而然受到冷落，他们很少再感受到总裁的关爱，加上其他因素影响，许多人选择离开了公司。几年下来，虽然引进的人不少，但留下的却寥寥无几。

(2) 一家消费品生产企业，不久前在全公司范围内搞了一次全员公开竞聘。有三位前部门经理落聘，由曾经是其下属的员工接替。在第二轮竞聘中，他们赢得了在新部门经理领导下的职位。一位刚进公司两年的年轻小伙子通过公开竞争谋得了总经理秘书一职。第一轮竞聘后最初两三天，落聘的部门经理普遍表现出了不满意的情绪，但经过与高管层真诚的沟通交流后，很快调整了自己的心态，投入到第二轮竞聘中去，并且很快在新岗位上进入了角色。虽经历了如此大范围的人事调整，但公司很快就回到了正常运营状态。

在第一个案例中，新进入公司的人才，通常被称为"空降兵"；第二个案例中人才的提升被称为"能者上"或"破格提拔"。其共同之处可以概括为"后来者居上"。

"后来者居上"无论对于后来者本人，还是公司其他员工都有潜在的负面影响，尤其是在没有成熟的晋升机制的前提下，这些潜在影响会很快凸显出来。

对后来者本人来说，心理上存在优越感，自觉知识、经验和工作能力比其他员工更好，自然表现出重上轻下的倾向，较少去关注同下属和其他员工建立良好的人际关系，为以后工作的顺利开展埋下了隐患。其次，后来者晋升太快将会很快到达其职业生涯中的"天花

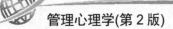

板",其再次晋升的时间会很长而且晋升的机会也大大减少。

对公司其他员工来说,特别是自认为有实力获得空缺职位的员工来说,打击会很大。因为更高的职位需要更丰富的知识技能和工作经验,在一定程度上是能力的体现。同时更高的职位也意味着更好的福利待遇,利益是员工工作最根本的驱动因素。当后来者占据了空缺职位,对其他员工来说往往意味着晋升前景突然黯淡,工作积极性会受到很大影响。

解决人才晋升的问题,要有一个有效的机制,这样一个机制应该从以下几个方面来构建。
(1) 完整的任职资格体系。

任职资格界定了职位要求具备的能力,应聘者必须达到这些标准才有可能就任该职位。列出公司所有职位,组织资深员工和外部专家为每个职位制定任职资格,确定每个职位所需的知识、技能和应该承担的责任。

(2) 给有实力的员工以机会。

如果内部员工符合职位的任职资格,他的晋升就代表着公司对其能力的肯定,同时也是其价值的体现。在他的需要得到满足后,就愿意付出更多时间和精力来获得更好业绩。

如果内部员工不符合职位的任职资格,也应让其知道差距在哪,并能在新的任职者到位后,积极配合工作,努力成长,为赢取下一次晋升机会积蓄知识和技能。

(3) 培养内部员工,积蓄后备人才。

对于成熟的企业来说,高层人才应以内部晋升为主,外部空降为辅。内部晋升的人才能更好地理解企业的价值理念,更加了解企业现状,做决策时能更符合企业的实际情况,在保证决策有效执行的前提下减少沟通成本。

案例评析

从员工角度看,企业应与员工一起做好员工的职业生涯设计;从企业角度看,企业应有合理的人力资源规划,并建立起完善的晋升机制。

由任职资格体系、内部员工晋升机会和内部员工培养三方面构成了一个有效的晋升机制。为企业的晋升决策提供了依据,既降低了晋升决策失误的风险,也能有效保证晋升对员工的激励作用。

案例27

领导的"进化"

环顾四周,我们身边的很多企业从小变大,更多的企业则在原地踏步,甚至日益"缩水"。原地踏步甚至"缩水"的一个重要原因是,企业的领导一直没有完成自身的"进化",没有适时进行角色转换。

领导是企业里众多角色中的一个,只不过,这是一个需要适时"进化"的角色。随着企业的发展,领导在企业中扮演的角色不断变化,应该至少完成四次转变。

第一阶段:劳工

这一阶段,企业初创,企业宗旨、理念、制度和团队的构建等,事无巨细,都需要领导亲自上阵。领导几乎担任着企业里的所有角色,既是普通的一线员工,又是管理人员,还是斤斤计较的企业股东。如果领导不努力工作，企业的运转就会停顿。在这一时期，领导就相当于一个"劳工"。

第二阶段：监工

在企业人员基本到位、企业基本框架搭建完毕后，企业的经营进入了正常的轨道。这时，领导的主要工作是监督员工是否完成工作任务、企业的运转是否正常。一旦出现问题，立即组织人马解决。在这一阶段，领导必须盯在一线，就像一名"监工"。

第三阶段：掌柜

企业发展到一定程度后，经营步入正轨，企业的管理日益程序化，此时，领导就该逐步放弃"监工"的角色，把日常的监管工作交给企业内的管理部门。领导应把重心放在企业文化的建设，总体考虑和把握企业的发展方向上。

第四阶段：股东

这一时期，企业发展到一定规模，企业文化已经成熟，企业的运营完全市场化，决策和执行机制完善。此时，领导就该从台前走到幕后，将企业的经营、决策及日常管理完全交给高水准的职业经理人团队。

案例评析

当领导如逆水行舟，不进则退。对于传统，我们不能循规蹈矩，应取其精华，弃其糟粕。

案例28

允许别人犯错

"李秘书，麻烦你叫林宾来一趟办公室。"陈经理抬头吩咐自己的专职秘书。林宾是公司新来的年轻员工，工作表现相当不错，短短三个月就熟悉了所有的业务操作，而且上个月还接了份订单，给公司创造了几十万元的利润。同事们包括陈经理在内，都开始对他刮目相看，肯定了他的能力，而不再以"嘴上无毛，办事不牢"的陈旧观念来衡量他了。

林宾就像当年的自己，有热情、有干劲，能力也比较强。但他吃亏就吃在长得太学生相，白皮肤加上娃娃脸，很容易让人先入为主地认为他没有什么办事能力。面对客户时，客户投以怀疑的眼光，根本无法和那些老成持重的人竞争。即使是那些刚从学校毕业的小毛头也不把他当前辈看……走到哪里，都被人叫做小林。年轻人都是这么过来的，他们需要机会和被肯定。

陈经理的思路被敲门声所打断，林宾进来了，掩饰不住被召见的紧张和疑惑。

"林宾！"陈经理听说林宾对小林这个称呼比较敏感，所以一向都直呼其名，每个人都希望自己得到尊重。他接着说："这段时间你的工作成绩大家是有目共睹的，不仅业务上手快，而且很有悟性，上个月接下的那份订单相当不错，公司需要你这样的人才。"

林宾听了心里非常高兴，工作就是需要得到别人的肯定，总算遇到知音了。

"公司接下来有一个重要任务，瑞达公司要购买一批化工类产品的原料。因为生产这种原料的同行公司很多，所以，要拿到这笔订单肯定会很困难。我跟其他一些主管商量过了，决定派你去，你学历高，以前又跑过业务，我相信你有这个能力完成这项艰巨的任务。你觉得怎么样？"其实，这次机会是陈经理努力争取来的，在内部会议上，大部分主管都认为林宾太年轻了，又没有做类似专案的经验，不敢放手让他做。但是，陈经理力荐林宾，而且认为公司需要培养年轻干部，凡事都有第一次，不可能因为不放心而一直不放手，那么员工就没有上手的机会。最后，经理团终于同意了陈经理的提议。当然，这些都没有让林宾知道，知道太多只会增加他的压力和顾虑。

"谢谢公司对我的信任，我一定会全力以赴的！"林宾认真地接受了任务。

"工作上有什么需要尽管说，我会叫其他人尽力配合你的。不要有太多的思想包袱，不要急于求成，以平和的心态去做，有什么想法随时欢迎跟我交流！"

此后的半个月，林宾白天到工厂了解原料的特点、性能，以及与其他同类产品相比的优势，然后做成报表以便瑞达公司查看，还要多方面接触瑞达公司，了解他们的行事作风、行程安排等情况。晚上就进行估价，构思各种投票方案，尽最大可能拉到这笔订单，而且尽可能地帮公司增加利润。在此期间，陈经理经常会找林宾谈话，但很少干涉他，只是偶尔提些建议，给他打气。

竞标的日子到了，林宾一早就到了公司，准备好所有文件。为了给瑞达公司留下好印象，他还特意穿了一套很正式的西装，看上去成熟稳重了一些。出发前，陈经理微笑着拍了拍他的肩膀说："好好加油！"

走进会场，林宾就感到了紧张的气氛。竞标的公司多达二十几家，大家严阵以待，等着瑞达公司代表的到来。接着各个投标厂商开始展示投标方案，瑞达公司的四位代表只是面带微笑，仔细聆听，但看不出丝毫倾向性的表情。林宾开始紧张起来了，而且随着那些方案的展示，他发现自己犯了一个很大的错误，那就是忽视了原料在成品中所占的成本比例，以示成本与同类产品相比相对较高些。而最终瑞达公司选择了性价比最优的领祥公司的投标，也证实了林宾的预感。

回到公司，同事们有的以同情的目光看着他，有的特意回避他的视线，而当李秘书告诉他陈经理找他时，林宾的心更是沉到了谷底。

走进办公室，没等陈经理开口，林宾就自动请罪了，他说："对不起，陈经理，我没有完成公司的重托，是我判断失误，思考不周，给公司造成了这么大的损失。我会引咎辞职的！"陈经理诧异地看着他说："你不是在说笑吧？公司刚刚在你身上花了500万元的培训费！"对这次失败，经理团有主张要解雇林宾的，但是陈经理认为是自己提议让林宾负责这项业务，自己也责无旁贷。而且，经验是可以慢慢累积的，而对公司的热忱和忠心却是不可多得的。

听了陈经理的话，林宾一时愣住了。

"不用害怕被责罚。人难免会有判断出错的时候，认识到自己的错误，从中吸取经验教训，把它用到下一个决策中。我们都是这么一步步过来的！"陈经理拍拍林宾的肩，又说："失败不是罪过。"

从那以后，林宾做事更加认真，每做一个决策之前都要严密地考察和衡量。因为业绩出众，林宾很快就得到了提升。陈经理觉得很欣慰，这证明自己没有看错人。

案例评析

管理学中有个术语叫"软着陆",说的就是类似这种情况,即如果员工在新职位上尽了全力也不能胜任,管理者要给员工第二次、第三次机会,员工还可以回到原来的工作职位。这种管理方式,会让员工心存感激,提高工作能力,并且全心全力为公司尽力。要允许别人犯错,否则员工就不敢尝试接触新领域,接受新任务,企业最终无法培育新人。有陈经理这样优秀的管理人才,是林宾这样的员工的幸运,也是公司的幸运。

(资料来源:黄明耀. 企业中层管理者36计[M]. 北京:经济管理出版社,2005.)

案例29

把握权力的尺度

有这么一个老板,他把权力看作是自己身份、面子的象征,每天在下属或客户面前拿足面子,摆足架子。动不动就讥讽他人,用头衔压人,常常自以为是,妄发言论或任意否决他人。结果造成公司效益急速下滑,人才流失的严重后果。看着如同一盘散沙的公司,该老板不住地问:"我究竟做错了什么?"

案例评析

权力,对于一个管理者来说,是权威的象征。从无形的权威到有形的权力,这既是一个管理者成熟的过程,又是一个管理者成功或失败的过程。尽管管理者手中的权柄会让他无形威严起来,但这并不代表他就是个好的管理者。

作为管理者,在某种意义上说,偶尔生生气、拍拍桌子,有时也是必要的,可以树立自己的威严,但是过分的严厉并不适合现代人的感情。因此,作为管理者应注意和下属关系的协调,尽量营造出愉快的气氛,以便于工作的顺利进行。工作中出现问题时,作为管理者应及时了解情况和缘由后,奖惩得当,温和而不失严厉,客观公正。管理者在使用权力的时候应注意以下几点。

(1) 言语得体,让下属自觉接受你的管理。在吩咐下属工作时,管理者可采取温和的态度交代任务,并且要有命令的技巧,时刻让下属感觉到你能站到他的立场上为他着想,愿意作他坚实的后盾,这样的方式会起到意想不到的效果。

(2) 鼓励下属提出异议,并接受良好建议。作为管理者,不能光有"人和"这一观点,因为下属对管理者提出的方案没有异议时,并不能说明该方案就是最完善的,也许他们只是碍于面子不愿意说出来。

(3) 量才适用,不浪费人才。

案例30

轻松上岗愉快工作

日趋激烈的人才竞争,使各单位都认识到,人是最宝贵的财富。怎样使用人才、怎样保持人才不断层、怎样使人才热爱自己的工作，这就必须了解职工的所思所想。某心理研究所对本市16所城乡中小学的2 000名教师进行了心理问卷调查。结果显示：工作压力大、培训机会少、收入低、自己的工作没有得到应有的关注等是本次调查中几个比较集中的问题。其中，工作压力大又是本次调查中最为突出的问题。

案例评析

长期以来，教师承担着多重角色，既是学生群体的管理者又是学校领导的被管理者；既要做班级的管理者又要当好学生的良师益友；既要与家长、同行、领导打交道又要应付现实生活中的多种人际关系。同时，当前的就业压力又强化了家长望子成龙的愿望，对教师的期望值不断提升，这些都是造成教师心理压力的一个主要原因。另外，社会要求教师为人师表，这种期望使教师往往刻意掩盖自己的喜怒哀乐。教师的工作具有常规性和重复性的特点，难免会使人产生单调、枯燥、乏味、郁闷的情绪和心境。部分学校师资力量相对薄弱，使教师长时间超负荷工作。同时教师还要面临普通话考核、公开课比赛、学历升级学习考试、升学统考成绩的考核等种种压力。随着现代教育技术手段的不断涌现，新的教学理念在挑战传统观念，这就要求教师必须付出很多精力才能紧跟发展的形势。教师的竞争上岗也造成了职业不安全感。另外，部分教师家庭面临着子女就业、爱人下岗及父母年老体弱需要照顾等实际困难，也导致压力增大。

教师是被学生、家长共同认可的教育者、监护人和学生行为的管理者。同时，教师与学生的有效接触时间每天达七八个小时，使教师很容易以自己的言行去影响教育对象，容易把工作压力所带来的不良情绪发泄到学生身上。

以下几点建议或许能缓解教师的工作压力。

1. 合理安排工作量

工作压力的大小取决于工作负荷的大小。合理地安排工作量，无疑可以减小工作压力。人的体能是有限的，在一定范围内，体能随压力的增加被激发到最佳状态，但超过这个点，就会随压力的增加而减弱。压力再大时就会产生消极、回避、抗拒等情绪。

2. 合理调整对教师的工作要求

人们常常会有这样一个错误的认识，就是要求越高越能激发潜能。其实，这里有一个"度"的问题。要求过低，不能满足人们的成就感；要求过高，成就感也难以实现，也无法激发人的内在潜能。

3. 提升教师的职业幸福感

通过多种多样的教学活动，挖掘教师的潜能，充分体现教师的自身价值。在成功的帮助学生之后，教师不仅能获得尊重、收获情感，同时更能体会到自我成长的快乐。在工作中实现自我成长和发展会使教师的教学工作更加得心应手。

4. 领导关心重视

知识分子大多具有丰富的内心世界和细腻的情感体验，任何有伤他们尊严的举动都会激起他们内心的波澜。因此，要以人本思想为指导，营造一种相互尊重、平等相待的宽松的心理氛围。同时，相关领导应关心和帮助教师解决他们在工作和生活中的实际困难，让他们感受到集体的温暖，从而激发教师对集体的热爱、对职业的热爱、对学生的热爱。

案例31

士为知己者用

高棋是公司有名的"问题"人物。他从事撰写广告文案的工作，很有创意，但特立独行的作风和公司的工作规范格格不入。他能把分内的工作圆满地完成，而且创造出令人耳目一新的风格，但他把迟到早退当成家常便饭，并且经常以"私事"为由请事假。

每次和客户接触时，他都显得吊儿郎当。其他广告文案员工都穿着公司规定的服饰或者正式的西服，高棋的穿着和举止却是随心所欲，自行其是。他有时穿运动夹克和球鞋来上班，有时则是一条破旧的牛仔裤。

公司对他一直有两种不同的观点。客户部经理觉得高棋接待客户时那种漫不经心的态度，不仅有损公司的形象，而且会带坏其他的员工，这样的人会对公司整体造成很坏的影响，所以最好是辞退他。策划部黄经理却认为，现在公司最缺乏像高棋这样真正有创意的文案，而且他的工作质量并没有因为不良的服饰而受到影响，像高棋这种富有创意和才华的人，不适合用寻常的规则来处理。

最后，公司决定由策划部黄经理对高棋进行考察和管理，如果高棋真的危害到公司利益，就辞退他。

黄经理跟高棋打过不少交道，因为文案与策划联系紧密，有好的策划没有好的文案，就像是茶壶里煮饺子——倒不出来，而且很多时候都是策划与文案合二为一，像高棋就是这种类型。黄经理开始从不同的角度去观察高棋，对他的出身背景也做了详细的了解。

高棋是艺术学院的高才生，在学校时就已经是小有名气的风头人物，毕业后一直没找工作，在文化圈里混，根据喜好做事。现在进广告公司已经算是"从良"了。如果不好好把握他，以他的性格，用不着公司辞退，他自己就会辞职不干。高棋自我观念很强，独立性强，不容易驾驭。怎样才能针对他的个性发展拿出一套适合他的管理方式，并且激发他的工作表现欲望呢？

"朱秘书，叫高棋来一趟。"黄经理观察了几天，终于想出了对策，才华横溢的人比较需要个人自由，公司可以设法提供更开阔的园地让他孕育和施展新的构想。他的创造力会因为不断地挑战而日趋成熟茁壮。一成不变的工作只会扼杀他的天分。他喜欢从事一种别人力所不能及的工作，以突破性的成就为傲。没问题，公司就给他机会发挥。

高棋进来了，仍旧是一件运动衫、一双运动鞋，虽然不至于衣冠不整，但也绝不是衣冠楚楚。他满不在乎地坐下，还一脸的睡眼惺忪。

"高棋，你对现在的工作状况满意吗？"黄经理微笑着问。

"马马虎虎还过得去。"高棋的回答不出黄经理所料。

"有没有想过改变一下，让自己更自由也更有成就呢？"黄经理抛出诱饵，高棋不是没有表现欲，只是没机会展现而已。

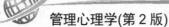

高棋开始正视黄经理，据说这位经理是公司少壮派的核心，喜欢推陈出新，起用新人。跟他有过一些接触，感觉是一个干练而自信的主管。高棋试探性地回答："有啊！那又怎样？"

"我想让你多做策划，我觉得你有这个能力。前天，一个大客户要求公司做一个关于他们公司形象的创意。这家公司以前就做过好几次公司形象宣传，都策划得很不错。所以，这次要求很高，而且不能重复以前的创意。这是一个很有挑战的专案，有没有兴趣和信心？"黄经理盯着高棋，看他有什么反应。

高棋有点意外，也有掩饰不住的振奋："在做的过程中，我可以自己控制进度吗？我需要时刻向你汇报吗？"

"完全由你自己控制，也不需要向我汇报。"黄经理很肯定地说。

"但是，要写一份详细的报告给你，是吧？"高棋仍有疑虑。

"不需要那么多的繁文缛节，太详尽冗长的报告，我也看不下去。我只对结果有兴趣，你做一个'例外报告'就行了。"例外报告更强调个人责任并鼓励自我控制，而不是高棋讨厌的那种无聊的例行公事。

果然，高棋很高兴地接受了任务。从那以后，高棋很少迟到早退，反而经常加班到很晚，他穿得仍然休闲，但神情专注，也不再吊儿郎当了。

一周后他拿出了提案，被公司高层一致通过。高棋给客户说明时，还是没有穿西装打领带，但是，好像根本没人在意，客户已经被他别出心裁的创意深深地迷住了。因为公司形象的包装策划非常成功，客户非常满意，后来成了公司的老客户。

而高棋仍然特立独行，但工作起来毫不含糊，已经做出了好几份让客户都无法挑剔的创意文案。在公司，他跟黄经理走得最近，而且看得出来，他很服气黄经理。

公司高层对黄经理与高棋的关系十分好奇，纷纷询问黄经理是怎么管理这个"浪子"的，黄经理推辞不过，只好说："很简单，对高棋这样的人来说，管得越少越好。他们既不需要他人的督促，更难以接受他人的操纵。身为管理者，必须先了解他，最好成为心灵上的伙伴。所谓士为知己者用，就是这个道理。"

案例评析

高棋属于特立独行的高成就动机者，这种类型的员工就像禀赋优异的儿童一样，需要用比较个性化的方式，让他们有更多自我表现的机会。所以管理的时候，要注意容许保留其独特的一面，激发其高成就动机，使其为现组织做出更大的贡献。一个卓有成效的管理者必须懂得，在聘用和提拔有关人选时，考虑的是这个人能干些什么，如何充分发挥他们的长处。

(资料来源：黄明耀. 企业中层管理者36计[M]. 北京：经济管理出版社，2005.)

案例32

活用下属的短处

孟经理负责为公司选拔人才，有时候是从新人中发现，有时候从内部晋升，他"慧眼识英雄"的故事被公司上下津津乐道，到处传诵。

事例一：

阿玲是个典型的"长舌妇"，当然她倒还不至于在办公室到处说人坏话，自毁前程。她就是爱说话，到处找人聊天，嗓门又大，经常是其他部门的人都听到她在一个劲儿地说话。有办公室工作经验的人会有这样一个认知：同事之间不可能成为无话不谈的朋友，平时说话要当心祸从口出。可是，阿玲好像对此还一无所知，整天找人海阔天空地聊。有些同事都受不了她老是像麻雀似的叽叽喳喳地说个不停。

有一天，孟经理把秘书叫到办公室问："你觉得阿玲这个人怎么样？就说你自己的感觉。"

"人倒是挺好的，活泼开朗，能说善道，但说真的，像她那么爱说话的人，在办公室真是少见。"秘书照实回答。

"那你认为她爱说话是否影响她自己或者他人的工作了呢？"

"我觉得有一点影响。一个人如果脑袋里老是装着各种聊天的主题，工作上投入自然要少，难保不分心。当然，对他人工作的影响不是很明显，有时候工作累了，听阿玲说一些明星的八卦新闻什么的，也挺解闷的，有时候是一种放松。"秘书说得很公道。

"你说得不错，我也有这样的体会。"孟经理也笑了。

"有一次我们加班，人人都又累又困，情绪也不高。忽然阿玲一个人笑了起来，把我们吓了一跳。接着她就笑嘻嘻地讲了几个笑话，把我们都逗乐了，精神也振奋起来，那天我们按时完成了工作，而且心情很好。阿玲一直有这方面的本事。"

"也就是说，阿玲知道的东西还是挺多的？"

"是啊！几乎什么都知道一些。哪个百货公司鞋子打折，哪个商场皮包打折，她都知道得一清二楚。同事逛街之前都要先问问她。央视要拍什么电视剧啦，某广告公司招聘了哪些新模特儿啦，很多娱乐圈的事情她都知道，消息比那些记者还灵通。更神奇的是，她甚至连公司谁将成为新的总经理，高层即将推出什么新计划都会提前知道。总之，她似乎自有一套消息网络。"秘书说得很详细，看来观察得很仔细、很全面。其实当初孟经理升他做秘书也是看中了这一点。做人力资源管理工作的人，绝不能对人妄下断语，而要理性地、全面地观察。

没多久，孟经理下了一个人事任命通知，阿玲被调到公关部去当副手了。三个月后，孟经理的秘书碰到阿玲，她满面笑容，神采奕奕，见到秘书很亲热地打招呼，还笑着说一定要去谢谢孟经理把她调到公关部，她觉得工作非常得心应手，非常愉快。而公关部的主管见到孟经理也表示感谢，给他送来了一个这么得力的副手。

事例二：

公司各部门一般有午餐供应，但是，有几天午餐供应出了点问题，各办公室的员工就凑钱搭伙叫外卖。十几个人合在一起吃，菜很丰盛。大家说好了每次先由一个人付账，然后按人头计算，每人把自己应交的那份钱交给他。很多时候钱都不是凑巧除得尽。比如，7个人吃了200块钱，不好算，这种情况下，一般先付账的那个人不会斤斤计较那几块钱。

205

谁也不想被别人说成是吝啬鬼。这都已经成为惯例了。但总会有例外，阿强就是这样算账必精确到个位数的人。

说来也奇怪，时下年轻人莫不大手大脚、挥霍成性，更不会计较一些小钱。可是，阿强不是这样。大家搭伙吃饭轮到他先付账的时候，每次都会很快地把每人应给的钱算清楚，具体到几角，然后一吃完饭就挨着叫人给钱。那次孟经理也跟员工一起搭伙吃饭，他微笑地看着阿强快速地算钱，让人交钱，连他这个经理也不例外。

阿强走到孟经理跟前，认真地说："56元。"

有人实在受不了他这种"龟毛"的性格，忍不住嘲讽他，说道："阿强，你算账的能力真是一等一啊！速度又快，我怀疑人家送饭的一报价，你就知道该叫我们出多少钱了。厉害！我说你怎么不去管账啊？保准比那些会计专科毕业的还行！"

阿强也不以为然，下次吃饭算账，他还是照原样子来。

然后有一天，阿强被调去管财务了。他那种斤斤计较的性格在财务管理上更是发挥得淋漓尽致，但很有效。人力资源部的人知道这肯定出自孟经理的决定，员工都很服气，有人说："说真的，让阿强那种小气的人去管财务，还真的是用对地方了。孟经理真是有一套，什么缺点到他手里都变成优点了。"

孟经理从来不轻易否定人，对那些有怪癖或者奇特嗜好的人都特别关注。他总是跟秘书说："其实很多事情都是相对的，可以相互转化。所谓尺有所短，寸有所长，短处也有长的时候，关键看你怎么用它了。"

于是，孟经理用这套用人哲学，为公司发现了一个又一个有专长的人才。比如，一个吹毛求疵的员工，人人都受不了他，孟经理让他去做质量管理人员，产品质量果然不断提高。又如，一个谨小慎微到让人忍不住说他是胆小鬼，又爱杞人忧天的员工，孟经理就派他去做安全管理人员，工厂的工伤事故顿时减少了不少。

这就是孟经理的用人哲学——活用下属的短处。

案例评析

用人所长几乎所有的人都知道，管理者大部分也都在这么做。像孟经理这样用人所短的却很少见，但是同样很奏效。人无完人，有时候优点不好找，缺点却人人都有。所以，管理者与其叹息有特长、无缺点的员工难觅，不如学习孟经理的用人哲学：活用短处。

(资料来源：黄明耀. 企业中层管理者36计[M]. 北京：经济管理出版社，2005.)

案例33

复星的"驭人术"

驭人术并非只是帝王之道、皇家专利，企业也是需要的，这是一种超人的智慧和谋略，在中国这个有着几千年封建历史的国度，没有这种智慧是打不下更坐不稳江山的。

1. 复星管理的理念

复星集团是一家专业化的中国多产业控股公司，创建于1994年，是中国较大的民营控股企业集团之一，拥有医药、房地产开发、钢铁及零售业务投资这四个具有竞争优势和增长潜力的主导产业板块。此外，还战略性投资了其他行业业务，包括金矿开采及金融服务。据中国工商联 2005 年公布的 2004 年度调研排序结果显示，以销售额为基准，复星集团在中国的"上规模民营企业"中排名第三。在 2005 年中国企业联合会、中国企业家协会排出的中国企业 500 强名单中，以其公布的销售收入为基准，复星集团名列第 83 位。

复星集团是一个异常年轻的团队，年轻得叫人吃惊，最年长的班长郭广昌不过 38 岁，最年轻的谈剑只有 35 岁，其他都在 36 至 37 岁之间。然而就是这样一个团队却在 10 年中创造了近百亿净资产的神话，成为中国民营企业三甲。

在复星，团队管理不只是原则，更是一门具体的操作艺术。有些企业的集体领导的决策结果往往是最不熟悉情况的人在作决策，专业化的意见总是无法得到及时采纳。复星的团队管理不一样，团队管理是有分工授权的，决策权下放给了最专业的人士，使得团队决策都是由团队里智商最高、最熟悉情况的人拟定，真正实现了决策的群体智商高于个人智商，这就是使"复星"失败的绝对值尽可能小的重要原因，也是"复星系"茁壮成长的根源所在。

2. 复星管理的奥秘

在团队决策机制中，专业人士和一把手的权重比较大，采纳的是最专业那部分人的意见。复星的董事会有七人，对于房地产三人是内行，四人是外行。若一人一票，投票结果可能是 4∶3，有四人投反对票，原因可能有以下几个：①谦虚，知道自己不懂，所以弃权；②负责，认为自己没想明白对公司有利的事就反对；③自私，当然这种人还是比较少的。最后结果表现为在这次决策上尊重了非专业人士的意见，实际上就是决策不明了。而复星实施的是团队决策机制，同样一件事，四个非专业人士先讲出自己认为存在的问题，说出自己反对的理由。再由三位专业人士中的两人回答这些疑问，并反思自己在作决策时，是否考虑到了这四个人所提的意见，自己采取了什么对策，最后再由一把手拍板。在复星的团队决策机制中，专业人士和一把手的权重比较大，采纳的是最专业那部分人的意见，形成 1+1>1 的效果。

3. 360 度评价法——让每个人正确认识自己的优缺点

为了让所属企业领导班子发挥团队的组合作用，引导每个人正确认识自己的缺点，并让每个人正确认识他人的优点，复星采取了一套卓有成效的办法，即 360 度评价法——在专业管理水平、拓展能力、领导艺术和战略思考能力四个方面各出 3 到 4 题，拿同样的这几道题询问这个人的上级，对其进行署名评价；询问这个人的同僚对其进行不署名评价；还询问这个人的直接下属并对其进行不署名评价。为保证评价的正确性，取样时，若同僚有六人，一定只能访问五人，且不署名；但是评价是不跟工资挂钩的，问卷仅仅用来评价其能力的强弱。

另外，让被评价人自己也做三份问卷：预测他的上级、平级和下级分别是怎样评价他的。这样，作为被评价人的上级就拿到了两份问卷：其他人对他的评价和自己预测的其他人对他的评价。360 度评价法得出的结果是自估总是比外界的评价要好。拿到这两份问卷，每季度或每月上级经理就可向他指出问题所在。比如，被评价人认为自己领导水平高，人际关系不错，但同僚和下属却反映其不行，问题在哪？只能说明被评价人这方面能力有缺陷，怎么改？其上级领导会和被评价人推心置腹地谈一次，然后把结果撕掉，下季度再来。通过这种方式可引导被评价人正确认识并接受自己是有缺点的，也能引导其逐步改进，必要时也可以向其透露某人领导水平高等，以引导其认识到别人的优点，并多向别人的长处学习。

授权跟国企不同，只规定不许干的事，其他的自己把握，只要不越过"红线"就可以。

复星通过董事会行使监管权力，对董事长、总经理进行授权。但是授权的前提是透明，复星通过三个保障来保证透明：一是人事保障，复星对于投资控股企业至少要派两个人，财务总监和监事，财务总监是专职的，监事可以是兼职的，有条件还会派个管法律和管公章的法律总监或办公室副主任；二是制度保障，明确什么层次的人盖什么章，不管什么章，任何人批准都要经法律总监的审核，另外所有章都必须留档，有两个人在的情况下才可以使用公章；三是信息抄送制度，即报告打给总经理后，还要分别抄送两份给总经理上司和自己的上司，并且批复也抄送。这样做的好处在于：干部得到充分授权，但明白行使权力的过程是有人监督的。有抄送件的人不干预其决策，但要了解决策过程。

4. 复星对出资人代表的管理机制

复星对出资人代表的管理机制也是与复星三层级管理体制紧密相连的。复星在产业板块层面和产业公司层面都会派有出资人代表。出资人代表(专职监事)并不直接参加和干预日常的经营管理。专职监事的主要职责是配合、支持和监督具有高度专业性的管理团队。复星出资人管理的机构是公司的董事会，由公司董事会组织战略部、财务部和审计部门进行出资人代表管理。

在复星的管理体系中，对于产业板块和产业公司层面的经营者有着系统的绩效管理办法。但是，我们可以注意到任何复杂、精密的绩效管理办法，必然需要较多的基础管理数据，必然消耗更多的管理资源，没有相应的基础管理支持系统配合，这套机制将难以实现。

复星的出资人代表在很大程度上就是为了保障这套系统的正常运行：他们负责保障基础管理系统，特别是复星所特有的经营环境管理系统、经营计划执行系统、公司治理的监事系统、财务预算管理预警系统和审计稽核系统的正常运行，能够稳定地提供绩效管理和公司经营决策所需要的各种数据，并保证数据的真实性。

复星对于出资人代表的管理采取了一种平衡管理团队和出资人代表关系的复合管理模式。出资人代表不仅具有监督功能，还具有服务功能，因此与专业的管理团队之间的沟通和协调显得尤为重要。在具体操作上，复星对于出资人代表采用了结合财务指标和非财务指标，蕴含平衡记分卡思想的系统考核体系。重点考察在监管、服务两个领域的工作表现。

5. 郭广昌的用人哲学

作为复星的灵魂人物，郭广昌毕业于哲学专业，什么都不会，什么都不专。身无长技反而给了他最大的特长，那就是什么问题都要去请教人，什么事都要找专家。这就逼得郭广昌必须要学会用人。

对人才具有强大磁力的郭广昌最大的体会是，一定要学会使用比自己强的人，要学会用在某个领域比自己强的人，这些人往往就是专家。企业家经营的过程，其实就是一个不断找老师的过程。复星能够快速发展到今天，也就是老师找得多、找得准。

郭广昌明白，能不能找到最好的人、有没有眼光找到最好的人，关系到企业的成败。最大的投资失误，不在于一个项目的得失，而在于找错了人。

郭广昌认为，企业高层核心的主要任务是选人，而不是如何做事。以创办一个新公司为例，按通常的惯例是董事会先找几个人调查，研究新公司的市场空间，然后出资，最后招个总经理就开始干了。复星的程序则有所不同：在经过前期调研和初步决策后，接下来是把同领域内的能人找过来，让他们谈谈复星能不能办这家公司。如果能，复星会组织两个或更多的团队去论证并分别听取他们的意见，复星只要判断他们说的对不对就行。这两者的差别是复星主要发挥决策作用，至于如何做事，则是复星选的团队考虑的问题。

6. 复星的管理层持股机制

对于致力于做投资银行的复星来说，投融资的现金固然重要，但企业运行支撑的基础还在于产业，也就是经营活动。"上面两个层次平台能否立得住脚，最根本的、最重要的基础在于第三层次的专业公司。"郭广昌非常明白这一点，"我们目前的现状是，贷款规模越来越大，如果我们自身的造血功能不强的话，资金链的压力会越来越大。"

然而，对于复星来说，众多的专业公司涵盖众多不同的行业，但很少有企业能够证明多元化能够成功。面对这样的质疑，复星集团创始人之一的梁信军则不以为然，"我们是看好一个团队才投资的。当然我要派财务总监，复星的原则是给经理人权限，但经理人要对我透明。"梁信军还称，"我们是通过合适的激励机制让经理人与复星整体的利益高度一致。"

从复星的旗舰企业复星实业，我们的确可以看到：虽然主营业务并不出色，但它能依靠旗下众多企业的投资收益保证整体利润不断增长及现金流量的相对稳定。从母公司财务报表来看，1998～2002年间，复星实业母公司的经营活动净现金流入累计只有6 620万元，而同期复星实业从所投资的下属公司中通过分配股利共获取净现金流入则达到了1.8亿元。那么，复星是通过怎样的合适的激励机制"让经理人与复星整体的利益高度一致"的呢？

我们发现，复星在收购整合一家新的企业时，往往会通过让管理层持有部分股权的方式来达到这样的目的。郭广昌对媒体称，"集团层面就我们5个人有股份，但是新来的人会在他分管的专业公司里面有股份，这样既有激励，也使得他必须把他分管的业务做上去。"这一方式体现在复星实业对生物医药产业的整合之中。在复星实业下属企业的股权结构图中，无论是诊断试剂的核心企业"复星医学"及其下属的"复星长征"、医疗器械产业的整合平台"创新科技"，还是整合知名的中药国有企业"花红药业"、西药国有企业"重庆药友"，甚至信息产业中的"上海21世纪广告有限公司"，复星无不采用股权激励的方式。

复星医学原名为上海复瑞房地产开发经营公司，主业为房地产开发，注册资本只有1500万元。后转向做诊断试剂，且在2000、2001年为复星实业带来了2 072万元和1 232万元的收益。为推动其进一步发展，复星医学于2002年11月进行增资，复星实业增资8 075万元，占95%股权，广信科技和自然人朱耀毅各出资200万元和300万元，分别占2%和3%的股权，将复星医学的注册资本增至1亿元。这里，自然人朱耀毅目前是复星实业的副总经理，同时还是复星长征的总经理。而复星长征，原本由复星实业直接持有75%的股权。为了将作为总经理的朱耀毅的利益与复星长征保持一致，复星实业在今年6月份将持有的复星长征75%股权以账面值5 721万元转给了复星医学，由于朱耀毅持有复星医学3%的股权，这样他也就间接持有复星长征的股权。

而对于医疗器械的整合平台创新科技，2001年3月之前只有复星实业和复星医学两个法人股东，分别持股90%和10%。在2001年3月份的增资扩股中，公司总经理兼复星实业副总经理的丁晓军也出资120万元参与了增资，占3%的股权。

在采用增资扩股的方式收购知名的中药国有企业花红药业的增资扩股协议中，原广西花红药业厂厂长、现花红药业董事长兼总经理韦飞燕及其管理层共6个自然人也参与了增资，但具体持有的股权没有披露。

而在整合西药国有企业重庆药友中，虽然我们没有直接发现管理层的身影，但在股东中出现了以重庆药友前身重庆制药六厂命名的重庆制药六厂职工持股会。即使在复星朝晖、复星药业等企业中，也发现复星实业及其关联公司持有的股份一般都是百分之九十几，而剩下的百分之几，猜想很可能就是管理层持有的股份。此外，复星信包旗下最为成功的媒体《21世纪经济报道》的广告经营公司上海21世纪广告有限公司中，也有管理层的股份。

7. 复星的人力资本管理机制

复星从来不对高级人才实行定编、定岗、定责式的管理，这种"三定"管理方式只在复星的底层员工管理中才用。高级人才的激励方案不与纵向比(同一岗位的历史比)、不与横向比(集团同一级别、规模的其他人比)，主要应与这个人才的市场行情比，与他进入企业后可能带来的价值比。高级人才引进上的"一人一议"政策，极大地加强了复星与国有企业甚至外资企业的人才竞争力。

复星把人才作为资产来管理，即把好人才资产的保值增值关。以前企业丢了一部相机都会有人赔偿负责，可走了一个人才却很少有人承担责任，这种制度最大的缺陷是没有把人才当成资产来管理，容易造成人才流失。复星中高层人才的流动率之所以能保持在很低的水平，重要原因就是复星把人才当成资产在管理，充分重视人才，流失了一个人才，相关领导都是要负责任的。

人才养护，对留住人才也是很重要的。复星已经形成了一套制度，每60天由各级领导与他所领导的人才逐一进行一个小时的谈话，并记录在案。谈话的内容主要集中在人才对薪酬、岗位、环境的满意度三方面。之所以以60天为一个周期，是经过科学研究发现的，即激励政策对一个人的积极性一般只能维持60天左右，在这个周期内，跟员工进行一次思想交流，可以及时发现问题、解决问题，将人才的消极、抵触情绪减少到最低。

让人才发挥作用，就是正确定位股东、董事与经营者，或上级与下级的关系。对复星而言，真正的核心价值是股东与人才。

为了做到这一点，复星善待员工的政策可谓仁至义尽，不惜血本。复星的员工福利计划中，不仅仅涵盖了人们俗称的"三金"，而且还加进了上海最新要求企业给员工加的"四金"，带薪休假的概念，即使在上海的民营企业中也是比较少见的。作为一家拥有3 000多名员工的民营企业，不折不扣地做到并不容易。

据了解，复星集团除了将所有员工纳入上海社会劳动保障体系外，还为所有员工购买了商业保险作为有益的补充。该集团最近几年每年支付的相关保险费用都在 4 000 万元以上。

让员工拥有一套涵盖了社会统筹、商业保险、带薪假期、特殊福利等一系列较为完善的保障体系，实行"个性化工资"的薪资政策体系，让每一位员工都可以有机会扩大自身的价值贡献度，这是复星集团近年开始实施的人才培养计划的一部分。

复星的老班底是复旦师生，创业早期进来的也以复旦人为骨干。但随着复星事业一日千里地高速扩张，现在的复星体系里面，有很多知名的企业家空降进来，他们都为复星带来了相当可观的发展空间。"空降兵"问题是许多大企业遇到的双刃剑，一是"空降兵"着陆后如何迅速转变为地面部队，二是怎么磨合"空降兵"与"元老"之间的差异。

在组织架构上，复星的经验是预留空间。郭广昌说："企业就像一个小孩，每天都在成长，衣服永远是偏小，因此企业的组织架构搭建得大一些，甚至是说浪费一些，这样才能适应企业的迅速长大。"建设一个既可以不断吸收新的精英进来，又能保持"空降兵"与"元老"的积极互动的开放的动态平衡的组织架构，给企业急剧扩张准备了空间。

8. 复星的人才培养计划

随着知识经济时代的来临，为了尽快构建复星的人才资源高地，培养员工忠诚敬业的职业意识，培养员工共同发展的团队意识，培养员工完善自我的成长意识，在共同探讨、反复商议的基础上，复星制定并实施了以职业发展、职业培训和职业福利为重要内容的全方位的人才培养计划，该计划包括：

(1) 职业发展计划，就是帮助每位员工确立自身在专业目标、岗位目标和职级目标三个方面 3～5 年的发展轨迹，使员工明确自己在复星不同阶段的个人定位与相应任务。明确地指导员工在规定的时间内去完成预期的职业目标，不断提升员工的专业技能和管理水平，从中也体现了企业建设创业型团队的要求以及一贯倡导的公平竞争理念。

(2) 职业培训计划，使员工把自我培训和企业培训紧密结合起来，使员工把个人素质的提高同职业培训的要求紧密结合起来。目前，复星每年的培训费用开支占工资总额的 4%，还专门成立了自学成才奖励基金。

(3) 职业福利计划在企业发展的不同阶段，分配和激励机制也相应向不同业务岗位、不同技术含量的群体倾斜，此外还积极探索股权、期权等激励模式，以充分调动员工的积极性，提高员工的满意度和成就意识。

复星之所以能够在短短的几年内迅速地积累起竞争优势，实现超常规的发展，得益于较好地实施了"追求个人成功与企业发展的高度和谐统一"的企业人才经营战略。

在一次采访过程中，当记者问到"在民营企业中干活有没有提升机会"的问题时，旁边的人开心地笑了，指了指吴平说："他就是最好的例子！"

原来吴平 6 年前通过公开招聘进入复星集团，从最基层的员工做起，目前已经成为复星集团控股的一家上市公司的董事长。

1964 年出生的吴平原为上海某国有企业的员工，1996 年应聘复星集团人力资源部经理。应聘通过之后，吴平当时得到的答复是，可以成为复星集团员工，但不是人力资源部经理。进入复星必须从基层的业务部门做起，试用期为 3 个月。于是吴平便开始了在复星集团的职业之路。

吴平从复星集团生物医药事业部的普通业务员干起,月薪800元。一开始,原来学习电子机械专业的吴平对医药这一块可以说一窍不通,怎么建设全国营销网点,怎样进行业务员培训,吴平都是从一点一滴开始熟悉起来,很快他的工作得到了认可。

半年之后吴平升为主任助理,月薪为1 000多元,1年后吴平的主任助理职务变成了主任,月薪为4 000多元。一直到复星实业在上海证券交易所上市,吴平正式成为复星实业的监事长,年薪变为10万元左右。

现在,吴平担任复星集团的行政人事总经理,是9名董事之一,同时他还担任复星控股的一家上市公司——豫园商城的董事长。

从一个打工仔到上市公司董事长仅仅用了6年时间,这个发生在民营企业中真实的故事会让人觉得有些不可思议。"他情商很高,做任何一个层面的工作都做得非常出色!"梁信军曾这样评价吴平。

"给所有人机会!"这是董事长郭广昌在企业内部的一句名言。"企业的发展像一条河,一条不断流淌的河。我们每一个人正像河中的一滴水,无论是在上游、中游还是下游,都能找到自己汇入的位置。"这是郭广昌经常说的一句话。

9."复星"的企业哲学——修身、齐家、立业、助天下

走进复星的大展示厅,迎面墙上一行"修身、齐家、立业、助天下"的大字十分引人注目。这是郭广昌心目中的复星企业文化精髓,一种企业哲学。

20世纪80年代以来的民营企业大都属于家庭企业式和个人领袖式的管理模式。企业兴,则登高一呼应者云集;企业衰,则树倒猢狲散。而复星从创业开始,就积极倡导和恪守"企业家庭"的新理念。

复星没有存在任何亲缘关系的干部,公司规定夫妇同在的有一方必须调出公司。复星没有个人"一言堂"的氛围,民主决策、团队决策、唯才是举,已经成为复星大家庭的共识。通过建立党团组织、企业工会、员工互助金小组,通过开展集体春游、中秋晚会、生日聚会、集体婚礼及员工年夜饭等丰富多彩的企业文化活动,真正把复星建设成为了员工的创业之家、感情之家。

案例评析

团队的管理不只是原则,更是一门具体的操作性艺术。常言道:一屋不扫何以扫天下。良好的企业精神和团队创业氛围是每一个人都能以积极的心态在自己的工作岗位上实现自我、超越自我的关键。

(资料来源:中国会计师网。)

案例34

东风日产:狼和羊的生存哲学

东风日产乘用车公司从最初风神时期的200人发展至今的规模,企业如滚雪球似地大

踏步前进，依靠的不仅是天时地利，更是人和，是此前的风神人、现今的东风日产人的天道酬勤。

对于前日的"风神奇迹"、今日的"东风日产现象"，不是某个人、某个股东的成功，而是整个团队的成功。这也是东风汽车有限公司副总裁、东风日产乘用车公司副总经理任勇对于风神及东风日产何以能快速成长的最核心的理解。

英雄不问出处。无论你来自哪里，只要你能认同东风日产的理念，只要你能与东风日产一同携手前进，那么你就是这个团队中受人尊敬，并将分享利益的一员。在东风日产走一圈，与工人、高管聊一聊，你会发现东风日产文化与来自东风集团的国企文化抑或纯粹日产文化有很大区别。员工不会说自己是东风人(或风神人)，也不会说自己是日产人，他们只会说自己是东风日产人。

1. 由"不和"走向"和"

《东风日产行动纲领》明确规定，公司坚持"机会面前人人平等"的原则，为全体员工提供公平竞争的舞台，逐步建立和完善毛遂自荐、领导推荐及员工公评相结合的公平竞争的人才晋升机制。

但此前合资公司成立初期情况并不是这样。由于中日双方彼此不了解，缺乏信任，公司架构、职位的设置并不是按照组织效益最大化的原则来进行的。中日双方都希望在要害部门由自己的人员担任，在人员安排上彼此牵制，比如主管财务的副总裁由日方担任，总部长就由中方人员担任，相互摩擦较大。

合资公司度过磨合期后，双方的信任感大大加强，人员的安排也重新回到科学的轨道上来。日方主管生产制造，中方主管营销，最合适的人放到了最合适的位置上。双方形成了默契，各主抓一块，但又相互配合，融为一体。

能让中方和日方更好融合在一起，公司经常开展的各种座谈会和有针对性的培训活动应该说功不可没。这些活动让双方学习各种沟通的技巧，形成了良好的人际氛围。

2. 他们来自五湖四海

作为一个成立仅两年多的中日合资汽车企业，东风日产在某种意义上与其说是技术、产品和管理的融合，不如说是来自两个不同背景、文化的团队的融合，是来自五湖四海、为一个共同的梦想而执着追求的东风日产员工的融合。

可喜的是，从风神时代开始，企业就摒弃了司空见惯的官僚作风，形成了以市场为导向、按业绩说话的机制。任勇形容说，一群狼追逐一只羊，狼是为了一顿饭，而羊是为逃脱一条命。在巨大的市场压力下，员工的凝聚力空前强大，企业的向心力汇于一点。此前的风神是这样，在风神基础上建立起来的东风日产乘用车亦是这样。

作为第9家进入中国的大型跨国汽车企业，日产的脚步已落于大众、通用、福特、丰田、本田，甚至是铃木、三菱、菲亚特之后，日产来到中国之始便有了空前的紧迫感和奋起直追的决心。

两群人的血脉里流淌着一样的激情、斗志和梦想，并会把这些宝贵的元素感染并传递给新加盟的人。

《东风日产行动纲领》明确指出,"追求卓越、不甘平庸"是全体东风日产人自公司创立之日起就矢志不渝的梦想和不断前进的动力。

实际上,东风日产更加希望来自不同背景、不同行业的优秀人才能融入到东风日产这个大集体中来。

水平事业部部长陈玮是第一个从体系外引进的高管。这个在日本和新西兰都工作过、说着一口流利英语的部长,虽然没有汽车业从业经验,但有丰富的金融业经验,做过某个银行分行的行长,来到东风日产后,把二手车业务、汽车金融方面的业务做得风生水起。现在部门招来了几个国外人才,平时开会的语言都是英语。

企业传播部郑爱国此前在 IBM 工作,去年加盟东风日产后,把企业传播工作也做得有声有色。

今年 5 月加盟的市场部副部长杨嵩此前也无汽车业从业经验,但他此前负责大众消费品的营销工作,考虑到汽车也即将成为中国人的大众消费品,东风日产把他从某个民营企业中挖了过来。

法规科科长韩笑明是从人才市场上直接招聘过来的,北大毕业,做过律师,进入东风日产后也开始独当一面。

……

两年多来,从普通员工到部门高管不断有新鲜血液融入到东风日产这个大家庭中来。东风日产接纳、融入了他们,为他们提供了良好的施展才能的舞台,他们也改良了东风日产,为东风日产带来了新的生机。这是一个彼此改良、彼此融入的过程。企业由此获得进一步前进的动力和源泉。

3. 员工是公司最宝贵的财富

任勇在 2005 年东风日产形势报告会上说:"员工是公司最宝贵的财富,是企业的同路人,更是我们事业成功的基石。"

花都厂房在最初设计时有安装空调这一项,但后来为控制成本,把空调省掉了。但为了让工人有一个安心、舒畅的工作环境,公司今年坚决把空调补装了上去。

为了改善公司员工的伙食,公司下决心通过增加补贴标准、提高饭菜质量、建设新食堂等举措满足员工的要求。公司还计划开发一个高质量的生活小区改善员工的住宿环境。

在《东风日产行动纲领》中明确提出,公司要为员工构筑愉快的工作氛围,搭建广阔的事业舞台,创造无限的发展机会,与员工共创价值、共谋福利、创建最佳雇主品牌。

为加强人才队伍建设,《东风日产行动纲领》明确指出,要针对企业的路线目标制定人才资源规划,以关键人才的发展和储备为重点,展开系统的培训与开发,通过人才评估、业绩考核、能力发展、岗位轮换等办法促使优秀人才脱颖而出、迅速成长。

据总经理办公室主任陈昊介绍,目前公司员工的平均年龄是 29.2 岁,管理团队的平均年龄也只有 32 岁,这是一支朝气蓬勃、极富战斗力的团队。

公司强调正确选人、合理用人、悉心培养、客观评价、即时激励为主要内容的、全面的、全过程的绩效管理。在绩效考核的过程中,既要强化绩效考核结果的激励作用,更要关注绩效管理过程中员工能力的提升及工作效果的改善。

公司建立了优胜劣汰、持续激活的人力资源机制：认同企业文化、积极投入、为企业创造价值的优秀员工将会脱颖而出，得到良好的发展与回报；不认同公司文化，不忠诚于企业，不积极投入，不能创造价值的员工将被孤立，淘汰，使公司保持合理的流动率，从而使整个团队时刻保持进取的压力和工作的激情。

案例评析

英雄不问出处。无论你来自哪里，只要你能认同所在团队的理念，只要你能与团队一同携手前进，那么你就是这个团队中受人尊敬并将分享利益的一员。

(资料来源：中国会计师网站。)

案例 35

创维集团：帮助员工成长

以下引自创维集团董事局主席黄宏生的演讲。

现在，创维想做一件事，就是要在全球供应链的主流中建立 500 亿元的产业。

2002 年，创维实现了 95 亿元的销售额，工业产值达到 105 亿元，其中出口额为 2 亿美元，在深圳所有的出口企业中排名第六。

在我们企业里，每天有 500 多辆 40 米长的货柜车进进出出，11 000 多名工作人员在紧张的工作，那么，我们企业是如何从刚开始创业时的 100 万发展到 95 个亿的呢？这中间确实经过了一个非常艰苦的过程，在经营上突破了一个又一个节点。

1988 年是中国改革开放的第一个 10 年。

那时，我每次从广州来深圳，都是饥寒交迫的，因为那时还没有高速公路，一路上车堵得不得了，从广州到深圳要五六个小时。但那时的堵车，却令我十分振奋——公路两旁正在兴建着由全世界转移到广东来的加工企业，灯火辉煌，一片繁荣景象。坐在车里的人不会因为口渴、饥饿而不被这种灯光吸引——这种灯光和公园的灯光不一样，它是映射着事业成长的灯光，就是在那灯光的指引下，我们新兴的工业企业在成长。

走在 107 国道，我感到世界在变、中国在变。如果我们每一个在车上的人都能加入世界供应链的主流当中，那将会是一种挑战，也会有干不完的事。就这样，在深圳的 107 国道往返多次之后，我就急急忙忙下海了。

第一个节点：企业如何转型

下海，说得容易，做起来难。下海做什么？做贸易失败后，我就开始集中精力做起了电视上一个很小的零件——遥控器。我是学理工出身的，发现我国当时的电视机没有遥控器。而那时出国的人带回来一个有遥控器的 21 英寸电视机，围观的人总是里三层外三层。

遥控器，对于我们这些没有资金但懂技术的人是一个不错的起点。我们的遥控器生产就从一个助手、两个工程师开始了。

1990 年，我们的销售额迎来了珍贵的一百万元。就这样，我们开始了供应链的第一个环节——进入深圳制造业,为世界很多的电视机厂供应遥控器。

这时,我们面临的问题是产品需要不断地更新换代。就像农民种西瓜,今年西瓜丰收,明年大家都种西瓜,西瓜就不好卖了,要想赚钱必须转种别的。

此时,我们面临了第一个考验——企业如何转型。转型是非常痛苦的,我们先是想做Walkman,后来又想做14英寸电视机。但是,电视机不是十几个人就能做得了的,于是我们就从大学招聘人才,建立起了有50多人的电视研究所,但经过六七个月开发出的产品并不成功。当时,我国电视产业的技术主导正由晶体管转变为大规模集成电路,而在这个导向转变的过程中,我们的技术人才储备和预见是不够的,结果亏损了几百万。

这时,在茫茫的黑暗之中,突然有一个机会降临了。当时,香港一个全球供应的两大制造厂之一——讯科集团面临倒闭。它失败的原因是由于在扩建过程中订单非常饱满,于是决定在泰国投资建设一个大的电视机厂,后来投资过度,出现财政危机,被另一家公司收购,在收购过程中很多技术人员离开去了其他大的企业。我跟他们中的很多人是朋友,希望他们来创维,但当时的创维是一个100多人的小企业,待遇不高,所以谈判了几个月也谈不成。谈不下来怎么办?我决定把15%的股权送给他们,换取他们的加盟,终于有了结果,他们中有几个人正式加盟了创维。经过一段时间的产品设计,1992年我们在德国的展览会上接到了2万台电视机的订单,接着第二批5万台……我们就这样把创维撑起来了,先是100万元、500万元,然后是2 000万元,1993年营业额达到了2亿元,1993年后创维电视开始全面走向世界。

第二个节点:企业上台阶

1995年,随着中国改革开放进程的深入,全世界的品牌大量涌入中国。而我国当时的国产彩电基本停留在14英寸和21英寸,外资品牌基本占据25英寸以上的高端产品市场。

我们开始进军大屏幕电视,但是失败了。大屏幕电视对品质要求非常高,我们的产品返修率远远高于松下的产品,企业一下子有2万台退货,价值6 000多万元。

做企业就是斜坡上推车,没有力气的时候,惯性就能压死你。

在危机当中,我动员几个伙伴把铺盖卷搬到工程部,跟技术人员一起攻克难关。另外,利用在这个行业这么多年的积累,我们猎取了一些人才,几经努力后,我们的大屏幕电视重新设计、重新上市,投放市场后,产品质量过关,赢得了消费者的信赖,出口订单重新恢复。

1995年,通过技术创新,我们的企业越过了又一个较大较危险的节点。

第三个节点:再造创维

创维在香港成功申请上市,一次集资12个亿。上了这个高台阶后,我们就开始考虑要进军百亿了。

在前进的道路上不是每个梦想都会实现。这时,我们这里一个干了几年的销售老总被同行以若干倍的薪水挖走,还带走了若干销售人员,使得我们进军百亿的梦想突然间就破灭了。这时的创维面临着前所未有的挫折和危机,客户由于销售人员的跳槽而大量流失;股价由3.2元一路跌到0.29元,跌了90%;员工对企业的热情急剧下滑,产品的品质出现了问题，当时情况很严重。

很多企业今天很辉煌，明天就关门了，这是经常有的事情，你千万不要奇怪。

后来，我们选择了再造创维。在公司一万多名员工当中进行动员：整个家电的数字化进程还没有开始，但就在眼前。于是，我们采取了一系列措施进行流程再造，把销售、研发、制造、服务分割条块改为产、供、销一条龙，效果明显。与此同时，我们还建立了长效的效绩考核机制，这个是很难的。我们还拿出相当部分的股权分给了骨干和员工，让大家共享企业效益。通过2000年的努力，2001年创维扭亏为盈，销售额连续两年增长40%，由行业第6上升为前3位。通过再造创维，我们度过了一个非常大的危机。

彩电业的日子是很难过的，任何一个大学毕业生经过彩电业的洗礼，他干什么都会成功。彩电企业如何既保持市场份额，又能实现赢利，需要浑身本事。全球彩电业很多企业消失了，由原来的1 000家降为30家，跟世界杯差不多了，甚至比世界杯还严重，世界杯是100多个国家挑30个队，比例是5：1，而我们彩电业的淘汰比例是30：1。

另外，彩电业技术的更新越来越快、投资越来越大，半年不投资就节节败退，而且第一仗输了就预示着仗仗皆输。尽管如此，这并没有动摇我的中国心，再造创维，作全球供应链主流产业的梦想仍在心中！

突破节点的体会。

体会一：企业家的信仰与信心——没有路，也要走出一条路

民营企业是野生的，生存不容易，生存下来之后成长也很困难。社会对民企有一些偏见，认为民企是不劳而获，还有一种偏见认为民营企业家是靠偶然成功，很多人都这么想："我当时要是下海，肯定比他们做的还大！"在种种压力下，我们民企的信心非常重要。

我们企业家一定要有信心，信心来自于我们不折不挠的精神，就像5 000人跑马拉松，你不坚持跑下去怎么能胜出？我们可以在面对困难时寻求很多种解决方案，不一定能赢，但是赢的概率肯定多过不努力的概率。企业要建立这种信心和信仰，我们很多深圳的企业都做得很好，目标定位在世界级企业，值得我们学习。

体会二：因为难，所以成功——制造业始终学习那些不屈不挠的人

制造业是非常难的。做咨询公司、开酒楼、酒店都比制造业容易，因为制造业每年要花大量的资金开发新产品，不搞新产品开发，企业马上就不行了。

做房地产行业，老板最重要，只要把地圈下来就行，因为土地谁也搬不走。而制造业，它的任何一个销售代理的流失都相当于挖走了一块地，带走了一块砖头，因此，管理难度比较大，但正因为难，所以成功。我的大学同班同学有40多人，其中从事制造业的有90%都成功了。所以，我希望我们的企业家要专心致志地在制造业发挥所长。

体会三：专心致志，做到行业前三名

我们的企业想做到第一、第二是比较困难的，可做到前三名是有机会的。民营企业所有的问题都要自己解决，必须学会把风险降到最小，像聚光镜一样把能量聚焦在某个行业，最终走向成功。做某一行业前三名是我们的重要定位。

体会四：创始人的个人英雄主义转变成团队的领导人

企业开创时，创始人会开源节流，注意每一个运作细节。企业在小的时候还能做到这

点,如果发展到航空母舰一样,再这样就很难了。这时就要建设国际化的领导团队,因为一个人无法驾驭航空母舰,哪一个环节出问题,都是很大的挑战。

再造创维,就是把经营第一线的权力交出去,大胆放权,每一个利润中心有一个总裁,形成12个人的董事会。为什么需要国际团队呢?因为想要建成500亿元的制造企业需要这样的管理团队。中国企业缺乏尖端技术,我们从日本著名企业引进团队,由他们来做光电事业董事长和总裁,有个技术问题,我们苦苦研究了5年,可怎么都研究不出来,日本团队一来全部都解决了。一个企业要走向世界,强大的互补型的团队非常重要,对于合作伙伴犯的错误,要学会忍住不出声,允许别人犯错,哪怕亏掉了一千万,也咬住牙不吭气,因为靠自己是干不完的。允许别人犯错误,允许损失,不这样就培养不出企业家。

我们还要忍受打击,民营企业会有一部分人流失,流失是正常的,但要建设好的机制和文化,使大多数优秀的人才留下来。我们要有信仰和信心,要能忍受别人对你的批评和指责,只要我年年销售额增长,随你怎么骂都不要紧。

案例评析

从本案例可以看出,创维集团在市场竞争中能不断地化危机为良机,帮助他们突破节点的因素主要体现在以下几个方面:①领导层的精神影响,企业家坚定的信仰与必胜的信心将鼓舞整个团队迎难而上,与困难不屈不挠地作斗争,突破每一个节点;②树立明确的、切实可行的企业目标;③挖掘优秀人才的潜力,培养团队领导人;④建立优秀的企业文化与长效激励机制,培养团队凝聚力。

(资料来源:中国管理传播网。)

案例36

如何留住精英员工

力求在市场上有与众不同的表现,A公司不仅在其产品线上表现如此,而且在员工的眼中也同样如此。该公司人力资源主管芭芭拉·科兰吉利与其老板首席执行官科亚·尼古恩密切合作,确保员工是公司最重要的内容。在竞争激烈的互联网世界中,A公司深知顶尖的技术人才可能瞬间被挖走。为保证核心人员不流失,科兰吉利和她的部下不断提高公司员工的福利和补贴,并且组织一些令人难忘而有趣的活动,这使该公司明显强于竞争对手。

每隔一季度,员工都会被召集起来,了解公司的发展情况。他们所了解的信息不仅包括公司的财务状况是否健康,还有首席执行官和高层管理者直接传达的关于公司发展方向等内容。会上经常颁发员工荣誉奖,每次会议通常会有某一特定的主题。

例如,2000年5月,A公司租用了一艘名为"奥德塞"的豪华游艇,将全体员工送往波士顿市区的阳光地段,从波士顿港开始一次为时三小时的旅行。该次航行的主题为"我们在旋转"。那次的季度会议在游艇上召开,使员工既有机会外出活动,又获得了首席执行官和管理层关于组织新战略的信息。每一员工都获得一枚指南针,提醒员工公司在获得成绩和发展之时,他们的作用有多重要。

科兰吉利和她的人力资源团队经常在总部为员工准备一些即兴节目。她们还定期为员工设计"惊喜的一天"。例如,在一个炎热的夏天,你可能看到一个冰淇淋卡车在音乐的伴奏下停在A公司门前。公司的播音器中会传出通知,让愿意享用冰淇淋的员工免费到车上去拿。

科兰吉利总结其留住员工的办法时说,概括来说,员工会为他们所取得的工作成果感到兴奋并期待获得回报。他们必须对公司感觉良好。至于每日的工作时间,必须有适当的机动性。如果你适当灵活地对待员工,他们会加倍回报公司。

像A公司的芭芭拉·科兰吉利和科亚·尼古恩这样的管理者已经认识到,如今已不再是雇主市场。由于多数企业曾经面临过劳动力短缺状况,经理们必须为招募和留住有能力的员工付出更多的努力。如今,如何高效管理员工已经成为经理们的一项重要课题。

通常,留住员工与招聘被视为互不相关的两码事。然而,现今这两者却紧密联系,难以分割。一个企业可能备有精心计划的、成熟的招聘计划,然而一旦员工被公司雇用,如果他们发现企业环境不尽如人意,由于他们在劳动力市场上有选择余地,公司将发现这些员工又在寻觅他职。人员流动过度产生的影响是企业营业额严重下降。

许多研究和调查已经揭示了关于杰出的公司如何进行招聘,然而更重要的是如何留住核心员工的方法。

1. 有竞争力的报酬和福利

如果公司的薪水与竞争者(或该市场)无法相提并论,那么就别想在人才争夺战中赢得人才。报酬绝对是竞争中的重要筹码。

2. 成长和进步的机会

那些能招聘和留住员工的公司非常清楚,所有精英员工都在不断追求成长和进步的空间。内部晋升毫无疑问能鼓励员工,并且能够让其获得更多的发展机会。

吉列公司对提供职员职业成长和学习的机会非常重视,并将其视为留住员工的一项法宝。该公司综合资源经理德伯拉·佩利说:"人们首先是为了获得发展机会而加入某一公司,他们会将个人和职业发展考虑在内。他们需要很好地了解公司内部文化,以决定自己能否融入其中。""在任何环境中,人们都需要得到尊重和归属感。在吉列公司,我们不断地利用资源执行计划,力求建立一种获得全体员工认同的企业文化。"

3. 雇主的人格魅力

雇主的人格魅力对员工的稳定与否同样起着不可替代的作用。明智和具有远见卓识的领导能够在企业中传达一种信念,并让每位员工为此鼓舞,渴望成为团队中的一员。像西南航空公司的赫伯·凯莱赫和通用电器的杰克·韦尔奇就是这类典范。他们不仅通过语言和身体力行传播企业的奋斗目标,还能让其直接领导下的各级员工们共同奋斗。

这些企业的员工对公司的发展方向非常明确。他们知道自己的工作和贡献将推动企业前进,同时也非常清楚公司如何帮助他们实现个人和职业目标。

案例评析

如今人才市场的主要特征是，培育精英员工并与他们合作，使他们留下来并成为公司的一部分。必须发掘留住员工的有效方法。如果单位领导认为取代一个离职员工的代价只是应付的工资，那么他需要进行重新思考。事实上，人员流动的成本非常昂贵，它包括与该离职员工相关的各种成本，以及那些引入和适应新员工所产生的成本。

案例 37

管理中的沟通艺术

沟通无时无刻不在发生，在家庭里你需要沟通、在组织里你需要沟通、在社会上你同样需要沟通，没有沟通的世界是不可想象的。如果没有沟通，没有思想的交流，人类社会将成为"无源之水，无本之木"。人们正因为有了相互间的思想"沟通"与"交流"，才让这个世界充满了生机和活力，人类才得以不断进步，社会才得以不断发展，新生事物才得以不断涌现。然而，在现代"钢筋水泥的丛林"里，人们的这种交流正逐渐被一点点地蚕蚀，一点点的消失。彼此间思想情感的接收与传递被一层层的隔离，人与人之间的思想交流与沟通受到了严重的压制，并且已延伸到组织或者说企业的经营管理中，特别是企业内部管理人员与操作人员之间，那种简单、真诚、有效的沟通方式正一步步地被减弱。因此，如何使一摊"死水"变为"活水"则成为企业经营管理中至关重要的一环。

新事物的产生就是通过对不同的个体或单元重新进行组合的结果。企业内部的管理者们在谈论沟通的时候，都不同程度地了解沟通存在的价值或者说带来的收益，就沟通而谈论沟通，都有各自独到的见解与体会。沟通简单地说就是思想的交流、情感的交换、信息的传递，是个体与个体，或个体与群体进行思想、情感、信息传递的过程。沟通的类型很多，可通过语言方式进行口头或书面的交流，也可通过非语言方式进行肢体语言、身体接触或多媒体等交流。在企业的管理过程中，很多管理人员虽然对沟通有了一定程度的认识，但在实际的管理当中却往往忽视了，他们更多的是关注目标或者指标的完成情况，以至于忘记了与员工有效沟通是获得自己想要的结果的关键因素。身为管理人员他或多或少地存在一些比较普遍的特点。例如，不能做到积极倾听，会先入为主或有偏见；按自己的思路去思考问题，而忽略别人的建议或意见；认为自身的能力高于下属或者其他人员，喜好说教等。其实，在对问题的分析和看法上，不存在上下级之分，因为每个人受教育的程度、所学的知识、思维方式和对信息的掌握程度都不相同，所以对问题的理解与分析结果就存在着差异。因此，沟通是管理人员必须重视的问题，只有进行有效的沟通，才能更加了解下属或他人的所思、所想、所感，并为作出正确的管理决策提供参考。此外，时常与下属或他人进行沟通不仅是为了做好工作，同时也是关心和尊重下属或他人的一种表达方式。

沟通还分有目的性和无目的性两种。有目的性的沟通通常都是为了完成某项工作或达到某种结果而进行的。而无目的性的沟通则主要表现为闲聊或话家常，更多的是增进情感、增强了解。通过相互间的沟通，不仅能增加相互的理解，同时还能由于相互的理解而得到相互的支持，最大程度地减少一些不必要的误会与麻烦，做起工作来也更加得心应手。如果说企业的硬件资源(即生产的相关设施)是为企业创造价值的有形基础,那么沟通就是如何让这些有形基础真正创造价值的最有效方法,是创造无形价值的最有效工具。很多企业的经营不善都是因为沟通不良所导致的,因此沟通就越来越被企业所重视。例如,中国移动提出的"沟通从心开始",摩托罗拉提出的"沟通无限"等。

案例评析

要做好一个管理者,首先必须倾听来自于不同人员、不同方面的好的或坏的声音,只有不断地听取各方面的不同意见,并进行有效分析,才能摸索出更符合现状的管理方法。而作为一线的员工则更乐意于为那些能听取他们意见、理解他们、为他们着想的管理者去工作。因为,生产一线的员工更多的是被动地去执行所谓的任务,他们更愿意为相互间的人际关系和切身利益而主动工作和付出。因此,企业的管理者面对复杂的企业环境和人际关系,要如何才能实现组织的目标和员工群体的利益,相互间的沟通不可缺少。只有通过纵向和横向的沟通,使领导与员工之间、部门与部门之间、员工与员工之间进行良好的沟通,才是增强团队协作、完成工作任务、达到绩效目标的最有效途径。

(资料来源:中国管理传播网.)

案例38

宽容——管理者的大将风范

春秋时期曾有这样一则故事,故事的主人公是楚庄王。

一次,楚庄王举行宴会,大家正吃得高兴的时候,忽然一阵风吹灭了蜡烛。在黑暗中,有人乘机拉了王后的衣服,结果反被王后扯下帽子。王后让楚庄王查办,而楚庄王却让众人都把帽子摘下后才让人重新点燃蜡烛,然后让大家继续开宴,而没去查本来很容易查到的人。事后,有人问:"大王,何以如此?"楚庄王笑着说:"此乃酒后失态才为之,属人之常情,我不能因一件小事而伤了下属的心啊!"

后来,这个被宽容的部下,在战场上特别勇猛,拼死效力,以报答楚庄王的宽容之恩。

案例评析

从某种意义上来说,一个人的胸怀有多大,他所能成就的事业就有多大。管理者的胸怀体现在能容人、容言、容事上。作为管理者,对下属要一视同仁,不应有疏有亲,更不能顺耳之言笑之,逆耳之言怒之。

俗话说得好"将军额上能跑马,宰相肚里能撑船",意为管理者应有宽容的气度和宽阔的胸怀,能宽容下属的细小过失,这样才有利于调动下属的工作积极性。

案例39

以老带新,老员工的榜样作用

培训新员工并不是一件太难的事情,因为新员工就像一张白纸,对新单位的环境和人际关系还很生疏，而且新员工本身都有一种想尽快适应新环境的欲望，因此，只要用心指导，培训很容易做到位。

但对老员工则不同，他们熟悉、了解单位，他们对单位的一些管理方式存在着一些怀疑态度。特别是用人单位曾经有过几次失败的培训后，他们自然会从心底里产生抵触情绪。老员工习惯于用惯例做事，不太接受新的事物。老员工自身也有一种影响力，在没把新员工培训到位的时候，他们已经开始被老员工的思维同化。

反之，如果老员工能起到很好的表率作用，那么对新员工的培训就会收到事半功倍的效果，因为新员工会自然地从老员工那里学到应有的做事方法与态度。

因此，如果能把老员工培训成新员工的榜样，那老员工就具有良好的示范带头作用。

在对老员工进行培训之前，必须先评价老员工的能力、素质。然后再有针对性地进行培训。关于培训的内容会有许多的不同，但必须先从老员工最常见的缺点开始。

通常老员工带有的问题集中在以下几点。

1. 没有工作观念，我行我素

如果老员工没有工作观念，不依照单位的规章制度做事，会让新员工也像老员工那样，慢慢形成我行我素的不良行为。

2. 没有工作整体观

不少员工只会处理上级交给他做的事，完全不了解整个工作部门的工作系统与流程。这样的员工没有长远的眼光，不足以成为新员工的榜样，因此要早一点培训他们。

3. 时间管理不彻底

工作一定要在规定的时间内完成，这是工作的准则。但是，也有不少老员工没有什么时间观念，所以必须彻底改善他们对时间管理的能力，以免对新进员工造成不良影响。

案例评析

在工作中，新员工会自然地学习前辈们的各种处事方法和工作技巧。所以，必须在新员工尚未入职之前就将老员工训练成新员工的榜样，这不失为一种有效的管理方案。

案例40

信任——管理之道，猜疑——管理之忌

故事一： 刘备有一次被曹操追至当阳，忙乱之间，有人来报，赵云已投奔曹操，刘备当即说："赵云乃忠义之士，知交故友，此患难之际，必会忠贞不贰……"果然不久，赵云救回后主而归，流言不攻而破。

故事二： 刘邦和项羽争天下的时候，最先，项羽的力量非常强大，刘邦只是一个普通的小诸侯，但由于他的军师陈平善用计谋，所以他的势力越来越大。可是项羽也有一个很有计谋的军师叫范增，很难对付。陈平于是故意放出流言说："军师范增和一些将领只是在表面听从项羽的命令，暗中与刘邦来往。"这些话传到项羽耳朵里，果然中了离间计，开始

怀疑，并暗中察看范增等人的言行。而这种不信任部属的作风，使得部将们一个个背叛他投向刘邦，最后项羽以失败告终。

案例评析

员工最基本的心理需求就是想得到领导的信任，领导看重自己，员工就会有一种被承认、被肯定的满足感，并会感念知遇之恩，就会更积极地投入到工作之中。反过来，如果领导一再地怀疑员工则可能会失去信心，往往会闹情绪、找别扭，有时甚至跟领导唱反调。所以说，信任可以成为员工积极工作的动力。

因此，一句信任的话，一个鼓励的眼神都是显示领导者的领导魅力、换取员工忠心的有效办法。

如何做到用人不疑，疑人不用呢？

1. 独具慧眼，选拔人才

这里所说的不要怀疑下属是指在选定人员、派以职务之后，而非选人之初。选拔人才，必然要独具慧眼，多加参考，充分认识下属各方面的素质，综合评估他的能力，给下属安排合适的职位。选好之后，才是日后用人不疑的前提与保障，因此，选拔工作至关重要。

2. 选出人才，用人不疑

对于确信出色的下属，认为其能独当一面了，这时就让他们按自己的打算放手去干，不宜过多干涉，否则有时善意的询问也会被下属误认为是对自己的不信任，效果适得其反。

3. 建立监督机制与赏罚机制

让下属放手去干，不是毫无章法的。设立监督机制，不能让下属借此机会以公谋私，设立赏罚机制，能使他们为自己的行动负责，督促他们谨慎行事。

总之，作为一名领导，信任是网罗人心，推进上下关系的一大法宝。

案例41

选拔人才离不开基本素质

某单位中层领导的选拔刚刚结束，几个被选人有的兴高采烈，有的面带不快地离开会场。希望在竞争中胜出，是每一位参选者的心愿。此后发生了一件意想不到的事件：一位参与竞选的管理单位电子档案的工作人员，由于竞争失利，结果怀恨在心，竟然趁单位没人的时候，把单位所有的电子文档都删除了，并且将电脑关机后数天不进机房。下面有两种处理方法，您来挑挑看：

（1）认为这是一种严重违背职业道德、扰乱和延误正常工作的恶劣行为，应令其写出深刻检查，在职工大会上严厉批评，且待岗待聘。

（2）与其耐心谈话，了解其思想，积极引导，使其认识错误，消除顾虑，从而成为一名好同志，认真工作。

案例评析

一个人不论多有能力，如果他没有良好的道德修养，在敬业方面就会大打折扣。所谓职业道德,就是要与单位凝聚为一体,在单位事业发展时分享快乐,在单位有困难时,能撑起一片天空,与单位荣辱与共。

20世纪90年代初,世界教科文组织发表了《21世纪教育委员会报告》,阐明了未来人才的四大要素:一是学会认知,掌握了解世界的工具;二是学会做事,掌握工作技能;三是学会共同生活,掌握历史传统的精神价值,学会理解、尊重和控制冲突;四是学会生存,开发记忆、推理、想象、审美、交流、领导等各种能力,增强自主性、判断力和责任感。报告还提出了人才素质的七条标准:有积极进取的开拓精神;有崇高的道德品质和对人类的责任感;有较强的适应能力和创造能力;有宽厚扎实的基础知识;有终身学习的本领;有丰富多彩的健康个性;有与他人协调、进行国际交流的能力。

毫无疑问,国际教育界早已把眼光从单纯的专业技能教育转化为全面素质的提高,更加重视个性、品质、责任、精神的培养。目前,我国政府正在大力推行素质教育。在现阶段,优秀人才的良好素质应体现在以下几个方面。

1. 坚定的政治信念

树立正确的人生观、价值观、世界观,培养集体主义、爱国主义精神。要自觉培养对集体的义务感、责任感、荣誉感,热爱集体、关心集体,讲求团队协作。要关心国家大事,正确对待社会阴暗面,勇于同邪恶势力作斗争。

2. 健康向上的人格和良好的身心素质

良好的人格和身心素质体现在六个方面:对现实的正确认识;自知、自尊与自我接纳,包括正确客观地进行自我评价;自我调控能力,既能克制冲动,又能调动自己的积极性,努力实现更高目标;与人建立亲密关系;人格结构的稳定与协调能力,即调节理想与现实差异的能力,协调认知与情感;热情的生活,快乐高效地工作。必须指出,人格和身心素质是极其重要的素质,是人才最终实现自身价值,走向成功的关键。

3. 扎实的专业理论和技能,过硬的基础知识和人文素质

必须博专结合,建立合理的知识结构。基础知识和人文素质是专业理论知识的有益补充,是优秀人才知识结构的重要组成部分。

4. 创新能力

创新能力是人才有所发现、有所发明、有所创造的核心素质,是人才之所以称为人才的关键。当然,这种创新能力只能是相对的,有没有创新能力不能看其短时间内有没有突出的发明创造,关键是看是否有创新意识、创新精神。要认识到发明创造是创新的结果,创造意识和创新精神是创新的前提。

案例 42

关心员工,催化他的能量

某所有一名职工,爱人在外地工作,常年两地分居。她一个人既要带孩子又要工作,十分辛苦。更为不幸的是今年她的老父亲生病又住了医院,她更是忙得顾此失彼。每天清晨,她带着孩子踏着第一缕曙光到医院看望父亲,然后再把孩子送去幼儿园,紧接着还要

附录 案例

赶回单位上班。几天下来,超负荷的忙碌,把她累倒了。

所长听说这件事后,带领中层以上的干部去看望她,并当即让办公室主任安排一位女同志专门照顾她和孩子的生活。随后,所长还亲自去医院看望了这位女同志的父亲,帮她父亲重新联系了医院。这位女同志非常感动,表示一定要克服困难,努力完成领导交给自己的工作任务。

案例评析

员工难免会有自己的私事,而家庭变故与劳累是最影响员工工作的因素。它会使人萎靡不振,效率低下,甚至思维混乱,失去理智。

作为管理者不仅要重视管理的效率,更应关心员工,既要从大处着眼,关爱员工的民主政治权利、经济权利,又要从小处着手,切实关心员工的切身利益,特别是要对困难职工及时伸出援助之手。

案例43

用 人 之 道

某单位的企业管理办公室里有一名女同志,大学毕业,知识面比较宽,看问题尖锐,工作泼辣。她的工作能力得到了大家的认可,可她武断、主观、挑剔人、议论人的毛病使她的人际关系很紧张,科室的同志了解她的性情,虽没和她闹出什么出格的事情,但也从不和她合作。科室进行调整时,哪个科室都不愿意接受她。领导找她谈话,指出她身上存在的问题,她表示一定改正。在领导的协调下,她还在原来的科室工作。但情况并没有任何改变,甚至还引发了更多的矛盾。

能否给她选择一个更合适的工作岗位呢?在一次研究人员安排问题的会议上,大家认为这位女同志更适合在一个独立的岗位上从事一项较为独立的工作。因此,商议安排她在单位的档案室从事档案管理工作,她有知识、有能力、工作作风严谨,虽然身上有一些毛病,但品德素质没问题。意见统一后,领导给她定了工作纪律,让她上任了。

虽然领导也为她担心,但半年后人们对她刮目相看了。档案的管理井然有序,不仅查找和借阅都有了制度,而且还建立起了电子档案,在市里的一次档案检查中还获得了优秀奖。

案例评析

扬长避短是用人的基本策略。在现实生活中,人的长处和短处不是绝对的、一成不变的。长与短在一定的情况下,都会向各自的对立面转化,这种长与短的辩证规律是很容易被人忽略的。用人的关键并不是可用这个人、不可用那个人,而在于怎样使自己的每一个下属都能在合适的岗位上最大程度地发挥潜能。管理者能容忍下属的缺点,看到他们缺点背后的长处,取长补短,使每个人都能发挥专长。因此,一个高明的管理者,就要善于短中见长,利用每一个人的长处。

古今中外,善用人的管理者不乏其人。他们的用人观点可总结为:每个人的短处之中都蕴藏着可用的长处。给员工一个合适的岗位，他的短处就会变为长处，如一个爱发牢骚、爱挑剔的人可能变成敢于坚持原则、勇于创新的人；一个吹毛求疵的人可能成为一个优秀的质量管理员等。

金无足赤，人无完人。任何人有其优点就必有其缺点。从人的短处中挖掘出人的长处，把人的短处变成长处，这是用人的最高境界。容人之短，用人之长，就可以保证人尽其才，各尽其用。

案例44

发扬"浙江精神"

浙西某县一领导带着有关人员，赴新疆考察经贸。来到某边境口岸时，办理相关手续的队伍已经排成了一条长龙，口岸武警忙得不可开交。他们一行在队伍后稍站片刻，县领导就提出："我们是浙江人，怎么能如此干站着排队？走，何不趁此慰问下驻地武警呢。"于是留下一人守队，其他人拿出带去的物品，随县领导去看望武警战士了。驻地官兵得知有地方政府率团来慰问，当然热情接待。慰问座谈中，双方就口岸边贸和浙江的发展进行了广泛深入的交谈。当交谈得差不多时，也轮到了他们办手续。然后在武警战士的指引下，他们一行实地考察了边贸。这样一来，一交谈二介绍三参观，比原来单纯的自己看看，全面深刻得多了。且与驻地武警结下了友谊，架起了进一步联系的桥梁。

其他排队的游客和考察团见此大为赞赏，大加赞叹——浙江人果真不一样。

案例评析

既尊崇秩序，又不因循守旧，这是浙江人勇于开拓创新的精神之一。排队是个秩序，维系着一种和谐。但是排队的过程确也无为地消耗着"资源"，如时间、精力等。对此既不是墨守成规地一味"等、靠、要"，也不加塞插队，破坏秩序，更不搞歪门邪道地找关系、开后门。而是另辟"慰问"的蹊径，使"资源"得到有效利用，取得了"交流、参观、友谊"的"意外收获"。也使"排队"升华到一个更高层面上的和谐。其实，浙江的改革开放历程，很大程度也是体现了这种"排队"开发的效应。浙江民营经济的发展壮大，并非是对原有体制秩序的全盘抛弃或破坏，而是推陈出新，另辟蹊径，对资源充分利用与开发，创造出新的价值。用经济学家费孝通的话说就是"嫁接"。因此在民营经济飞速发展的同时，公有经济也得以轻装上阵，重添活力。

从单纯的排队考察，到兼顾慰问、建立友谊，彰显了浙江人在发展谋利中的责任意识，以及由此带来的"高附加值"的双赢之道，到口岸是为考察经贸，慰问驻地武警是责任。经贸不仅仅是有形的市场交易，涉及方方面面；慰问也不只是看看问问，是情谊的表达，事物总是相互联系的。所谓双赢就是要综合兼顾，和谐谋利。

浙商之所以能在各地落地生根，立地创业，赢得八方赞誉，就是因为在精明经营的同时有着奉献精神。最近浙江卫视有档节目叫"新长征路上的浙商"。江西、湖南、广西、贵州等地的浙商在当地影响很大，他们苦心经营自己的生意，也积极参与为当地捐建车站、学校等公益事业，受到当地党委政府和群众的大力支持，这就是利益与责任的结合，双赢的结果。正如浙商自己说的"当地既把我们当自己人还将我们当贵宾。"外地人到浙江是新浙江人，浙江人到外地也能很快地融入其中。

改革开放以来，浙江人民创造了享誉四方的"浙江精神"。浙江精神并不是文本意义的范式，也不只是生效于浙江，包括闯荡八方，包括考察学习。浙江人无论身在浙江还是向外拓展，都需要不断弘扬浙江精神。

干在实处，走在前列。经过20多年的改革发展，业已形成了一支新的队伍，在这支队伍里，浙江也许已位列前排。但是，当今竞争日趋激烈，队形时刻在变动，不进则退，因此在新一轮改革发展中，更需要大力弘扬浙江精神。

参 考 文 献

[1] 周菲. 管理心理学[M]. 北京：清华大学出版社，北京交通大学出版社，2005.
[2] 高树军. 管理心理学[M]. 北京：科学出版社，2005.
[3] 李强，李昌，唐素萍. 管理心理学[M]. 北京：北京工业大学出版社，2003.
[4] 黄庭希. 心理学导论[M]. 2版. 北京：人民教育出版社，2002.
[5] 王吉鹏. 价值观的起飞与落地[M]. 北京：电子工业出版社，2004.
[6] 程正方. 现代管理心理学：修订本[M]. 北京：北京师范大学出版社，1996.
[7] 朱永新. 管理心理学[M]. 北京：高等教育出版社，2002.
[8] 张康之，李传军. 一般管理学原理[M]. 北京：中国人民大学出版社，2005.
[9] 陈国钧，陆军. 管理学[M]. 南京：南京师范大学出版社，1997.
[10] 苏东水. 管理心理学[M]. 4版. 上海：复旦大学出版社，2002.
[11] 齐振宏. 管理变革之道[M]. 北京：清华大学出版社，2004.
[12] 石淼. 管理心理学[M]. 北京：机械工业出版社，2004.
[13] 邱霈恩. 领导学[M]. 北京：中国人民大学出版社，2004.
[14] 张中华. 管理学通论[M]. 北京：北京大学出版社，2005.
[15] 张兆响，司千字. 管理学[M]. 北京：清华大学出版社，2004.
[16] 李建周. 管理心理学[M]. 北京：教育科学出版社，1992.
[17] 王晓君. 管理学[M]. 北京：中国人民大学出版社，2004.
[18] 孙焱林，陈雨良，李彤. 实用现代管理学[M]. 北京：北京大学出版社，2004.
[19] [日]串田武则. 目标管理实务手册[M]. 广州：广东经济出版社，2005.
[20] 王德清，陈金凤. 现代管理案例精析[M]. 重庆：重庆大学出版社，2004.
[21] 黄明耀. 企业中层管理者36计[M]. 北京：经济管理出版社，2005.
[22] 叶奕乾，何存道，梁宁建，普通心理学[M]. 上海：华东师范大学出版社，1997.
[23] 贾晓波，陈世平. 学校心理辅导实用教程[M]. 天津：天津教育出版社，2002.